Lise
Bouchereau

AUTRICE

Laurianne
Trably

AUTRICE

Conception graphique : Jonas Riguet et Yves Millet
Couverture & cartographie : Thétys Viot
Illustrations : Rozenn Podeur

La rédaction tient à remercier pour leur contribution à la présente édition : Lélia Saligari, Marie-Océane Lachaud et Shana Fassouli.

2nde édition, 2nd tirage
Dépôt légal : décembre 2021
ISBN : 979-10-91555-69-2

Laurianne Trably & Lise Bouchereau

Gomawo

L'Atelier des Cahiers

Avant l'arrivée

À l'arrivée

À l'arrivée (suite)

Séoul Tourisme & activités

Séoul Tourisme & activités (suite)

Escapades

Conseils de la rédaction :

Itinéraires :

Avant l'arrivée

AVANT L'ARRIVÉE

BIENVENUE EN CORÉE
SEOUL
DAEJEON
DAEGU
BUSAN
JEJU

Introduction

Nous avons toutes découvert la Corée du Sud de manière assez différente et nous avons appris petit à petit, parfois difficilement, à connaître les différents aspects de sa culture. Par exemple, Laurianne y a vécu ses premiers mois en 2011, en tant que lycéenne dans un établissement de province, plongée directement dans la culture coréenne au sein d'une famille d'accueil. Lise est arrivée comme étudiante, par l'intermédiaire d'un programme d'échange en 2015 et a découvert Séoul, gigantesque métropole qui ne dort jamais. À l'époque, nous n'avions pu trouver que peu d'informations pratiques sur la vie en Corée, encore moins de bons plans destinés aux étudiant·e·s ou aux voyageur·se·s à petit budget, qui seraient fasciné·e·s par le pays ou voudraient vivre à la manière des Séoulites.

Aujourd'hui, il existe certes beaucoup plus de livres, de sites internet spécialisés ou généralistes, de blogs qui listent de manière disparate les bons plans et les différents éléments indispensables à faire et à savoir sur la Corée – mais encore faut-il s'y retrouver dans toutes ces informations dispersées ! Ce guide a pour objectif d'en faire la synthèse. Il ne se veut pas exhaustif, mais propose d'une manière agréable et ludique de découvrir la Corée ou de s'y installer, pour quelques jours ou pour quelques mois, en profitant des conseils de ceux·celles qui y vivent depuis des années.

Y seront donc consignés les meilleurs bars et restaurants bon marché, les bons plans pour visiter, mais aussi pour trouver un concert de K-Pop, avoir la WiFi dans le métro, dénicher des livres d'occasion ou des séances de cinéma pas chères… Ce guide malin pour profiter au mieux de la Corée sera régulièrement mis à jour. D'ailleurs, n'hésitez pas à partager vos bons plans pour gagner des livres, et visitez notre page dédiée pour en découvrir des tout nouveaux !

Afin de rendre ce projet le plus interactif possible, nous vous proposons de suivre les conseils de blogueur·euse·s et spécialistes de la Corée, qui vous présenteront leurs activités et leurs quartiers préférés dans la rubrique « une journée avec… ». Vous pourrez ainsi vous aussi vivre votre propre expérience coréenne sur les pas de nos expert·e·s !

Bienvenue à Séoul, et profitez bien de votre séjour avec notre guide auquel vous aurez bientôt envie de dire : *gomawo* – merci en coréen !

NOTICE COVID-19

Suite à la crise sanitaire du Covid-19, bien des adresses indiquées (surtout de bars, clubs et hôtels) sont temporairement fermées et risquent de ne pas rouvrir. Nous avons remplacé un grand nombre d'adresses disparues et ajouté des informations pour vous guider dans les mesures sanitaires (ci-dessous). Merci de votre compréhension pour cette édition un peu particulière qui risque de présenter, hélas, de nombreuses adresses obsolètes.

PRÉCAUTIONS COVID-19

En Corée comme en France, la pandémie peut avoir un impact sur l'ouverture des commerces et des restaurants. Les horaires que nous vous indiquons ont été vérifiés à l'été 2021. Néanmoins, si les conditions sanitaires venaient à se dégrader à nouveau, n'hésitez pas à vous rendre sur Naver pour vérifier les horaires des commerces et restaurants qui vous attirent, et surtout s'ils sont toujours en activité...

Nous ne sommes pas en mesure de vous décrire avec précision les restrictions sanitaires appliquées au tourisme en Corée du Sud, les mesures changeant trop régulièrement. Afin de préparer votre voyage, nous vous conseillons de consulter ces sites internet, mis à jour régulièrement par les gouvernements français et coréens :

France Diplomatie, rubrique "Conseils aux voyageurs" : https://www.diplomatie.gouv.fr/fr/conseils-aux-voyageurs/conseils-par-pays-destination/coree-du-sud/

Site de l'ambassade de France en Corée du Sud (informations régulièrement mises à jour) : https://kr.ambafrance.org/Informations-Coronavirus-Covid-19

Seoul Global Center, rubrique "COVID-19 (en anglais) : http://global.seoul.go.kr/

Suivez aussi un des groupes francophones sur Facebook et posez-y vos questions en temps réel. Voir p. 29.

Sur place, en cas de question concernant la situation sanitaire ou pour signaler un risque d'infection, contactez par téléphone le 1339.
Pour tout autre besoin, la hotline du Seoul Global Center pourra vous aider (en anglais, espagnol, chinois, russe, etc.) : 02-2075-4180.

Il est à noter que la politique coréenne concernant la pandémie a été depuis le début le "zéro infection", entraînant des mesures de distanciation sociale et de contrôle très strictes : port du masque obligatoire partout, horaires aménagés pour les bars, cafés et restaurants (fermeture plus tôt), limites du nombre de personnes pouvant se rassembler aussi bien dans les lieux publics que privés, quatorzaine à l'arrivée, isolation forcée en hôpital avec saisie du téléphone portable et des cartes bancaires pour retrouver tous les cas contacts en cas d'infection, etc.

Si la pandémie et ces mesures perdurent, il faut ABSOLUMENT les respecter à la lettre au risque de perdre son droit au séjour, en plus d'une amende conséquente.

La Corée en quelques mots

En annonçant à vos proches que vous allez en Corée, la première question qui vous sera posée risque d'être « du Nord ou du Sud ? ». Voilà donc quelques éléments **pour tout savoir** (ou presque) de la Corée et répondre à vos amis, sans même avoir besoin de passer par une encyclopédie en ligne :

La République de Corée, *Daehanminguk* 대한민국, ou Corée du Sud, est nommée ainsi depuis 1946. Après trois ans de guerre civile (1950-1953), la péninsule coréenne se retrouve divisée, au niveau du 38e parallèle, et compte désormais deux États : la République populaire démocratique de Corée au Nord, et la République de Corée au Sud. Aujourd'hui, le pays est encore scindé, comme le matérialise la ligne de démarcation (dans la célèbre zone démilitarisée ou DMZ) et ses baraquements bleus où se font face nuit et jour les soldats de chaque camp.

Après la guerre civile, la Corée du Sud est dévastée et compte parmi les pays les plus pauvres de la planète. Pourtant, grâce à un effort économique sans précédent, et sous la main de fer du président et général Park Chung-hee, le pays connaît une phase de développement fulgurant à partir des années 1960 : c'est le « miracle du fleuve Han » qui permet à la Corée de se hisser parmi les quinze pays les plus riches à partir des années 1980. Aujourd'hui onzième puissance économique mondiale, la Corée du Sud est un pays très influent, membre du G20 et pays d'origine de certaines des plus grandes entreprises multinationales du monde, dont Samsung, LG, Kia ou encore Hyundai.

Mais c'est surtout par son rayonnement culturel que la Corée du Sud a étonné ces dernières années. Grâce au développement des nouvelles technologies et des réseaux sociaux, le phénomène de la *hallyu* 한류, ou « vague coréenne », a permis de populariser la musique K-pop et les *drama* (séries) coréens auprès d'un public international, et de faire découvrir la culture coréenne à des millions de personnes dans le monde. En témoigne la vidéo *Gangnam Style* du chanteur sud-coréen PSY qui fut pendant plusieurs années la vidéo la plus visionnée de YouTube. Plus récemment, c'est le groupe de pop coréenne BTS qui dépasse le record en moins de vingt-quatre heures avec le clip du morceau *Idol* qui comptabilise plus de 45,9 millions de visionnages, un jour seulement après sa sortie le 24 août 2018. Et en 2021, la série *Squid Games* est un succès mondial sur Netflix !

La popularité de la Corée du Sud dépasse bien sûr la *hallyu. C*'est aujourd'hui une destination prisée de nombreux·euses touristes, visiteur·euse·s éphémères ou citoyen·ne·s de cœur, qui sont peu à peu séduit·e·s par la grande variété du paysage culturel, historique, social, artistique et culinaire sud-coréen. Il·elle·s nous invitent à découvrir une grande civilisation et un pays fascinant, auquel, vous aussi, avez fait le choix de vous intéresser !

La Corée du Sud est aujourd'hui une république qui fonctionne sur un modèle de démocratie représentative. Le pouvoir législatif y est détenu par un parlement unicaméral et un président, élus au suffrage universel direct pour cinq ans, selon la Constitution de 1948 révisée en 1987.

Population : environ 51 millions

Capitale : Séoul, 10 millions d'habitants
Région capitale (Gyeonggi-do) : 25 millions d'habitants, 5e plus grande aire métropolitaine du monde

Langue : coréen

Religions : bouddhisme, christianisme, chamanisme, religions autochtones (liberté de religion, pas de religion d'État)

Le **drapeau** coréen dans sa forme actuelle existe depuis la fin du XIXe siècle. Il a été créé pour servir lors des négociations avec les pouvoirs étrangers venus pour commercer avec le pays.
Le centre du drapeau représente les forces de l'univers, une sorte de combinaison du yin et du yang dont le rouge symbolise les forces positives et le bleu les forces négatives. Les trigrammes représentent respectivement (de haut en bas et de gauche à droite) : ☰ le ciel, ☲ le feu, ☵ l'eau et ☷ la terre.

Monnaie : la monnaie en usage en Corée du Sud est le won (₩). 1€ équivaut globalement à 1 300 wons et le coût de la vie est un peu moins cher qu'en France.

Si vous avez acheté ce guide, c'est donc que vous partez vous installer pour quelques temps au Sud ! La capitale économique et politique du pays est **Séoul**, que ce guide vous permettra de connaître sous toutes les coutures, même si nous vous proposons également quelques idées d'escapades en province. Ses habitant·e·s parlent le coréen (langue non apparentée au chinois, sauf pour une partie de son vocabulaire) et souvent un peu d'anglais.

Séoul

Fondée il y a plus de deux mille ans sous le royaume de Baekje (57 av. J.-C.-660), la capitale de la Corée du Sud a incroyablement évolué, notamment ces cinquante dernières années. Son cœur historique se situe au nord du fleuve Han, et est entouré de montagnes selon les préceptes des géomanciens de l'époque du Joseon (1392-1910). Les palais royaux ont brûlé lors des différents conflits qui ont marqué l'histoire de la péninsule (invasion japonaise du XVIe s., puis guerre du XXe s.), mais la majorité des bâtiments ont été reconstruits. Dans ce centre historique, vous pourrez admirer les palais et les jardins des rois coréens, comme à leur époque…

Si vous laissez derrière vous le palais Gyeongbokgung, vous serez impressionné·e·s par les gratte-ciels de verre qui hébergent les médias les plus importants de Corée. La capitale abrite de nombreux quartiers modernes, tels les très connus quartiers de Gangnam, Myeongdong ou encore Hongdae. Les quartiers périphériques de la capitale sont tout aussi dynamiques et en mutation permanente. Ils offrent un paysage assez complexe, où cohabitent anciennes habitations et quartiers rénovés tendance et qui permet l'essor de cultures alternatives.

Ainsi, Séoul, par son architecture et la diversité de ses quartiers, reflète l'histoire riche de la Corée du Sud. Vous verrez très vite que Séoul n'est pas uniquement la capitale économique de la Corée, mais également un centre culturel et historique rayonnant sur le pays, l'Asie et même le monde.

Infos pratiques

VISA

Pour un séjour inférieur à 90 jours, vous n'avez pas besoin de vous procurer de visa auprès de l'ambassade. En revanche, pour bénéficier d'une autorisation d'entrée comme touriste de 90 jours, vous devez effectuer une demande préalable 24 heures au moins avant le départ : c'est le nouveau système K-ETA (Korea Electronic Travel Authorization). Les démarches simples se font en ligne (https://www.k-eta.go.kr/portal/apply/index.do) et vous coûteront 10 000 wons. Si cela convient à votre séjour, c'est parfait : vous n'aurez pas à effectuer de démarches supplémentaires !

Différents visas sont disponibles pour toute personne souhaitant rester plus de 90 jours sur le sol coréen, ou si vous souhaitez visiter, travailler ou étudier sur place.

- Visa Vacances-Travail : visa d'un an non renouvelable, qui permet aux jeunes de 18 à 30 ans de travailler sur le sol coréen. Il doit s'obtenir à partir du pays d'origine (ne concerne que les Français·es et les Canadien·ne·s).
- Visa étudiant D-2-6 ou D-4-1
- Visa de travail : nombreux types de visa selon l'emploi
- Visa stagiaire C-3-1 (moins de 90 jours)
- Visa conjoint (F-6-1) ou famille (F-3-1)
- etc.

Les visas de résident et de travail sont accordés au compte-goutte et leurs conditions d'obtention peuvent varier dans le temps et selon les cas individuels. Nous vous invitons donc à consulter le site internet de l'ambassade de Corée de votre pays pour trouver le visa le plus adapté à votre situation.

Attention ! Veillez à avoir toujours 6 mois de validité sur votre passeport lors de votre départ.

Si vous souhaitez investir en Corée et devenir entrepreneur·euse (série des visas D-8 ou D-9), vous pouvez vous renseigner auprès du Cercle francophone des entrepreneurs de Corée (CEFC).

AMBASSADES EN CORÉE

Belgique : Itaewon-ro 45-gil 23, Yongsan-gu, Séoul 04349 (Arrêt de métro le plus proche : Itaewon Station, ligne 6, sortie 2)
+82 2-749-0381~4 • seoul@diplobel.fed.be
Lun-ven : 9h-12h et 14h-17h (uniquement sur rendez-vous)
https://republicofkorea.diplomatie.belgium.be/fr

Canada : 21, Jeongdong-gil (Jeong-dong), Jung-gu, Séoul 04518 (Arrêt de métro le plus proche : City Hall Station, lignes 1 et 2, sortie 12)
+82 2-3783-6000 • seoul@international.gc.ca
Lun-ven : 8h30-11h45 et 12h45-17h
https://www.canadainternational.gc.ca/korea-coree/index.aspx?lang=fra

France : 18ème étage, Woori Building, #42 Chilpae-ro, Jung-gu, Seoul, 04512. (Arrêt de métro : Singil (lignes 1 et 5)
+82 2-3149-4300 / +82 (0) 10 8753-3276 (numéro d'urgence consulaire)
Lun-ven : 9h-12h
https://kr.ambafrance.org/ • info.seoul-amba@diplomatie.gouv.fr

Suisse : 77 Songwol-gil, Jongno-gu, Séoul 03165
+82 2-739-9511 • seoul@eda.admin.ch
Lun-ven : 9h-12h
https://www.eda.admin.ch/countries/korea-republic/fr/home/representations/ambassade.html

BUDGET

Pour voyager pas cher (et non pour vivre) en Corée, il est possible d'avoir un budget quotidien moyen de 50 000 wons, avec des logements coûtant environ 30 000 wons la nuit, et trois repas simples compris entre 6 000 et 7 000 wons. Sur le long terme, il est possible de trouver des logements moins chers en location au mois.

Les conseils de l'expert !

Benjamin Joinau, anthropologue et enseignant à l'université Hongik

Quelques règles de politesse

La Corée est un pays où la hiérarchie est au cœur de l'organisation et des relations sociales. L'âge, l'ancienneté au sein du groupe social donnent lieu à des comportements codifiés et des règles de préséance dont il faut avoir conscience. On vous pardonnera quelques impairs, notamment chez les jeunes générations qui tendent à vouloir alléger ces codes que beaucoup trouvent archaïques. Il est cependant nécessaire de les connaître si vous souhaitez vraiment vous intégrer et découvrir la culture.

Cela s'illustre par différents niveaux de langue et de multiples codes gestuels selon les situations et les personnes présentes. Voici quelques gestes simples que vous pouvez apprendre pour ne pas commettre d'erreurs :

- Donnez et recevez les objets à deux mains. Ce geste montre que vous êtes attentif à ce que vous recevez et à qui le donne.

Lorsque vous entrez dans une maison ou dans un restaurant, il sera parfois nécessaire de retirer vos chaussures. Vos hôtes ne le signaleront pas, mais vous reconnaîtrez vite la petite marche qui délimite l'espace où les chaussures ne sont plus autorisées.

- Tournez la tête pour vous cacher si vous buvez de l'alcool avec quelqu'un de plus âgé que vous ou votre supérieur hiérarchique. Se servir soi-même de l'alcool est malpoli : surveillez les verres de vos camarades pour les remplir lorsqu'ils sont vides, ils feront de même pour vous !
- Se moucher en public est très mal vu, il est préférable de choisir un coin discret.
- Il est également déconseillé de parler fort dans les lieux publics, notamment les transports en commun. Cette règle s'applique surtout aux personnes jeunes.

Pour aller plus loin et découvrir la culture coréenne en image, consultez « **Croquis de Corée** » de Benjamin Joinau et Elodie Dornand (aussi disponible en ebook ou en formats réduits thématiques, les « **Carnets de Corée** »).

VERSION PAPIER

VERSION E-BOOK

Langue et écriture

Les Coréens parlent le coréen qui s'écrit avec l'alphabet national appelé ***hangeul*** 한글. Ils utilisent également certains caractères chinois pour les mots issus de cette langue ou encore dans certains documents officiels ou historiques.

Contrairement à un grand nombre de langues dont nous partageons les racines, il vous sera quasiment impossible de comprendre ce qui vous entoure lors des premiers jours de votre voyage en Corée.

Pas de panique ! La plupart des panneaux de signalisation, des plans de métro et même des annonces dans ce dernier sont en anglais. Vos interlocuteur·trice·s dans les restaurants, les magasins, les taxis ou autres lieux publics ne maîtriseront cependant pas tous la langue de Shakespeare. Plus bas, vous trouverez quelques mots pour vous permettre de vous débrouiller dans vos premiers pas en Corée.

N'oubliez pas votre guide *Gomawo* en sortant !

Apprendre le *hangeul* reste tout de même une bonne idée et sera toujours utile.
Un très bon site gratuit pour apprendre à lire le *hangeul* :

Pour vous aider à transcrire le coréen en caractères romains selon les deux transcriptions en cours (ministère de la Culture, juillet 2000 ou McCune-Reischauer) :

En français, sur le site de The Korean Dream (https://www.thekoreandream.fr), Jake vous donne les bases du *hangeul* en 10 mn. Il est aussi l'auteur d'une méthode de coréen en BD dont la version papier paraîtra à l'Atelier des Cahiers en février 2022.

UN ALPHABET SYLLABIQUE

Le *hangeul* est un alphabet : c'est un ensemble de signes qui peuvent être combinés, chacun représentant un son ou phonème. Mais ce système repose sur les syllabes, un signe ne pouvant apparaître seul, ce qui le différencie de l'alphabet romain.

consonnes

ㄱ	ㄴ	ㄷ	ㄹ	ㅁ	ㅂ	ㅅ	ㅇ	ㅈ	ㅊ	ㅋ	ㅌ	ㅍ	ㅎ
g/k	n	d/t	l/r	m	b/p	s	ng	j	ch	k	t	p	h

consonnes doubles

ㄲ	ㄸ	ㅃ	ㅆ
kk	tt	pp	ss

&

voyelles/diphtongues

ㅏ	ㅑ	ㅓ	ㅕ	ㅗ	ㅛ	ㅜ	ㅠ	ㅡ	ㅣ	ㅐ	ㅒ	ㅔ	ㅖ
a	ya	eo	yeo	o	yo	u	yu	eu	i	ae	yae	e	ye

ㅘ	ㅙ	ㅚ	ㅝ	ㅞ	ㅟ	ㅢ
wa	wae	oe	wo	we	wi	eui

LES EXPRESSIONS DE BASE

안녕하세요 (*annyeong haseyo*) = bonjour
안녕히 계세요 (*annyeonghi gyeseyo*) = au revoir (quand l'autre reste)
안녕히 가세요 (*annyeonghi gaseyo*) = au revoir (quand l'autre part)

네 (*ne*) = oui
아니요 (*aniyo*) = non
괜찮아요 (*gwaenchanayo*) = non merci / ça va
감사합니다 (*gamsahamnida*) = merci

화장실 어디에요? (*hwajangsil eodieyo*) = Où sont les toilettes ?

AU RESTAURANT

____주세요 *(__ juseyo)* = Pouvez-vous me donner ___ s'il vous plaît ?

Cette phrase vous aidera à commander votre repas, mais aussi à obtenir tout ce que vous voudrez dans les magasins, les pharmacies...

물 *(mul)* = eau
밥 *(bap)* = riz
포크 *(pokeu)* = fourchette
칼 (*kal*) = couteau
맥주 *(maekju)* = bière
냅킨 (nepkin) = serviette
접시, 그릇 (cheopchi, keureut)
= assiette/bol

→ 물 주세요 *(mul juseyo)* =
Pouvez-vous me donner de l'eau s'il vous plaît ?

영어 메뉴 있어요? (*yeongeo menyu isseoyo?*) = Est-ce que vous avez un menu en anglais ?
매운 거 못 먹어요 (*maeun geo mot meogeoyo*) = Je ne peux pas manger épicé.
나는 채식주의자에요 (*naneun chaesikjuuijaeyo*) = Je suis végétarien.
나는 ____ 알레르기가 있어요 (*naneun allereugiga isseoyo*) = Je suis allergique à ____

견과류 (*gyeongwaryu*) noix	아황산 (*ahwangsan*) sulfites	해산물 (*haesanmul*) fruits de mer
밀 (*mil*) blé	땅콩 (*ttangkong*) cacahuètes	글루텐 (*gluten*) gluten
콩 (*kong*) soja	계란 (*gyeran*) œuf	우유(*uyu*) lait
참깨 (*chamkkae*) graines de sésame		

SE DÉPLACER

____어디에 있어요? (__*eodie isseoyo?*) = Où se trouve ____ ?

병원 (*byeongwon*) = hôpital
편의점 (*pyeonuijeom*) = supérette de quartier
식당 (*sikdang*) = restaurant
우체국 (*ucheguk*) = poste
지하철역 (*jihacheolyeok*) = station de métro

BUS - 버스 (*beoseu*)

____까지 가요? (____ *kkaji gayo?*) = Est-ce que ce bus va à ____ ?

TAXIS - 텍시 (*teksi*)

Les taxis de Séoul sont habitués à avoir des étranger·ère·s à leur bord. Vous pouvez essayer de leur demander votre chemin en coréen !

____가 주세요 (________ *ga juseyo*) = Emmenez-moi à ______

가장 가까운 경찰서는 어디 있어요? (*gajang gakkaun gyeongchal-seoneun eodi isseoyo ?*) = Où se trouve le poste de police le plus proche ?

LA SANTÉ

____ 아파요 (____ *apayo*) = J'ai mal à ____

진통제 있어요? (*jintongje isseoyo?*) = Avez-vous des anti-douleurs ?
병원이 어디에 있어요 ? (*Byeongweoni odie isseoyo ?*) = Où est l'hôpital ?

LES MAGASINS

____얼마에요? (____ *eolmaeyo?*) = Combien ça coûte, c'est combien ?

신용 카드로 계산 해도 돼요? (*sinyong kadeuro gyesan haedo dwaeyo*) = Est-il possible de payer par carte ?

LES APPLIS GRATUITES À TÉLÉCHARGER

Kakaotalk : c'est l'appli indispensable à télécharger avant votre séjour. Tous les Coréens ont Kakaotalk et ne communiquent que par cette messagerie instantanée. Aujourd'hui, Kakaotalk propose de nombreux services de jeu et même de banque en ligne.

C'est donc le meilleur moyen de garder contact avec vos amis en Corée et dans le monde. Ils vous demanderont plus souvent votre « kakao ID » que votre numéro de téléphone pour vous écrire ou même vous appeler !

Naver : c'est le Google coréen, vous y trouverez tout ! Le dernier restaurant à la mode, les nouvelles sur la politique, les stars de K-pop du moment, les évènements du weekend... Vous pouvez aussi y essayez la chaîne Naver gratuite *French Cast*, tout en français sous-titré !
https://tv.naver.com/frenchcast

Naver dictionary : une application produite par Naver, qui vous permettra de traduire la majorité des mots que vous trouverez dans de nombreuses langues. Elle ne permet pas de traduire des phrases en direct, mais donne beaucoup d'informations pour toute personne qui souhaite apprendre le coréen.

Le petit + : elle donne des phrases d'exemple, l'étymologie chinoise des mots... Un bon moyen d'apprendre le coréen !
https://dict.naver.com/frkodict/#/main

Papago : c'est l'application de traduction du coréen par excellence. La meilleure traduction reste celle effectuée entre le coréen et l'anglais, mais elle est très pointue aussi en français.
https://papago.naver.com/

Citymapper : cette application de transport est internationale, et très bien renseignée pour les villes de Séoul et Busan. Elle vous permettra de connaître le moyen le plus rapide pour vous rendre quelque part puisqu'elle compare les transports en commun, les taxis, le vélo et la marche à pied.

Le petit + : une fois le trajet chargé, plus besoin de données cellulaires (Internet) pour savoir où changer de transport, ni quelle rue prendre !

Kakao Taxi : pour les plus aventureux·euses, commandez un taxi, mais il faut parler un peu coréen et avoir un numéro de téléphone coréen fonctionnel. Actuellement, tout le monde s'en sert, cela rend les taxis plus sélectifs...

Tada : le service équivalent d'Uber.
Il faut parler coréen.

Conversion de devises : un site utile parmi d'autres. Il existe aussi une version appli pour smartphones.
https://www.xe.com/fr/currencyconverter/

Visit Korea : c'est l'application officielle de l'office du tourisme coréen. Vous y trouverez toutes les informations sur les monuments, les musées, les lieux à visiter, leurs horaires, les tarifs... Site en français, appli en anglais uniquement.
http://french.visitkorea.or.kr/fre/index.kto

Yonhap News : c'est l'équivalent de l'Agence France Presse en Corée. Permet de se tenir au courant de l'actualité. Le site offre des versions en coréen, en anglais et en français.
https://m-fr.yna.co.kr/

Korea Times : un des quotidiens nationaux en anglais, application et site Web gratuits.
https://www.koreatimes.co.kr/www2/index.asp

LES CONSEILS DE LA RÉDACTION

De nombreuses communautés se retrouvent sur Internet pour échanger. C'est une bonne idée de rejoindre ces groupes : les problèmes que vous rencontrez ont parfois déjà été résolus par d'autres personnes qui seront ravies de vous aider.

Pages Facebook de communautés francophones :

Les francophones en Corée /
한국에 있는 프랑스말사용자들 (groupe fermé) ;
Français en Corée (groupe fermé) ;
@FrenchinKorea (page publique) ;
France-Corée ;
After-Work français à Séoul ;
PVTistes/Français en Corée du Sud ;
Sous le ciel de Corée ;
K-France (culture coréenne).
Etc.

Pages Facebook de communautés anglophones :

Job Korea ;
Housing in Seoul ;
Part Time Job in Korea ;
... et bien plus encore !

À l'arrivée

PREMIÈRE PARTIE

A L'ARRIVÉE

Se déplacer en Corée

Agences de voyage, offices du tourisme et carte de résident

Se loger en Corée

Travailler en Corée

Apprendre la langue

Santé et sport

et beaucoup d'autres conseils pratiques...

Se déplacer en Corée

L'ARRIVÉE EN CORÉE : COMMENT FAIRE ?

On trouve deux aéroports principaux pour rejoindre Séoul :

• L'aéroport d'Incheon (인천공항) prend généralement en charge les vols internationaux de longue durée. Il est donc très probable que vous arriviez à Incheon par l'un de ses deux terminaux. Le nouveau terminal 2 est celui des compagnies Sky Team dont Korean Air et Air France.

• L'aéroport de Gimpo (김포공항) dessert principalement les vols intérieurs et les vols low cost, notamment vers Jeju, mais propose aussi des vols internationaux régionaux (Chine, Japon, etc.).

Ces deux aéroports se situent sur la **ligne AREX** (Airport Railroad Express) qui part de l'aéroport d'Incheon pour rejoindre la gare de Séoul (métro Seoul Station). Il s'agit du moyen le moins cher de relier les deux aéroports et le centre de Séoul :

* 4 250 wons (3,14 euros) pour le train omnibus.

* 14 800 wons (10,93 euros) pour l'express, qui ne dessert qu'Incheon et Séoul Station mais ne vous fera gagner qu'une dizaine de minutes.

Il vous est également possible d'utiliser des bus qui relient Séoul et l'aéroport d'Incheon. Vous pouvez vous procurer des tickets au niveau des guichets d'accueil, situés dans le hall d'arrivée, au rez-de-chaussée de chaque terminal (sorties 4 et 9). Ces bus coûtent autour de 10 000 wons (7.4 euros) et ont l'avantage de vous éviter les transports de Séoul (à noter cependant que toutes les stations de métro de Séoul sont équipées d'escalators et d'ascenseurs pour permettre aux personnes à mobilité réduite de se déplacer : utile à savoir si vous avez de nombreux bagages).
Consultez les différents itinéraires sur le site officiel de l'aéroport dédié aux autobus :

Pour plus d'informations sur comment rejoindre Séoul depuis l'aéroport d'Incheon :

ZOOM SUR LES TAXIS CORÉENS

Il existe plusieurs types de taxis en Corée : les taxis ordinaires, les taxis de luxe, les taxis électriques et les taxis Jumbo, tous reconnaissables à leur couleur. Il s'agit d'un moyen de transport très utilisé, notamment en ville, car les coûts sont assez peu élevés et aussi parce que les métros et transports publics ferment relativement tôt en soirée. Peu de conducteur·trice·s parlent anglais couramment, mais quelques mots basiques en coréen conviendront si vous souhaitez entamer la conversation.

Tip : pensez toujours à écrire ou imprimer votre adresse en coréen avant de monter dans un taxi, ou à montrer à votre conducteur·trice sur une carte l'endroit où vous souhaitez vous rendre !

Les taxis coréens sont en général honnêtes, mais assurez-vous tout de même qu'ils ont mis le compteur en marche (se prononce *meter* comme en anglais). Vous payez la somme affichée au compteur, sauf si votre course comprend un péage d'autoroute, auquel cas il faut rajouter ce dernier.
On peut prendre un taxi n'importe où dans la rue, il suffit de le héler de la main.

Les taxis standards sont les plus communs. Le plus souvent orange (parfois gris dans les grandes villes), ils calculent le prix de la course en fonction des kilometres (ou du temps, en cas de bouchons), avec un prix de base de 3 600 à 4 600 wons (entre 2,8 et 3,7 euros) pour les premiers kilomètres et selon les villes. **Attention :** entre minuit et 4 heures du matin, ou lors d'un déplacement vers une autre ville, une augmentation du tarif de 20 % sera pratiquée.

Les taxis internationaux, également orange, sont reconnaissables grâce à la mention *International taxi* sur leur borne et sur les portes de la voiture. Le chauffeur parlera au moins une des trois langues parmi l'anglais, le chinois et le japonais. Il est possible de les réserver en ligne :
http://www.intltaxi.co.kr/reservation/book
ou par email à :
reserve@intltaxi.co.kr

Les taxis de luxe ou 모범/*mobeom* se reconnaissent à leur couleur noire et à leur enseigne jaune. Ils sont plus spacieux et ne pratiquent pas de tarif de nuit. Le prix de base est de 3 200 à 5 500 wons (entre 2,40 et 4 euros). On les trouve généralement dans les aéroports, devant les hôtels et dans les terminaux de bus.

Les **taxis électriques** sont bleu clair. Ils présentent les mêmes tarifs que les taxis standards mais sont plus rares. Les **taxis jaunes** sont des taxis gérés par des coopératives (modèle d'organisation du travail qui s'est développé ces dernières années en Corée du Sud) et proposent également des prix similaires aux taxis standards.
Les **taxis Jumbo** sont de grosses automobiles style SUV permettant de voyager en groupe ou de transporter de gros bagages.

Le service Uber n'est pas encore très développé en Corée du Sud. En revanche, **Kakao Taxi**, application disponible sur iPhone et Android, vous permet de commander un taxi pour venir vous chercher et vous déposer à l'endroit que vous aurez indiqué sur l'application. Il est possible de vous connecter directement grâce à votre compte Kakaotalk, autre application indispensable, mais il faut savoir écrire le coréen. L'application **Tada** ressemble au service **Uber** d'ailleurs aussi présent. Elle permet d'appeler ou de réserver des véhicules avec chauffeur, en particulier des vans pouvant accueillir jusqu'à sept personnes, idéal pour aller en boîte !

TRANSPORTS PUBLICS

La première chose qu'il vous faudra acquérir en arrivant en Corée : une **carte de transport T-Money** ! Cette carte sera votre passeport dans tous les métros et bus de Séoul et autres villes coréennes, mais aussi dans la navette entre l'aéroport et la ville. Elle peut servir à payer les taxis.

Vous pouvez vous procurer cette carte à l'aéroport ainsi que dans toutes les supérettes de quartier : Family Mart, Seven Eleven, CU, Buy The Way, GS25, etc. À l'aéroport

vous pouvez acheter une carte T-Money classique ou opter pour les nombreux pass touristiques T-Money proposés.
Cette carte se recharge en espèces dans n'importe laquelle de ces supérettes, ou dans les stations de métro (prévoyez toujours au moins 10 000 wons pour être tranquille). Ces dernières ont des machines opérant en anglais, et il vous suffira de suivre les instructions pour recharger votre carte.
Le métro coréen est un des plus modernes et des plus accessibles du monde. Chaque station est équipée d'ascenseurs, escalators et espaces adaptés pour les personnes à mobilité réduite. Le métro de Séoul est également célèbre pour sa couverture 4G et WiFi et il ne vous sera pas rare de voir l'intégralité de votre wagon penchée sur son smartphone en train de regarder le journal télévisé, les retransmissions de baseball (le sport national !) ou encore les célèbres *drama* coréens ! Un simple trajet de métro coûte 1 250 wons (90 centimes) et il faut compter des frais de 100 wons supplémentaires si vous dépassez 5 kilomètres de distance parcourue. On trouve 9 lignes internes à la métropole de Séoul ainsi que de nombreuses lignes qui rejoignent les différentes banlieues et zones périphériques de la capitale.

En Corée du Sud, le moyen de transport le plus utilisé et accessible reste le bus. Il existe plusieurs sortes de bus, identifiables par leurs couleurs : les bus bleus relient des points et axes principaux de la ville et vous permettent de traverser de longues distances. Les bus verts font la liaison entre les points névralgiques (stations de métros, gares) et sont équivalents à des bus d'arrondissement. Les minibus verts couvrent de très courtes distances et sont souvent utilisés par les écolier·ère·s et personnes âgées pour rejoindre des lieux de proximité (mairie, école, station de métro du quartier). On trouve également des bus express rouges qui permettent de rejoindre les villes de la périphérie ainsi que les cars grande lignes qui relient les principales villes et autoroutes de Corée (voir le chapitre Escapades).

LES CARTES T-MONEY ET PASS TOURISTIQUES

Il existe des cartes T-Money spéciales pour les touristes : un peu plus coûteuses, elles proposent souvent des avantages sur les attractions et visites touristiques et parfois des réductions dans certains grands magasins.
La **Korea Tour Card** fonctionne comme une carte de transport et permet de bénéficier de remises sur des spectacles, attractions, concerts et

autres produits culturels (musée d'Art moderne, Everland, etc.). Elle est très utile pour les touristes internationaux et peut être utilisée dans tout le pays. Cette carte est aussi disponible en version numérique via une application smartphone. Une version *Namhee coast* a été développée pour les voyageur·euse·s du sud de la Corée.

Le **Discover Seoul Pass** fonctionne également comme une carte de transport et permet de profiter gratuitement des meilleures attractions et monuments de la capitale.

Le **Metropolitan Pass** ou **MPASS** permet de voyager à Séoul et à Jeju et de visiter plus facilement grâce à des prix avantageux.

Pour plus d'informations :

VISITER SÉOUL EN TRANSPORTS EN COMMUN

En plus de vous permettre de vous déplacer, les moyens de transport sont parfois un excellent moyen de découvrir la Corée et ses habitants. Vous pouvez fréquenter le métro et rencontrer les *hoesawon*, ou *salarymen*, en costume qui partent travailler, ou vous émerveiller devant les vêtements bariolés des grands-mères et grands-pères habillés pour leur randonnée hebdomadaire dans les montagnes de Séoul.

Notre conseil : si votre emploi du temps vous le permet, laissez-vous porter dans Séoul par les nombreux bus qui sillonnent la ville. Cela peut vous permettre de découvrir des quartiers moins touristiques, mais tout aussi bucoliques et de vous immerger complètement dans la vie quotidienne de la capitale.

Pour les sportifs.ves, vous pouvez vous procurer un vélo, mais nous vous conseillons de l'utiliser pour les trajets courts et d'éviter les zones non aménagées. Les berges de la rivière Han et de ses affluents sont maintenant toutes aménagées avec des promenades plantées et des pistes cyclables où il vous sera très agréable d'effectuer une balade de temps à autre.

Depuis peu, des services de vélos, vélos électriques et trottinettes électriques à louer sur le modèle des Vélib' parisiens sont aussi disponibles dans Séoul. La ville a développé le système "Seoul City Bike" ou *Ttareungi* 따릉이, qui permet de louer des vélos grâce à un système de pass à 1 000 wons la journée et à 3 000 wons les 7 jours. Le vélo peut être utilisé pendant une heure dans toute la métropole, après quoi des frais supplémentaires de 1 000 wons sont ajoutés. Vous pouvez également télécharger l'application Smart Seoul Bike (traduite récemment en anglais).

On trouve également des systèmes de vélos électriques en libre-service comme celui de la compagnie Elecle 일레클 ou encore le service Kakao T Bike qui a lancé les premiers tests en 2019 à Incheon et Seongnam. Il est également possible de louer des vélos ou tandems dans de nombreux établissements, le long de la rivière Han pour vous permettre de profiter des berges aménagées (parc Hangang).

L'entreprise Kickgoing (https://kickgoing.io) a également lancé un service de trottinettes électriques (autorisé entre 7h00 et 20h00 à Séoul) qui ravira les férus de technologie. Mais, tout comme les vélos, attention à ne pas rouler sur des axes routiers trop fréquentés. Les accidents de la route à Séoul sont extrêmement fréquents, en raison du trafic très important et de l'importance du nombre de scooters de livraison et de taxis souvent pressés par le temps.

Depuis 2021, un permis de conduire est obligatoire pour conduire une trottinette électrique en Corée.
Vous risquez une amende si vous roulez sans casque ou à plus d'une personne.

Enfin, pour les plus aventureux.ses, n'hésitez pas à marcher et déambuler dans les rues de Séoul pour découvrir vous-mêmes les quartiers et les adresses de votre choix. Attention aux distances cependant, on compte en général entre 10 et 20 minutes de marche entre certaines stations du métro. Préparez donc votre escapade !

Agences de voyage & de tourisme

Voyager en Corée n'est pas toujours facile, et ce malgré nos conseils avisés…
Si vous avez besoin d'aide pour organiser votre séjour, nous vous conseillons de contacter l'agence **Cap Corée,** où travaille Mélusine, qui vous présente dans ce guide un itinéraire à Jeju-do.
De nombreuses formules sont proposées : des escapades à la journée, des circuits de plusieurs jours, dans la nature, autour de la *hallyu* (vague de produits culturels coréens)… Créée il y a 10 ans, l'agence est spécialisée dans les voyages en Corée pour les Français. Son site regorge de bons plans et vous pourrez également profiter de leurs expériences « mini-prix » : essayage de *hanbok* et séance photo, cours de taekwondo, cours de cuisine…
Il y aura forcément une formule pour vous !

Contactez Mélusine pour organiser le voyage de vos rêves :

CapCoree
La corée autrement

Agence Cap Corée
154-19
Donggyo-dong, Mapo-gu
(FR) +33 6-33-21-87-52
(KR) +82 10-9413-7126
contact@capcoree.fr
https://www.capcoree.fr

Le petit + : le site de Cap Corée propose un blog, qui offre aussi de nombreux bons plans… Courez-y !

Enfin, nous indiquons dans ce guide les principaux bureaux des offices du tourisme soit nationaux (KTO) soit municipaux (Seoul Global Center). Vous en trouverez près de chaque quartier touristique, comme à Gwanghwamun, à Insadong (près du métro Anguk), etc. Une visite au bureau central du KTO près de Gwanghwamun est recommandée, car vous y trouverez pléthore de brochures, cartes et bons plans !

2e étage du K-Style Hu, 40 Cheonggyecheon-ro, Jung-gu
Renseignements sur le tourisme et le tourisme médical : tlj.de 9h à 20h
Agence de voyage : lun-sam de 9h à 18h
Renseignements touristiques : +82 2-729-9497, 9498, 9499 (coréen, anglais, japonais, chinois)
Renseignements pour le tourisme médical : +82 2-752-2102, 2103 (coréen, anglais, japonais, chinois, russe)
Agence de voyage : +82 2-2138-3557 (coréen, anglais).

Le KTO vous propose aussi un site très riche, avec une partie en français :

Et la Ville de Séoul a l'équivalent en anglais, avec de nombreuses infos sur les festivals et événements à ne pas manquer :

Carte de résident

CARTE DE RÉSIDENT

Toute personne qui reste sur le territoire coréen plus de trois mois doit obligatoirement posséder une carte de résident. Elle vous permettra de prouver votre identité sans votre passeport, mais peut aussi vous être utile si vous souhaitez ouvrir un compte en banque coréen, sortir temporairement du territoire…

Les démarches sont simples pour obtenir cette carte. Il vous suffit de prendre rendez-vous sur le site :
https://www.hikorea.go.kr/Main.pt

Ensuite, choisissez de vous créer un compte ou d'enregistrer votre rendez-vous grâce à votre numéro de passeport.

Plusieurs documents peuvent vous être demandés selon le visa sur la base duquel vous avez été admis sur le territoire. Une constante pour toutes les demandes de carte de résident : pensez à prendre votre passeport, une photo d'identité, et de l'argent liquide.

Enfin, il sera possible de vous faire envoyer votre carte de résident, ou d'aller la chercher vous-même. La poste est très sûre en Corée du Sud : épargnez-vous du temps de transport en demandant l'envoi de votre carte !

REGISTRE DES FRANÇAIS HORS DE FRANCE

Pour tous les Français vivant en dehors de France pendant plus de six mois, l'inscription au registre des Français établis hors de France est indispensable. Cette inscription facilitera les démarches pour vous inscrire sur les listes électorales, pour demander des bourses pour les enfants qui y ont droit, pour refaire vos papiers…
L'inscription est possible en ligne, sur le site de service-public.fr. Tapez « s'inscrire sur le registre des Français établis hors de France » sur un moteur de recherche, et laissez-vous guider !

LES CONSEILS DE LA RÉDACTION

EN CAS D'ARRESTATION

Vous pouvez :

- demander à ce que l'ambassade de France soit informée ;
- demander à l'ambassade d'informer votre famille.

Vous devez :

- exiger un interprète francophone, surtout si votre avocat ne l'est pas ;
- ne pas signer de document sans en connaître le contenu ;
- rester calme. Ne soyez ni discourtois, ni violent au risque d'aggraver votre situation.

Le droit de passer un appel téléphonique (hors ambassade) lorsque l'on est en garde à vue n'existe pas en Corée. Aussi, bien souvent, la seule possibilité de contacter votre famille ou vos proches sera, si vous en faites la demande, par l'intermédiaire de l'ambassade.

Une personne faisant l'objet d'une enquête peut être interdite de quitter le territoire coréen. Cette interdiction peut être prolongée à plusieurs reprises si les autorités l'estiment nécessaire.

En cas de mise en détention provisoire, vous pouvez demander un avocat «pro bono», c'est-à-dire gratuit. Il est possible qu'aucun de ces avocats ne soit anglophone ou francophone.
Le curseur des sanctions est différent en Corée du Sud : ne prenez aucune arrestation à la légère. Les conséquences peuvent être lourdes : même innocenté, un étranger peut être obligé de quitter le territoire coréen avec interdiction d'y revenir pour un certain nombre d'années, voire pour toujours. Ne négligez pas la prise de contact avec l'ambassade, votre Conseiller des Français de l'étranger (pour la Corée, Benjamin Joinau benjaminjoinau@hotmail.com) ou avec l'association Français du monde (https://www.francais-du-monde.org/) : ils sauront vous conseiller.

L'ambassade de France peut vous fournir une liste d'avocats : http://www.ambafrance-kr.org/Informations-generales-et-demande

Se loger en Corée du Sud

Vous trouverez en Corée une dizaine de types de logement et d'hôtels différents selon la durée de votre séjour et votre budget. Voici quelques-unes des options qui s'offrent à vous.

VISITER LA CORÉE DU SUD

De passage rapide en Corée ou en voyage d'affaires ? Il est possible de trouver des hôtels de très bonne qualité, notamment autour des centres d'affaire et des centres historiques : choisissez votre hôtel en fonction de la zone que vous souhaitez visiter ou de vos rendez-vous en privilégiant le critère des transports. Les principaux quartiers d'hôtels internationaux sont le centre historique (Myeongdong, Namdaemun, Gwanghwamun), Hongdae, Yeouido, Gangnam (Nonhyeon) et COEX. Si vous souhaitez profiter d'un confort et d'un service de qualité, vous pouvez vous orienter vers les grands hôtels « à l'occidentale », dont certains sont recommandés dans nos adresses. Le ministère de la Culture, des Sports et du Tourisme a par ailleurs développé le label **Benikea** "Best Night In Korea" pour mettre en avant les hôtels de qualité et abordables sur le territoire.

Amateur·trice·s de logements plus cosy, qui vous permettent de découvrir la culture coréenne, nous vous conseillons les options *bed and breakfast* et Airbnb, qui se développent de plus en plus en Corée du Sud. Vous pouvez ainsi séjourner dans un *hanok*, une maison traditionnelle coréenne, ou au sein de *guesthouse* améliorées, moins coûteuses et plus orientées sur la vie en communauté (chambres en général plus petites, et sanitaires fréquemment à partager). Il est possible de réserver des chambres ou *hanok* complets sur les sites hôteliers classiques et également sur Airbnb.

Un hanok 한옥 est une maison d'architecture traditionnelle coréenne, composée d'un seul étage, avec une structure en bois, un toit en tuiles (ou en chaume autrefois pour les classes populaires) et des portes et fenêtres en papier de mûrier. La particularité d'un *hanok* réside notamment dans son système de chauffage au sol, ou *ondol* 온돌, qui permet de très bien réchauffer l'ensemble de la maison, même lorsque les températures sont très basses, et de dormir sur le sol. À nouveau populaires auprès des Coréen·ne·s, les *hanok* contemporains sont aménagés et à la pointe du confort (salle d'eau, cuisine, Internet, lits pour certains) et sont célébrés pour leurs qualités esthétiques, mais aussi écologiques (le système *ondol* serait moins polluant). N'hésitez pas à réserver une ou deux nuits dans l'un de ces logements pour une expérience culturelle atypique ! Vous trouverez sur ce site une liste non exhaustive des différents *hanok* recommandés pour un *hanok stay* en Corée du Sud.

Si vous préférez consacrer votre séjour à rencontrer des locaux et/ou des visiteur·euse·s internationaux·ales, vous pouvez vous tourner vers des options plus atypiques telles que Airbnb, le *wwoofing* et les programmes *homestay*, pour une expérience chez l'habitant et de très belles rencontres.

Le wwoofing (de l'anglais *Working Weekends on Organic Farms*) désigne des programmes d'accueil et de partage d'expérience entre citadin·e·s et agriculteur·trice·s, développés afin de sensibiliser aux enjeux de la consommation responsable et de l'agriculture biologique. Selon les fermes, vous pouvez loger gratuitement entre quelques jours et plusieurs mois au sein d'une exploitation en échange d'une participation à l'activité agricole du lieu. De nombreuses fermes coréennes ont ouvert leurs portes aux saisonnier·ère·s grâce à ce programme, dans le contexte d'une crise du monde agricole, afin de promouvoir les techniques et produits traditionnels coréens. Il peut s'agir d'une expérience physiquement éprouvante, mais inoubliable car elle vous permettra de tisser des liens avec des personnes très intéressantes et de découvrir d'autres aspects de la culture coréenne. Si cette option vous tente, inscrivez-vous sur le site. Pour la communication, pas de panique, avec quelques notions d'anglais et de la bonne humeur, tout ira bien !

Enfin, les petits budgets pourront trouver leur bonheur en *guesthouse*, *hostel*, ou encore au sein des *jjimjilbang* 찜질방. Les *hostel* et *guesthouse* sont des pensions de famille ou auberges de jeunesse pratiques pour les voyages à petit budget et pour les personnes qui veulent profiter de leur séjour pour échanger avec des visiteur·euse·s du monde entier. Les *guesthouse* sont un type de pension très répandu en Corée du Sud, vous y croiserez souvent beaucoup d'étudiant·e·s étranger·ère·s de passage. Vous trouverez de nombreuses options pour ces logements sur Airbnb, en structures indépendantes chez l'habitant, avec des niveaux de prix variables selon les services proposés et souvent un petit déjeuner inclus.

L'astuce : souvent, ces *guesthouse* sont entretenues par des personnes aidées d'étudiant·e·s logé·e·s dans le bâtiment. Renseignez-vous : vous pourrez parfois faire baisser votre loyer ou même le faire disparaître contre quelques heures de ménage par jour !

Le *jjimjilbang* 찜질방 est une institution en Corée du Sud. Équivalent des bains publics, c'est en réalité bien davantage : le *jjimjilbang* fait office de sauna, spa, centre de soin, lieu de repos bon marché, salle de jeux, et parfois même karaoké ! *Jjimjil* renvoie au phénomène de sudation par lequel le corps élimine les toxines accumulées et se purifie des différentes affections et maladies. Le *jjimjilbang* est souvent divisé en deux espaces : l'espace bain et l'espace loisirs. L'espace des bains ou sauna, non-mixte, contient des bassins chauffés entre 16 et 50°C, ainsi que des espaces de lavage, massage et chambres chaudes (hammam). Les bassins contiennent également des pierres et minéraux aux propriétés relaxantes ou détoxifiantes (jade, sel, charbon, etc.) Le second espace mixte et vêtu est consacré aux autres loisirs.

Attention : les espaces des vestiaires et bains sont non-mixtes car la nudité est de mise, ce qui peut être intimidant ou désagréable pour certain·e·s. Beaucoup de touristes en viennent cependant à apprécier ces espaces et leurs vertus libératrices : on y croise des personnes de tous âges, de toutes corpulences, qui vaquent à leurs occupations dans le plus simple appareil. Pas de panique cependant, la partie mixte (et vêtue ! On vous prête un tee-shirt et un bermuda) propose d'autres services de repos et de soins (parfois des dizaines !), où habitué·e·s et visiteur·euse·s se croisent dans des pièces spécialisées (lœss rouge, charbon de bois, etc.), dont la température varie entre -15° et 80°C. Outre ces espaces, vous trouverez des lieux de restauration, de travail (salles de réunion et mini-bibliothèques !) et des salles plus obscures, de repos, où l'on peut passer la nuit sur le sol chauffé. L'entrée de jour tourne autour de 10 000 wons (7,30 euros), 15 000 wons pour l'entrée après 20h (11 euros). Vous pouvez facilement trouver les *jjimjilbang* dans le mobilier urbain grâce au logo qui les caractérise :

VIVRE EN CORÉE DU SUD

Nouvel·le arrivant·e au pays du Matin calme, vous cherchez un nouveau logement pour débuter votre aventure dans les meilleures conditions ? Nous vous proposons un petit glossaire des différents types de logements et locations que vous pourrez trouver pour un séjour à long terme.

Les universités proposent presque automatiquement des dortoirs à leurs étudiant·e·s au sein même des campus. Cette option a l'avantage d'être abordable, sûre et permet de rencontrer des étudiant·e·s étranger·ère·s et coréen·ne·s avec lesquel·le·s découvrir la Corée. Attention cependant, certains dortoirs sont non-mixtes, n'autorisent pas les visites extérieures et les soirées, et imposent un couvre-feu. Pour faire face à l'affluence de nouveaux·elles étudiant·e·s et aux modes de vie différents, de nombreuses universités proposent maintenant des dortoirs internationaux avec des contraintes plus réduites pour les étudiant·e·s en échange. Pensez à bien vérifier ces informations sur le site des universités où vous serez accueilli·e·s !

Le *goshiwon* 고시원 est le logement le moins cher, mais aussi le plus petit que vous trouverez à Séoul. Initialement créé dans les années 1970 pour être le refuge des étudiant·e·s lors de leurs examens, vous y trouverez le minimum vital pour des prix compris entre 300 000 et 500 000 wons par mois (220-360 €) et une faible caution, autour de 100 000 wons (73 €). Dans 6 m², vous aurez généralement un lit, un petit bureau, une télévision, un mini-frigo et une étagère. L'été, des ventilateurs sont parfois mis à disposition des résident·e·s. La salle de bain peut être partagée avec d'autres personnes, ou faire partie de votre chambre selon l'aménagement et le niveau de prix. Le *goshiwon* met également à votre disposition une machine à laver et une cuisine communes, avec un accès à des denrées de base (riz, *ramyeon*, café, thé, œufs, etc.). Si vous n'êtes pas à l'aise en coréen, il est possible de réserver une chambre sur Internet. Rendez-vous sur le site Goshipages :
https://goshipages.com/

Attention ! Il est tout de même conseillé de ne pas choisir les *goshiwon* les moins chers. Les parties communes seront parfois assez sales. De plus, les chambres les moins chères sont souvent les plus petites et sans fenêtre. Renseignez-vous bien avant de choisir !

Les *hasukjip* 하숙집 sont des pensions assez similaires aux *goshiwon*. Ils proposent à un public principalement étudiant une chambre dans une maison ou un petit immeuble, avec deux repas complets par jour compris (petit déjeuner et dîner). La plupart des sites qui proposent ce genre de logement sont cependant en coréen. Vous devrez donc certainement vous faire aider. Il est plus fréquent de trouver une chambre en *hasukjib* en faisant du « porte à porte », mais là encore, l'aide d'une personne à l'aise en coréen est un plus pour éviter les mauvaises surprises ou les malentendus ! Ces logements sont assez faciles à trouver aux abords des universités, n'hésitez pas à vous renseigner auprès de l'office d'accueil des étudiant·e·s étranger·ère·s de votre université.

Pour signer un contrat de location plus traditionnel, il vous faudra passer par une agence immobilière ou *budongsan* 부동산. Vous pouvez vous y rendre avec un·e coréanophone ou trouver une agence avec un service en anglais. De nombreux sites internet se sont également popularisés auprès des étranger·ère·s. Ainsi, les sites **Zigbang** et **Dabang** sont les principales ressources que vous trouverez si vous maîtrisez quelques notions de coréen. Pensez cependant à faire vérifier les informations du contrat et à visiter les logements en compagnie d'un·e Coréen·ne pour éviter les malentendus ! De nombreuses déconvenues nous ont été reportées… Si vous préférez les sites en anglais, consultez :
www.stayes.com ou www.nestkpick.com.

https://www.zigbang.com/

Voici quelques termes à connaître si vous souhaitez mieux maîtriser le vocabulaire de l'immobilier coréen :

- ***Bojeunggeum*** 보증금 : caution.
- ***Chung*** 층 : étage (attention le RDC correspond au 1er étage en Corée).
- ***Gwallibi*** 관리비 : frais de maintenance, charges.
- ***Jeonse*** 전세 : type de contrat coréen très courant avec paiement à l'avance d'un an de loyer environ sous forme de dépôt. À la fin du contrat, vous pouvez récupérer votre argent. Il y a souvent des formules mixtes *jeonse* et *wolse*.
- ***Pyeong*** 평 : unité de mesure équivalent à 3,3 m^2.
- ***Wolse*** 월세 : location « classique » avec un paiement mensuel et une caution (souvent élevée).

On trouvera plusieurs types de logement en location sur ce modèle :

Les maisons ou *jutaek* 주택 sont rarement disponibles à la location dans les grandes villes, mais vous pouvez en trouver certaines dans les régions plus isolées. Dans la capitale, ces maisons se trouvent dans certains quartiers réservés à une élite économique et politique, dans le quartier de Hannam-dong par exemple, ou artistique à Pyeong-chang-dong. Les *appateu* coréens 아파트 font référence aux complexes d'appartements (résidences en barres ou désormais sous forme de tours élevées) construits par les conglomérats du BTP coréen : Hyundai, Samsung, Daewoo, etc. Symboles de modernité et de réussite en Corée, ces appartements sont souvent très chers et assez vastes ; il s'agit donc plutôt d'une option pour les budgets aisés ou les grandes familles.

Pour une version moins coûteuse et plus petite, optez pour les *officetel* 오피스텔 (contraction de *office* et hôtel), qui ont l'avantage d'être équipés. Avec un loyer mensuel variant entre 450 et 1000 €, ces studios/2 pièces ont souvent des cautions très élevées (rarement inférieures à 10 000 €) et sont un investissement à faire si vous cherchez un logement moderne, facilement aménageable et proche des transports et des quartiers animés.

L'appartement « classique » coréen est souvent dans une *villa* 빌라, immeuble à 2-3 étages qui ne ressemble pas du tout à une villa occidentale. La qualité de ces appartements est plus aléatoire selon les quartiers, les propriétaires et l'âge du bâtiment. Certaines *villa* en périphérie de Séoul sont abordables et de qualité, mais pensez à vous renseigner sur l'état de l'appartement, vérifier le fonctionnement des services de base (salle d'eau, cuisine, etc.) et la solvabilité des propriétaires en cas de *jeonse*.

Les studios ou *one-room* 원룸 sont les logements en location classique les plus abordables. Souvent meublés totalement ou partiellement, leur loyer varie en fonction des quartiers et des propriétaires. Quand ils sont situés près des universités, ces studios sont des appartements assez petits, mais fonctionnels et aménagés avec une kitchenette et une salle d'eau moderne. Ils peuvent être une alternative aux dortoirs et chambres partagés si vous prévoyez d'étudier dans une université et souhaitez conserver un peu d'intimité et d'indépendance.

Bon plan : renseignez-vous auprès des étudiant·e·s du semestre précédent, si vous venez en échange : certains rendent leur studio à l'issue de leur séjour et pourront vous mettre en contact avec le. la propriétaire pour que vous le·la remplaciez.

Attention : si vous souhaitez quitter un logement avec un contrat de location à durée déterminée, ce qui se fait souvent pour les logements peu chers, il vous faut obligatoirement trouver une personne pour vous remplacer, sinon vous devrez payer le loyer pour toute la durée du bail restant.

Face à la récurrence des crises de l'immobilier et la montée des prix en Corée du Sud et notamment à Séoul, de nouvelles options commencent à voir le jour. Chez les étudiant·e·s et les jeunes travailleur·euse·s, pour pallier la précarité et la hausse des prix, la colocation ou *sharehouse* est de plus en plus prisée. Vous pourrez ainsi trouver des locations très avantageuses sur Airbnb ou sur des sites tels que **www.kozaza.com**, start-up coréenne spécialisée dans la mise en relation de jeunes diplômé·e·s et travailleur·euse·s qui souhaitent trouver une colocation ou *sharehouse*. Et surtout, parlez-en autour de vous à votre arrivée en Corée du Sud pour trouver de futur·e·s colocataires et consultez les forums francophones (sur Facebook par exemple).

LES SITES ET GROUPES PRATIQUES POUR SE LOGER :

Pages Facebook anglophones :

@seoul.apartment.rent
Seoul housing
Housing in Seoul

Site internet :

Craiglist Séoul - attention aux potentielles arnaques !

N'oubliez pas de vous rendre sur les pages Facebook des communautés francophones citées dans l'introduction de ce guide (p. 29) !

ASSURANCE CIVILE ET RISQUES LOCATIFS

En général, les risques qui relèvent directement de la responsabilité du·de la locataire doivent être couverts par une assurance qui lui est propre. Elle n'est pas comprise dans l'assurance du·de la propriétaire.

Différentes formules existent, certaines limitées (incendie et vol), d'autres plus complètes, qui couvrent tous les risques à l'exception de circonstances exceptionnelles. Le plus souvent, la couverture porte sur l'ensemble du mobilier de l'appartement et peut être ajustée pour couvrir des objets de valeur (bijoux, meubles anciens, argenterie, tableaux).

Pour ceux qui résident sur les moyen et long termes, il est recommandé de souscrire une police d'assurance civile (par exemple, accident causé en faisant du ski, en trottinette électrique, etc.).

PHOTOGRAPHIE & VIE PRIVÉE

Le concept de « respect de la vie privée » en Corée est une question à ne pas négliger. En effet, la loi sur les télécommunications et l'information énonce que le visage d'une personne sur une photographie constitue une donnée personnelle.

Les sanctions peuvent être assez fortes, et peuvent entraîner le versement d'amendes, des sanctions pénales, et **même l'annulation d'un droit au séjour**.

Avant de prendre la photographie d'une personne dont le visage risque d'être reconnaissable, pensez à demander l'autorisation !

La téléphonie

La Corée du Sud est LE pays de la téléphonie mobile et d'Internet, et de nombreux services y fonctionnent aujourd'hui grâce aux smartphones (on pense notamment au service de messagerie KakaoTalk qui a remplacé la messagerie textuelle de tous·te·s les Coréen·ne·s). Vous trouverez assez facilement de nombreuses options pour rester connecté·e·s tout au long de votre séjour.

QUELQUES INFORMATIONS SUR LE RÉSEAU ET LA TÉLÉPHONIE EN CORÉE

L'indicatif téléphonique de la Corée du Sud est +82, la majorité des numéros locaux que vous utiliserez seront donc précédés de ces chiffres. Vous pourrez ensuite reconnaître la provenance d'un appel par son indicatif géographique, les numéros de la région de Séoul commençant par (02). Pour téléphoner en France depuis la Corée, composez un des codes suivants 001, 002, 005, 008, 00365, 00700, 00770, suivi du numéro français (sur le modèle +33). Pour appeler un portable coréen depuis l'étranger, composez le +82 puis enlevez le premier 0.

La Corée du Sud possède une excellente couverture téléphonique et un des réseaux les plus avancés du monde, comme le montre son lancement précoce de la LTE puis de la 5G – c'est une révolution dans le domaine du transfert des données de masse. Le pays a également développé une couverture de WiFi public sécurisé, notamment via les trois géants nationaux des télécoms que sont SK Telecom, Korea Telecom (KT ou Olleh), LG U+.

QUELLES OPTIONS POUR RESTER CONNECTÉ·E·S EN VOYAGE ?

Si vous êtes touriste de passage, il n'est pas forcément nécessaire pour vous de prendre des téléphones de location ou des cartes prépayées. La couverture WiFi est excellente sur presque tout le territoire (même dans les KTX). En effet, de nombreux cafés, restaurants et lieux publics (Seoul WiFi) possèdent des WiFi gratuits que vous pourrez utiliser pour rester connecté·e·s. Il vous sera parfois possible d'accéder à des WiFi privés sans mot de passe intitulés "Iptime". Enfin, vous aurez accès au WiFi public de chaque opérateur (T-Wifi, U+ Free Wi-Fi, etc.). Il n'est normalement possible d'utiliser ces réseaux que si vous possédez une carte SIM coréenne. Certaines options s'offrent à vous si vous souhaitez tout de même bénéficier d'un réseau personnel supplémentaire.

Louer un téléphone : rendez-vous auprès des guichets de LG, SK et KT au niveau des halls d'arrivée des aéroports Incheon et Gimpo, muni·e·s de votre passeport et votre carte de crédit. Il est également possible de louer un téléphone au sein des différents grands hôtels de la ville ou dans les magasins de téléphonie d'Itaewon. Il vous faudra compter 3 000 wons par jour et 100 wons par appel émis de plus de 10 secondes. L'utilisation des données cellulaires varie, mais vous coûtera environ 5 000 wons par jour. Pensez à rendre le téléphone au même endroit où vous l'avez retiré. Cette option est rentable à court terme seulement, notamment si vous avez de nombreux appels à passer.

Utiliser un œuf WiFi : vous pouvez réserver des boîtiers WiFi de poche et les récupérer à l'aéroport ou les demander directement aux guichets des halls d'arrivée à Incheon et Gimpo, ou auprès d'autres agences, situées au niveau des lieux touristiques (Insadong, Myeong-dong, Seoul Station). Un œuf WiFi portable coûte entre 5 000 et 10 000 wons par jour selon les offres.

Acheter une carte prépayée : avant toute chose, vérifiez que votre téléphone est débloqué et configuré pour être utilisé avec des cartes SIM étrangères. Il est possible de réserver une carte en ligne et de la récupérer ensuite aux points de retrait habituels (aéroports, sites touristiques, agences, etc.). On peut aussi en acheter directement auprès des *convenience store* tels que CU, 7/11 ou GS25. Il existe de nombreuses offres de cartes prépayées, plus ou moins avantageuses selon votre durée de séjour et l'objet de votre visite. Voici un bref tableau récapitulatif :

Type de forfait	**Type de séjour**
Données illimitées (< 30 jours)	Visites de court terme et voyages d'affaire avec besoin d'accès rapide à Internet
Données illimitées, appels et SMS (< 30 jours)	Visites de court terme et voyages d'affaire avec besoin de téléphoner et d'utiliser Internet
Données illimitées, appels et SMS (> 30 jours)	Visites de long terme, idéal pour les étudiant·e·s en échange ou les séjours de quelques mois
Données illimitées, appels et SMS + Carte de Transport (5 à 60 jours)	Conseillé pour tous les séjours inférieurs à deux mois avec utilisation fréquente des transports en commun

Attention : si votre carte expire, il n'est plus possible ni de recharger ni d'étendre votre contrat, assurez-vous donc de vérifier votre forfait de temps en temps avant cela.

De nombreuses offres sont disponibles pour trouver le forfait qui vous correspond. Pensez à consulter les sites officiels des opérateurs coréens ou encore le site **Trazy** pour trouver des offres touristiques attractives et rentabiliser au mieux votre forfait téléphonique :

Trazy :

KT et SK : https://www.krsim.net/
KT : https://roaming.kt.com/rental/eng/product/sim1.asp
SK : https://www.skroaming.com/usim/usim-prepaid.asp
EG : http://www.egsimcard.co.kr/

Attention : résident·e sur le long terme, si vous souhaitez vous procurer une carte SIM, prépayée ou sous contrat, pour une durée supérieure à 90 jours, il vous faudra absolument présenter une carte de résident, délivrée à tous les étrangers dont la durée de visa dépasse 3 mois. Cette carte est indispensable pour accéder à de nombreux services et infrastructures en Corée du Sud, car elle permet de signer des contrats.

Zoom sur : Les services postaux coréens

KOREA POST
우체국

On trouve de nombreux bureaux de poste en Corée, notamment au sein des universités, ouverts en semaine de 9h à 17h en hiver et 18h le reste de l'année. Le prix des services postaux nationaux et internationaux est assez bas, vous pouvez donc envoyer des lettres et colis assez facilement. Attention cependant aux restrictions concernant les produits à déclarer automatiquement : les aliments crus ne sont pas autorisés, ni à l'importation ni à l'exportation. Si vous avez le mal du pays, impossible de recevoir du saucisson ou de la charcuterie, et seuls les fromages sous-vide sont autorisés ! Pour la France, les colis doivent être accompagnés d'une facture pro forma, même pour un cadeau. De plus, il faut savoir que des taxes à l'importation risquent d'être demandées au destinataire, même en cas d'envoi de cadeau ou de marchandises non commerciales.

Pour connaître les tarifs, suivez le lien vers leur site :

Travailler en Corée du Sud

QUELLES CONDITIONS DE TRAVAIL EN CORÉE ?

Si vous arrivez en Corée du Sud avec un visa travail ou stagiaire, vous avez sûrement déjà trouvé un emploi. Pour travailler en Corée avec ce genre de visa, voici quelques informations à noter.

Le temps de travail légal en Corée du Sud est de 40h à 44h par semaine, cinq jours sur sept, selon les catégories d'emplois. Deux semaines de congés par an sont le minimum octroyé ; il est possible d'en négocier plus selon la flexibilité de l'entreprise qui vous emploie. En pratique, vous ferez sans doute des heures supplémentaires, qui sont incontournables en entreprise comme dans les organisations. Le salaire horaire minimum a été augmenté en 2021 à 8 729 wons (6,35 euros). Le salaire net moyen était également en hausse en 2018 : 51 millions de wons annuels, soit 38 000 euros. Il reste à noter que beaucoup de Coréen·ne·s vivent en dessous du seuil de pauvreté, notamment les jeunes et les personnes âgées. Il existe plusieurs accords entre la France et la Corée pour éviter les doubles prélèvements de l'impôt et des charges salariales et patronales. La cotisation retraite reste assez complexe et faible en Corée du Sud. Il vous est cependant possible de valoriser les points de retraites cotisés en Corée de retour en France. Pour plus d'informations à ce sujet, n'hésitez pas à consulter le site CLEISS.

Si vous arrivez en Corée sans visa ou avec un visa touristique, il vous sera impossible de travailler sur place. Pour les autres configurations, il y aura quelques restrictions selon la raison et la durée de votre séjour. Avec un visa étudiant supérieur à six mois (D-4 ou D-6), vous pourrez de travailler en Corée, mais il vous faudra attendre six mois après votre arrivée pour commencer légalement un contrat hors de votre campus (il est donc légal de travailler en tant que tuteur·trice au sein de votre université), d'une durée maximale de 20h par semaine (30h pour les *graduate student*). Pour ce faire, il vous faudra effectuer une demande de permis de travail. À cette fin, il faut, dans l'ordre :

1. trouver un employeur avant de faire votre demande
2. faire remplir le formulaire de demande de permis par votre employeur (demandez ce formulaire à votre université)
3. demander un certificat d'enregistrement au registre du commerce de votre employeur
4. faire valider ce formulaire et demander un formulaire d'autorisation de travail à votre université
5. se munir de votre passeport et d'une carte de résident
6. imprimer les relevés de notes des deux premiers trimestres (avec le taux de présence en cours) délivrés par l'université
7. se rendre ensuite avec ces documents au bureau de l'immigration

De manière générale, le bureau des étudiants internationaux de votre université pourra vous conseiller dans ces démarches. Pensez bien à vérifier que les dates de début de contrat indiquées par votre employeur sur la demande d'autorisation sont ultérieures à votre visite au bureau de l'immigration, auquel cas vous risquez une très lourde amende (1000 euros par jours de travail illégal), voire une expulsion du territoire. Une fois votre demande de permis validée, vous obtiendrez un petit autocollant qui sera placé sur votre passeport avec le nom de votre employeur et les dates de début et de fin de votre permis. Attention, si vous changez d'employeur, la procédure doit être renouvelée puisque le permis dépend de votre lieu de travail.

Pour les étudiant·e·s, vous êtes autorisé·e·s à travailler dans des domaines en lien avec vos études ou à travailler dans des emplois non qualifiés et à temps partiel dans les domaines suivants :

- traduction, interprétariat
- restauration, vente en boutique *duty free*
- assistance/logistique en entreprise
- animation de camps de vacances/d'études linguistiques
- assistant·e guide touristique, etc.

Si vous souhaitez donner des cours de français ou d'autres langues, il vous faut obtenir un visa E-2, sponsorisé par une école. Ce visa est ouvert aux personnes diplômées de l'enseignement. Ainsi, si vous souhaitez donner des cours de français, même en tant que tuteur·trice, vous devez impérativement avoir ce visa, sauf dans le cadre d'un tutorat organisé par votre université. Les services de l'immigration font régulièrement des campagnes d'arrestation d'étrangers donnant des cours privés (arrestations basées en partie sur la délation) et expulsent immédiatement les personnes en situation illégale : attention donc !

ZOOM SUR : LE PROGRAMME VACANCES-TRAVAIL (PVT)

Le Programme Vacances-Travail est ouvert aux jeunes de 18 à 30 ans qui souhaitent séjourner en Corée du Sud pour découvrir le pays tout en travaillant pour financer leur voyage. Il s'agit d'un visa à entrées multiples, non renouvelable et valable un an à compter de la date d'émission. Attention cependant, les activités rémunérées ouvertes aux PVTistes sont réglementées et strictement contrôlées par les services d'immigration. Notez également qu'il n'est pas possible de travailler plus de 25h par semaine. Nous vous déconseillons cependant le PVT si vous sortez tout juste du lycée. Mieux vaut d'abord travailler en France, apprendre un peu le coréen et se créer une première expérience professionnelle. Le PVT est une option très intéressante pour une année de césure pendant vos études, juste après vos études ou après quelques années de travail. Vous aurez ainsi acquis de l'expérience et préparé humainement et financièrement votre séjour ! Le PVT est une excellente expérience pour découvrir la Corée et voyager à travers le territoire. Si ce programme vous intéresse, n'hésitez pas à consulter le dossier spécial Corée réalisé par le site pvtistes.net pour tout savoir sur les conditions d'obtention du PVT en Corée (il y a aussi un groupe actif sur Facebook).

QUELQUES PISTES POUR TROUVER UN TRAVAIL EN CORÉE

Vous cherchez un travail en Corée, mais vous ne savez pas par où commencer ? Voici quelques conseils, bons plans et sites pour vous aider à vous orienter dans votre démarche ! Sachez tout d'abord que les conditions d'embauche concernant les étranger·ère·s en Corée du Sud sont assez restrictives pour les employeurs. Il faut compter cinq employé·e·s coréen·ne·s pour pouvoir embaucher un·e employé·e d'un autre pays et justifier sa préséance sur un·e Coréen·ne et la subvention d'un visa E-7. De plus, il faut être diplômé dans le domaine où vous postulez et avoir 5 ans d'expérience dans ce même domaine. Il faut donc connaître sa plus-value sur le marché et savoir choisir les entreprises et organisations susceptibles de lancer toutes ces démarches.

Il est tout d'abord possible de travailler dans les services publics et diplomatiques francophones et/ou européens, comme au sein des ambassades ou instituts de langue (comme l'Alliance française). Pour les jeunes diplômé·e·s, pensez à l'option du **Volontariat International en Administration (VIA)** ainsi que les stages et contrats auprès des ambassades et délégations européennes, qui recherchent des profils très variés.

Pour travailler en entreprise, pensez également au **Volontariat International en Entreprise (VIE)** qui vous permettra de rester entre 1 et 2 ans en Corée, avec des conditions de travail et un salaire très acceptables. Il existe de nombreux avantages pour les entreprises à parrainer un VIE, il s'agit donc d'une option intéressante, qui a le mérite de proposer également des postes dans des domaines très variés. Pour les VIE et VIA, n'hésitez pas à consulter les offres sur le site officiel.

Pensez à consulter la **Chambre du commerce et de l'industrie française en Corée (FKCCI)**, qui relaie de nombreuses offres au sein d'entreprises françaises, internationales ou coréennes sur son site Web et sa page Facebook. Vous pouvez également trouver des emplois auprès d'agences d'intérim telles que Manpower ou Adecco.

Le **Seoul Global Center** propose lui aussi en ligne une liste d'offres d'emploi en anglais et en coréen, que nous vous invitons à consulter régulièrement. Le SGC organise également une foire de l'emploi pour les résidents étrangers où vous pouvez vous inscrire pour trouver de nombreuses opportunités et vous faire une meilleure idée du marché de l'emploi en Corée du Sud.

Nous vous proposons quelques autres pistes pour des métiers plus « alimentaires » servant à financer vos études et voyages. Il existe une foire de l'emploi pour les étudiant·e·s étranger·ère·s, organisée chaque année au COEX Mall à Gangnam. Pour plus d'informations et pour vous inscrire, consultez leur site : http://jobfair.contactkorea.go.kr/. Si vous maîtrisez un peu le coréen, orientez-vous vers la restauration, notamment les restaurants et bars français ou internationaux, les boutiques spécialisées ou tout autre lieu intéressé par une « touche à la française ». Le quartier français, Soerae Maeul, ou le quartier international à Itaewon sont un excellent début pour trouver un emploi alimentaire facilement. Vous pouvez également vous abonner à la page Facebook de l'Emploi pour les Français·e·s en Corée du Sud, qui relaie de nombreuses offres intéressantes.

La banque

Il n'est pas obligatoire d'ouvrir un compte en banque coréen à votre arrivée dans le pays, même si vous restez plusieurs mois. La grande majorité des commerces dans lesquels vous irez acceptent les cartes bancaires étrangères. Avant votre départ, pensez à vérifier avec votre banque les frais que peuvent engendrer ce type de paiement (éventuellement, souscrivez à des offres internationales dans votre banque, ou ouvrez un compte dans une néobanque comme N26, qui offre beaucoup d'avantages pour les voyageurs).

Retirer de l'argent peut toutefois être plus problématique. Pour une raison obscure, de nombreux distributeurs refusent les cartes internationales. D'expérience, les distributeurs situés dans les stations de métro sont ceux avec lesquels nous avons eu le moins de refus, comme ceux des *convenient stores*. Les distributeurs situés au cœur de Myeong-dong et d'Itaewon vous permettront également de retirer aisément de l'argent… Un mot d'ordre donc : quand vous avez trouvé un distributeur qui accepte votre carte, n'oubliez pas son emplacement !

OUVRIR UN COMPTE EN BANQUE

Bien qu'il soit possible d'ouvrir un compte en banque avec un visa touriste, les conditions d'utilisation de ces comptes sont très restrictives, mais suffisantes pour la plupart des opérations courantes.
Si vous avez un autre type de visa, vous n'aurez besoin (en théorie) que de votre carte de résident (ou du certificat prouvant que vous en avez fait la demande) et de votre passeport. Il n'est pas possible de créer un compte en banque en ligne.

Dans l'ensemble, il est de plus en plus difficile en Corée d'ouvrir un compte en banque et d'avoir une carte de crédit en tant qu'étranger. Selon les banques et votre type de visa, cela peut devenir le parcours du combattant...

Testée et approuvée : la banque KEB (19 Saemunan-ro 5-gil), proche de Gwanghwamun. Les employés parlent anglais, et sont très professionnels.

Si vous êtes étudiant·e·s, de nombreuses universités proposent des cartes d'étudiant liées à des banques : votre carte aura alors le rôle d'une carte bleue, d'une carte d'étudiant, et aussi d'une carte de transport !

Assurance santé

Votre couverture maladie dépend de votre situation personnelle ou professionnelle.

EN VACANCES OU LORS D'UN SÉJOUR TEMPORAIRE

Vous ne bénéficiez d'aucune couverture maladie pour les soins inopinés reçus en Corée. De retour en France, il est possible de demander à la sécurité sociale le remboursement des frais liés à ces soins. Attention : elle n'est pas obligée de vous rembourser.
De manière générale, il est plus prudent de vérifier que l'on ne dispose pas déjà d'une assurance voyage (via une assurance automobile ou une carte bancaire) et, si ce n'est pas le cas, de souscrire à une telle assurance.

FAIRE SES ÉTUDES

Dans le cadre d'un échange, vérifiez que vous êtes bien couvert par votre assurance étudiante, ou avez comme option une extension de votre mutuelle étudiante en France.
Hors échange, vos droits au regard du régime français d'assurance-maladie ne sont pas valables en Corée.
Si vous étudiez dans une université coréenne, vous pouvez choisir de cotiser :

- à la sécurité sociale coréenne (avec possibilité de souscrire à une assurance complémentaire) ;
- auprès de la Caisse des Français de l'Étranger (CFE).

EN DÉTACHEMENT

Vous conservez le bénéfice de l'assurance-maladie française lors de la prise en charge des soins reçus en Corée. Il suffit d'envoyer à votre caisse d'affiliation vos factures acquittées accompagnées d'un formulaire pour obtenir le remboursement des frais engagés.

EN EXPATRIATION OU SUR UN EMPLOI LOCAL

Lorsque vous êtes expatrié ou employé localement, vous n'êtes plus rattaché au régime français de sécurité sociale. En contrepartie des cotisations sociales prélevées sur vos revenus, vous percevez les mêmes prestations que les salariés de nationalité coréenne. Il est conseillé de souscrire une assurance complémentaire française ou coréenne.

RÉSIDER EN TRAVAILLANT À SON COMPTE, EN ÉTANT SANS EMPLOI OU À LA RETRAITE

Il n'est pas obligatoire de vous inscrire à la sécurité sociale coréenne. Dans ce cas, il faut simplement fournir la preuve que vous êtes bien assuré ailleurs. Il est également conseillé d'adhérer à une assurance complémentaire.
Pour les Français.e.s, il existe la Caisse des Français de l'Étranger (CFE), en choisissant de préférence l'option groupée avec une assurance complémentaire.

CONTACTS UTILES :

La **Caisse des Français de l'Étranger** (CFE) propose trois types d'assurance :

- Maladie - Maternité - Invalidité,
- Accident du travail et maladies professionnelles,
- Vieillesse (retraite de la sécurité sociale).

En adhérant à la CFE, vous restez à la sécurité sociale française. Vous devez vous acquitter d'une cotisation trimestrielle. L'assuré à la CFE est remboursé des soins engagés à l'étranger sur la base des tarifs français.

Le **National Pension Service** (NPS), interlocuteur administratif des employés étrangers en Corée pour l'ensemble des régimes :

Les **compagnies d'assurance privées** peuvent offrir une assurance à titre principale ou complémentaire contre le risque maladie. La Caisse des Français de l'Étranger (CFE) a ainsi passé des accords avec plusieurs assurances complémentaires dont vous pouvez trouver la liste à l'adresse suivante : https://www.cfe.fr/

Apprendre le coréen

Si vous êtes étudiant·e·s en Corée du Sud, vous pourrez intégrer des programmes de langue au sein de votre université, soit en cours, soit au sein d'instituts de langue spécialisés. Ces cours permettent souvent de valider des crédits et d'obtenir un diplôme de langue dans certains cas. Ils seront souvent adaptés à vos horaires, et vous y rencontrerez de jeunes étrangers motivés avec qui travailler : une aubaine !

Si vous n'êtes pas étudiant·e·s et travaillez dans une entreprise ou une autre structure en Corée, plusieurs choix s'offrent à vous. Certaines entreprises offrent des cours de coréen au sein-même de leurs locaux. Renseignez-vous auprès de votre employeur ou des personnes chargées des ressources humaines. Si ce n'est pas le cas, voici une liste de quelques bons plans qui vous permettront de rapidement progresser en coréen, et même parfois de passer des tests de langue !

L'INCONTOURNABLE SEOUL GLOBAL CENTER

À Séoul, le **Seoul Global Center**, centre culturel de la ville pour les étrangers, propose des cours de coréen gratuits aux étrangers disposant d'un visa autre que le visa de tourisme.
Il existe deux types de formules :

- apprentissage du coréen pendant 12 semaines ;
- préparation du diplôme TOPIK pendant 8 semaines (6 niveaux).

Ces cours sont accessibles quel que soit votre niveau, et restent gratuits à condition que vous participiez à au moins 80 % des cours qui vous seront proposés.

Le nombre de places étant limité par niveau, il est parfois nécessaire de s'inscrire en avance. Pour plus d'informations, visitez le site du Seoul Global Center :

Pensez à visiter également les centres locaux ou Global Village Center présents dans chaque *gu* ou arrondissement de Séoul. Le Global Village Center d'Itaewon propose notamment des cours de coréen pour débutants pour un durée de dix semaines.

JOINUS KOREA

Le programme de cours de Joinus Korea est ouvert pour les niveaux débutant et intermédiaire et propose deux heures d'apprentissage chaque dimanche à Yangcheon, Séoul. Il est possible d'intégrer les cours les premiers et seconds dimanches de chaque mois après un premier test d'évaluation en ligne. Joinus propose également des activités culturelles pour mettre en pratique vos connaissances et découvrir de nouveaux aspects de la culture coréenne.

Pour plus d'informations :

LES INSTITUTS DE LANGUES

Un grand nombre d'instituts de langues (en universités ou instituts privés indépendants) proposent des cours et formations au coréen, avec un niveau de prix plus élevé, mais un suivi plus important. Pour cela, vous pouvez vous connecter directement sur les sites de ces instituts pour découvrir les formules horaires et tarifs proposées. Parmi les plus réputés des instituts universitaires, notons ceux de Sogang, Ehwa et Yonsei.

APPRENDRE HORS DE SÉOUL

Il est assez facile de trouver des lieux de formation dans la capitale, mais qu'en est-il des autres villes et régions ? Vous trouverez toujours des centres de langues au sein des différentes universités coréennes, où vous pourrez facilement vous inscrire à la formation qui vous convient. La ville de Busan, deuxième ville de Corée du Sud, a également développé une liste de tous les lieux d'apprentissage de la métropole, que nous vous invitons à découvrir :

APPRENDRE HORS D'UNE SALLE DE CLASSE ?

Si vous ne souhaitez pas apprendre le coréen dans un contexte trop formel ou si votre emploi du temps ne le permet pas, vous pouvez vous tourner vers d'autres programmes, que ce soit au sein de binômes d'échanges linguistiques, associations étudiantes, tutorats individuels, *meetup*, applications smartphones, etc. N'hésitez pas à en discuter avec vos ami·e·s ou collègues en Corée qui seront ravi·e·s de vous aider à vous améliorer, et suivez les pages et groupes francophones sur les SNS où passent régulièrement des annonces à ce sujet (voir plus loin).

POUR UN APPRENTISSAGE 2.0 !

La Corée du Sud est LE pays du 2.0 (voire 3.0 !) et des nouvelles technologies. Il est donc normal de trouver des supports d'apprentissage alternatifs et interactifs pour répondre aux évolutions de la société et de ses pratiques. Voici tout d'abord une liste des sites internet, podcasts et chaînes YouTube incontournables si vous souhaitez apprendre le coréen de manière plus autonome ou compléter vos cours :

• LES INCONTOURNABLES POUR DÉBUTER

Talk to me in Korean est un site Web qui propose des cours et tests en ligne à la carte, des manuels de travail, mais également de nombreux podcasts et vidéos sur la culture et la langue coréennes. L'équipe produit également un podcast plus avancé intitulé « Iyagi ».

Korean 101 est un site qui fonctionne sur le même modèle de souscription avec une base de données de cours audio et vidéo accessibles en ligne ainsi que d'autres outils d'apprentissage personnalisés et interactifs.

Rémi Klémensiewicz, Français installé en Corée, a produit une excellent méthode audiovisuelle payante (179 000 wons). Les premières leçons sur le hangeul et la prononciation sont disponibles **gratuitement** en ligne. Ce sont de petits bijoux de précision et de pédagogie ! :
https://www.udemy.com/course/le-coreen-avec-remi/

• LES PODCASTS POUR PRATIQUER

Sponge Mind est un podcast très populaire parmi les apprenants de langue coréenne. Disponible sur SoundCloud, il est enregistré en anglais, puis en coréen et vous permettra de pratiquer les deux langues de manière un peu moins formelle qu'un podcast de cours classique.

Le site français de **KBS World Radio** propose une rubrique « apprendre le coréen » où vous pourrez trouver une série de podcasts intitulée "Let's Learn Korean" ainsi que des vidéos sur l'actualité culturelle et politique pour pratiquer votre coréen.

• POUR LES PLUS AVANCÉ·E·S

Les Annales du Royaume de Joseon de Park Si-Baek sont à la base une série de bandes dessinées qui explorent l'Histoire de la Corée pendant la période du Joseon (1392-1910). Présenté par les historiens Shin Byung-Ju et Kim Hak-Jon, ce podcast est parfait pour les coréanophones avancé·e·s qui souhaitent en apprendre plus sur l'histoire coréenne et développer leur vocabulaire.

• QUELQUES APPLICATIONS SMARTPHONE POUR APPRENDRE À SON RYTHME

Rien de mieux pour apprendre le coréen que de le pratiquer régulièrement. Si vous avez des temps de transport importants en Corée, voici quelques applications pour vous aider à travailler vos bases et progresser rapidement tout en gagnant du temps.

Tengu go hangeul pour débuter et apprendre son alphabet.
http://www.tengugo.com/korean

Korlink par Talk to Me in Korean pour travailler son coréen régulièrement.

Topik One pour préparer les examens de langue sereinement !

Pratiquer un sport à Séoul

COURIR À SÉOUL :

Malgré ses routes souvent encombrées, la ville de Séoul offre quelques lieux aménagés où vous pourrez courir loin des voitures. Attention, le dénivelé est parfois important !

- Les rives du fleuve Han et les ruisseaux aménagés : la rive nord offre une route partagée entre les vélos et les piétons, protégée des voitures et relativement ombragée sur plusieurs kilomètres. La rive sud est plus fréquentée, mais vous pourrez courir sans problème.
- Le parc de Namsan : plusieurs points d'accès vous permettront de courir sur le mont Namsan. Des points d'eau sont disponibles au sud, dans le parc botanique.
- Yeouido : le tour de l'île est protégé et offre une course de 9 km. Vous pouvez le combiner avec les berges du fleuve Han pour prolonger votre effort !
- Parc de la coupe du monde, parc Olympique... Nous ne les avons pas testés, mais ils sont gratuits, et accessibles directement en métro.

RANDONNÉES :

Les principes de géomancie imposant aux villes la proximité des reliefs, vous pourrez très facilement aller randonner sur les différentes pics alentours, reconnaissables par le suffixe en *san* (Namsan, Bukhansan, etc.) qui signifie « montagne » ! Tous les monts autour et dans la ville sont aménagés avec des voies piétonnes, espaces de repos, belvédères et de nombreuses aires de *fitness*, y compris dans les lieux les plus isolés – et même des refuges de nuit à Bukhansan (pensez à réserver !). Voici quelques pistes de randonnées incontournables à Séoul, qui vous offriront une vue magnifique sur la ville et vous permettront de profiter d'un peu de nature au milieu des gratte-ciels :

Pour **Bukhansan**, plusieurs points d'accès au parc sont disponibles, vous les trouverez facilement sur Internet.
La station la plus simple est celle de Dobongsan (ligne 1 et 7, sortie 1). Vous pourrez ensuite suivre les Coréen·ne·s et leur tenue de trekking bariolées pour trouver l'entrée du parc national.

- Entrée gratuite
- Interdit la nuit (entre le coucher du soleil et deux heures avant le lever du soleil)
- Très bien balisé, parfait pour tous les niveaux, et en toute saison !

Pour marcher : la liste des *walking trails* proposée par la ville de Séoul http://english.visitseoul.net/walking-tour

ESCALADE :

The Climb Hongdaejeom 더클라임 홍대점 (1er étage, Gyungnam building, 353-5 Seogyo-dong, Mapo-gu) est une salle à 20 000 wons l'entrée pour grimper autant que vous voudrez ! Ouverte tous les jours de 10h à minuit, sauf le samedi jusqu'à 22h et le dimanche jusqu'à 20h. Possibilité de louer des chaussures sur place.

Le bon plan : prendre un carnet de 10 entrées pour payer un peu moins cher si vous venez régulièrement !

PISCINES :

Comme dans toute grande ville, il existe plusieurs piscines municipales à Séoul. Il est également courant pour les Séoulites d'aller nager dans les piscines des grands hôtels. Voici quelques adresses :

Seoul Education Office Mapo, 서울특별시교육청 마포평생학습관 16 Hongik-ro 2-gil, Mapo-gu : au sous-sol de ce bâtiment situé au sein de Hongdae, vous trouverez une piscine municipale, proposant plusieurs activités aquatiques (il faut prendre un abonnement pour y avoir accès).

Plusieurs piscines de loisirs sont ouvertes sur les bords du Han en été. Vérifiez la liste sur le site de l'office de tourisme coréen :

Il y a aussi quelques hôtels comme le Hamilton à Itaewon qui proposent l'accès à leur piscine aux clients extérieurs.

Les groupes d'expatriés proposent souvent des séances de sport collectif, du football à la pétanque, en passant par la course à pied et les randonnées-pique-nique… Jetez un œil aux groupes pour trouver des compagnon·agne·s de sport !

Se soigner en Corée du Sud

Le système de soins et de médecine générale en Corée du Sud est assez différent du système français. Les consultations à domicile sont extrêmement rares. La plupart du temps, il convient de se rendre à la clinique (*gaeinbyeongwon* 개인병원) ou *uiwon* 의원 ou à l'hôpital (*byeongwon* 병원) – le rendez-vous préalable étant recommandé dans les grands hôpitaux. De plus en plus d'hôpitaux, notamment les hôpitaux universitaires (*daehakbyeongwon* 대학병원) mettent en place des services internationaux pour accueillir les étranger·ère·s avec un personnel anglophone, et dans certains cas francophone.

Il existe un système de Sécurité sociale en Corée du Sud, obligatoire pour les nationaux·ale·s et pour les étranger·ère·s résidant en Corée et muni·e·s d'une carte de résident. Nous vous recommandons cependant d'utiliser une assurance complémentaire pour une meilleure couverture des soins, en particulier lors des hospitalisations, où les frais peuvent s'élever très rapidement. Si votre séjour s'effectue dans le cadre d'un échange étudiant, vérifiez avant votre départ les différentes options d'assurance, qui vous seront demandées obligatoirement par votre université d'accueil et pour l'obtention du visa. Voici quelques hôpitaux qui proposent des services internationaux :

L'hôpital Severance 세브란스병원, l'hôpital universitaire de Yonsei, propose un service médical international excellent avec des médecins parlant anglais. Plusieurs services sont proposés : médecine familiale, pédiatrique, dentaire etc. Prise de rdv en ligne: http://www.yuhs.or.kr/en/
🏠 50-1 Yonsei-ro, Seodaemun-gu 📱 +82 2-2228-5800 (Yonsei), +82 2-2019-3600 (Gangnam)

La Clinique Internationale d'Itaewon 국제의원 est un cabinet médical très fréquenté par les étranger·ère·s. La totalité du personnel y parle anglais et peut vous conseiller des pharmacies anglophones.
Rendez-vous en ligne : http://www.internationalclinic.co.kr/index.asp
🏠 211 Itaewon-ro, Yongsan-gu 📱 +82 2-790-0857

L'hôpital universitaire de Seoul National University (SNU) 서울대학교 병원 possède également un centre médical international, où les personnels administratif et médical sont anglophones. Vous y trouverez également un excellent **service dentaire** ouvert aux patient·e·s internationaux·ales ! Pour prendre rendez-vous, appelez ou remplissez le formulaire en ligne :
🏠 101 Daehak-ro, Jongno-gu
📱 +82 2-2072-0505

L'hôpital St Mary à Gangnam 가톨릭대학교 서울성모병원, propose également de nombreux services pour les étranger·ère·s, y compris pour les francophones, russophones et germanophones. Il est notamment fréquenté par la communauté française qui réside dans le district de Seocho-gu. Pour des rendez-vous de médecine générale, contactez le **Dr. Ok Jin-ju**, qui est une médecin francophone, agréée par l'ambassade de France.
🏠 222 Banpo-daero, Seocho-gu 📱 +82 2-2258-5745
Rendez-vous en ligne :

QUELQUES ADRESSES DE MÉDECINS SPÉCIALISTES

DENTISTE :

Yonsei University Dental Hospital
📱 +82 2-2228-8998 🏠 50-1 Yonsei-ro, Seodaemun-gu
🕓 Tlj. 24h/24
Aller chez le dentiste n'est jamais une partie de plaisir. Avec les dentistes de l'hôpital universitaire de Yonsei, vous serez accueilli·e·s par des médecins parlant plusieurs langues, qui feront tout pour vous comprendre ! Si ce n'est pas urgent, vous pouvez prendre rendez-vous en ligne sur le site internet de l'hôpital. Il y aura toujours un·e secrétaire/infirmièr·e capable de parler anglais pour vous aider sur place.

Center Dental Clinic 센터치과의원
📱 +82 2-318-4497 🏠 14 Sowol-ro, Jung-gu
🕓 Lun 9h30-20h30 Mar-vend 9h30-18h30
🔗 https://centerdentalclinic.modoo.at/
Les médecins parlent anglais et la clinique est très bien équipée si vous avez besoin de soins particuliers. Les prix sont abordables, et la prise de rendez-vous est possible par téléphone ou par email depuis leur site internet.

GYNÉCOLOGIE :

Dr. Kim Ji-yeon - Clinique Y Queen Women 와이퀸산부인과 (Gangnam-gu)

+82 2-555-8278 337 Teheran-ro, Gangnam-gu, 11e étage

Lun-ven 10h-19h, sam 10h-16h (fermé entre 13h30 et 14h30)

http://yqueen.kr/eng.asp

Médecin gynécologue et obstétricienne anglophone spécialisée notamment dans le dépistage et le traitement des MST, IST et cancers.

Medi Flower

+82 2-548-9400 110 Seochojungang-ro, Lotte Castle Medici (1er étage), Seocho-gu Mar-ven 9h-13h / 14h-18h, sam 9h-15h

http://mediflower.co.kr/eng/

Une clinique obstétricienne au sud de Séoul, avec un service secrétariat international et un médecin parlant anglais. La consultation est à moins de 20 000 wons, et il faut compter environ 60 000 wons pour une échographie. La prise de rendez-vous se fait par téléphone.

AUTRE :

Goryeo Hanuiwon 신촌고려한의원

+82 70-7729-1276 60 Sinchon-ro, Mapo-gu (1er étage) Tlj. 10h-19h

https://blog.naver.com/parkwoohee31

Park Woo-hee est acupunctrice et parle quelques rudiments d'anglais... Sceptique tout d'abord devant cette médecine douce, l'une de nous a été complètement conquise lorsqu'elle a soigné un genou douloureux depuis un an suite à une entorse. Ne cherchez plus, voici votre acupunctrice à Séoul !

CENTRES MÉDICAUX QUI PROPOSENT DES SERVICES GRATUITS POUR LES ÉTRANGER·ÈRE·S :

Centre médical de Séoul 서울의료원강남분원장례식장	43 Bongeunsa-ro 114-gil, Gangnam-gu	+82 2-3430-0226	Lun-ven 8h30-17h30 Sam 8h30-12h30
Hôpital de la Croix-Rouge de Séoul 서울적십자병원	9 Saemunan-ro, Jongno-gu	+82 2-2002-8000	Lun-ven 9h-17h Sam 9h-12h30
Centre médical national 국립중앙의료원	245 Eulji-ro, Jung-gu, Seoul (Station	+82 02-2260-7114	Lun-ven 9h-17h Sam 9h-12h

Conseils pratiques

IMPRIMER

Il nous est tous arrivé un jour de devoir imprimer un document, un rapport, un exposé... Comment faire, dans une ville aussi grande que Séoul, pour trouver une imprimante quand on est de passage ?
Rassurez-vous, nous avons déjà paniqué pour vous et trouvé des lieux qui nous ont sauvées ! Voici donc nos quelques adresses pour imprimer et relier tout ce que vous voudrez.

Chaîne Kinko's
Chaîne américaine très présente à Séoul, voici une branche à Jung-gu près de Myeongdong et du Lotte Hotel :

+82 2-753-0207
80-1 Euljiro, Jung-gu
Tlj. 24h/24
webhardprint.co.kr
Souvent ouvert 24h/24, ces magasins sont un peu plus chers, mais offrent aussi le service postal DHL : cela peut vous sauver pour un dépôt de dossier urgent !

AJ Solution
Dans le bâtiment de la porte d'entrée de Hongik au deuxième sous-sol, vous trouverez le repaire des étudiant.e.s pour faire imprimer leurs dossiers : rapide et pas cher !

+82 2-320-3257
Au deuxième sous-sol, 94 Wausan-ro, Sangsu-dong, Mapo-gu
Lun-ven. 9h-18h. Fermé les jours fériés. Les horaires peuvent changer pendant les vacances universitaires.

COIFFEUR·EUSE

Aller chez le·la coiffeur·euse dans un pays étranger peut s'avérer être une expérience singulière ! Cependant, comme en France, il y a beaucoup de coiffeur·euse·s en Corée, et vous n'aurez pas de mal à trouver de bons salons pas trop chers.
Voici néanmoins une petite sélection de coiffeur·euse·s testé·e·s et approuvé·e·s par nous (et qui parlent presque tous anglais !) :

Salon de Beau Beau (보보헤어) : 10 Jungnim-ro, Jung-gu (station Chung-cheong-ro). Un petit salon où vous pourrez, sans rendez-vous, avoir une coupe rapidement. Les coiffeur·se·s qui se sont occupé·e·s de nous étaient toujours aux petits soins !
https://www.instagram.com/salon_de_beaubeau/

Ahsley Hair (애슐리헤어) : 7 Hoenamuro 13ga-gil, Yongsan-gu (station Nok-sapyeong). Un salon de coiffure assez petit (4 places), souvent fréquenté par la communauté internationale du quartier. Le coiffeur connaît tous les types de cheveux et le résultat est toujours très satisfaisant (20 000 wons la coupe simple !).

TATOUAGES

Le statut des tatoueur·se·s est très particulier en Corée du Sud. Aucune loi n'interdit le tatouage, mais aucune loi ne l'autorise non plus. Considéré comme un acte médical (au même titre que l'acupuncture), il est obligatoire (même si ce n'est pas toujours respecté) qu'au moins un·e docteur·e fasse partie des salons de tatouages.
Si être tatoué·e est pour beaucoup de Coréen·ne·s la marque d'un comportement marginal et violent, la vision du tatouage change de plus en plus et de nombreux·euses jeunes arborent de jolis tatouages avec fierté, surtout que le style coréen est très délicat et réputé au niveau international.
Voici une liste de quelques salons à Séoul, parlant anglais. Le prix est souvent plus élevé qu'en France, mais vous pourrez profiter de l'inspiration et des designs innovants des artistes tatoueur·euse·s coréen·ne·s… En espérant que vous trouverez votre bonheur !
Attention ! Soyez vigilants si vous allez dans un bain public : certains d'entre eux interdisent l'accès aux personnes tatouées.

Seoul Ink Tatoo, à Gangnam. seoulinktattoo.com/
Instagram : @seoulinktattoo
Hongdam, à Songpa, pas de site internet.
Instagram : @ilwolhongdam
Banul, http://blog.naver.com/hamwkkung
Instagram : tattoist_banul
Nando, à Itaewon, pas de site internet.
Instagram : nandotattooer
Sol, à Mapo, http://www.studiobysol.co.kr/
Instagram : soltattoo
Ida, pas de site internet.
Instagram : tattoist_ida

PIERCING

Se faire percer les oreilles n'est pas aussi courant en Corée qu'en France, mais cela devient de plus en plus à la mode. Il existe néanmoins de nombreux endroits où il est possible de le faire et c'est beaucoup moins cher qu'en France. Cependant, nous vous recommandons de faire très attention aux conditions d'hygiène et aux magasins dans lesquels vous vous rendez. Il arrive de voir des piercings s'infecter peu de temps après leur pose…
N'ayant testé aucun magasin de piercing nous-mêmes, nous pouvons citer le magasin recommandé par Korean Coffee Break dans le quartier de Sungsin : **Kki Piercing**.

ÉPILATION

Vous pourrez facilement trouver des rasoirs dans les petites supérettes. La cire est moins commercialisée, mais vous en trouverez dans les magasins de produits de beauté comme **Olive Young**.
Les salons d'épilation corporelle ne sont pas très répandus en Corée. Ils sont progressivement apparus aux alentours de la base américaine et dans les quartiers internationalisés, mais restent très chers.
Voici une liste de quelques salons :

Catchup : Plusieurs salons, dont un à Itaewon, Myeongdong et Gangnam. Réservation possible via Kakaotalk ou par téléphone, informations disponibles sur catchupwaxing.com

Viera Waxing : Viera waxing n'a qu'un salon, à Gangnam, aux alentours de Seolleung Station. La bonne nouvelle, c'est qu'ils parlent anglais ! Rendez-vous sur leur site pour avoir des informations sur les prix et le chemin pour vous rendre au salon :
https://cafe.naver.com/viera/1284

RÉGIMES ALIMENTAIRES EN CORÉE

LE VÉGANISME/VÉGÉTARISME

On trouve peu de viande dans les recettes coréennes traditionnelles, car la viande était jusque récemment un ingrédient de luxe, et le bouddhisme a longuement influencé les traditions culinaires coréennes. Il est en effet interdit aux moines de consommer tout plat à base de viande et de poisson. Mais la Corée du Sud est aujourd'hui un pays très centré autour de la viande. Les rues de Séoul sont remplies de restaurants qui en servent, et de nombreux plats emblématiques de la culture coréenne contiennent de la viande en grande quantité, voire en unique ingrédient : barbecue coréen *samgyeopsal* 삼겹살 ou *galbi* 갈비, poulet frit *jokbal* 족발, etc.
Ainsi pendant longtemps l'alimentation végétarienne *chesikjuui* 체식주의, et encore plus végane 비건, était très peu populaire. Or on trouve aujourd'hui encore beaucoup de restaurants sans aucune option végétarienne. Par ailleurs, de nombreux aliments de tous les jours sont faits à base d'ingrédients carnés : le kimchi par exemple, pendant sa phase de fermentation, est plongé dans des épices avec de la saumure de poissons ou crustacés, et de nombreux plats de nouilles sont préparés et servis dans des bouillons de viande. Mais avec l'ouverture du pays aux enjeux sociaux et écologiques contemporains, et l'internationalisation de sa culture culinaire, la Corée a beaucoup évolué depuis quelques années sur ces questions. De nombreux magasins, services et produits culturels se sont développés pour sensibiliser les habitant·e·s aux modes de vie végans. C'est le cas du film *Okja* (2017), du réalisateur Bong Joon-ho. Lauréat de la Palme d'or 2019, il fut applaudi pour son vibrant plaidoyer contre la surconsommation de viande, les organismes génétiquement modifiés et la maltraitance animale dans les élevages. Puis l'émission de la chaîne Netflix, *Chef's Table* a réalisé un épisode spécial sur la cheffe et moine bouddhiste Jeong Kwan, qui a popularisé la philosophie et l'art culinaire bouddhistes en Corée et dans le monde.

Voici quelques éléments pour survivre en Corée du Sud en étant végétarien.ne / végan.e

Nous vous conseillons d'abord d'intégrer la communauté végane de Corée, en suivant l'actualité sur les réseaux sociaux, notamment avec le groupe **Vegan Korea**, où vous pourrez trouver de nombreux conseils sur la vie en Corée du Sud, à Séoul ou ailleurs. Vous pouvez également suivre la page du **Vegan Festival** qui a lieu une fois par an au Seoul Innovation Park, ainsi qu'à Jeju et bien sûr participer à ce festival, qui est une occasion idéale pour découvrir les nouveaux restaurateurs, designers et activistes du véganisme en Corée. Pour trouver des restaurants et autres lieux recommandés, le site

internet www.happycow.net est également très utile et vous permettra de connaître les dernières tendances et évènements liés au mode de vie végan en Corée.
Si vous souhaitez faire vos courses dans un magasin spécialisé, voici quelques adresses. Le magasin **Vegan Space Korea**, https://veganspace.co.kr/, recommandé dans nos adresses du quartier d'Itaewon, est le premier magasin d'alimentation totalement végan. Le propriétaire est très sensible aux modes de vie alternatifs et au véganisme en Corée du Sud. Vous y trouverez également de nombreux produits importés difficiles à trouver dans d'autres magasins, ainsi que des goodies et des informations sur l'actualité végane coréenne. Le service de livraison végan **Sprouts**, http://www.sproutseoul.com/, très populaire, propose également des repas végans livrés, très pratique si vous n'avez pas de quoi cuisiner chez vous ou que vous n'avez pas le temps de préparer vos repas. Si vous aimez cuisiner et souhaitez découvrir une nouvelle manière d'aborder l'art culinaire coréen, nous vous recommandons le site http://thekoreanvegan.com qui propose de nombreuses recettes coréennes traditionnelles adaptées aux végan·e·s ! Enfin, nous vous recommandons de vous tourner également vers les magasins coopératifs, tels que **Hansalim** 한살림, **Dure** 두레 et **Icoop** 아이쿱생협 qui vendent des produits locaux et biologiques de qualité.

Zoom sur les cosmétiques végans

La Corée du Sud est très célèbre pour ses très nombreuses marques de cosmétiques. Voici quelques marques engagées dans la fabrication de produits respectueux du bien-être animal et de l'environnement :
Atrue est une marque végane connue pour ses produits notamment à base d'essence de thé noir et de thé vert infusés. Attention, les produits Honey Lemon Black Tea contiennent cependant du miel. **Klairs** propose des produits végans, à l'exception du savon Manuka Honey & Choco et de la crème apaisante Midnight Blue. La célèbre marque **Mamonde** propose également une gamme de produits certifiés végans à base de fleurs. Enfin, la marque **Thank You Farmer** propose des produits non testés certifiés. Pour plus d'informations et pour suivre les tendances à ce sujet, pensez à suivre la collection végan de **Soko Glam,** qui répertorie les produits végans des différentes marques coréennes : https://sokoglam.com/collections/vegan

HALAL

On trouve une communauté musulmane à Séoul, notamment au sein du quartier d'Itaewon, où se situent de nombreux restaurants certifiés *halal*, ainsi que la mosquée de Séoul. Il existe également un centre islamique au sein de la mosquée Al-Falah, située au 5 Yeongsin-ro 19-gil, Yeongdeungpo-gu, Séoul. Vous trouverez un site internet dédié à l'alimentation

halal en Corée à l'adresse http://koreahalal.org/ et géré par l'Association *halal* de Corée. Pour commander des produits *halal*, nous vous conseillons le site d'achats en ligne spécialisé https://www.yeshalal.co.kr/
On trouve à Séoul neuf restaurants certifiés *halal* par la Fédération des musulmans de Corée dont voici la liste :

Kervan : 192 Itaewon-ro, Yongsan-gu,/ +82 2-792-4767 / Cuisine turque
Kervan COEX : 513 Yeongdong-daero, Gangnam-gu / +82 2-556-4767 / Cuisine turque
Kervan Express : 152 Teheran-ro, Gangnam-gu/+82 2-566-4767 / Cuisine turque
Mr. Kebab : 192 Itaewon-ro, Yongsan-gu / +82 2-792-1997 / Cuisine turque
Istanbul Delight : 40 Usadan-ro 10-gil, Yongsan-gu / +82 10-7557-2645 / Cuisine turque
Makan : 52 Usadan-ro 10-gil, Yongsan-gu, Seoul / +82 2-6012-2231 / Cuisine coréenne
Eid : 67 Usadan-ro 10-gil, Yongsan-gu, / +82 70-8899-8210 / Cuisine coréenne
Salam : 39 Usadan-ro 10-gil, Yongsan-gu / +82 2-793-4323 / Cuisine turque

Vous trouverez également des restaurants auto-certifiés, ou partiellement *halal*, répertoriés dans de nombreuses brochures spécialisées. Le guide officiel et la carte *halal* préparés par la ville de Séoul sont très complets à ce sujet : http://english.visitseoul.net/map-guide-book

Quelques phrases à connaître :

Pouvez-vous retirer la viande/le jambon/le bacon, s'il vous plaît ?
Dwaeji gogi, ham, bacon ppaego juseyo.
돼지 고기, 햄, 베이컨 빼고 주세요.

Ne mettez pas d'alcool dans le plat s'il vous plaît.
Eumsige sool neochi maseyo.
음식에 술 넣지 마세요.

Où est la salle de prière ?
Gidosil eodieyo?
기도실 어디에요?

Est-ce que la viande est *halal* ?
Halal gogieyo?
할랄 고기에요?

EN MANQUE DE FRANCE ?

Malgré notre amour inconditionnel pour le kimchi (si, si), il nous est arrivé d'avoir envie d'un bon croissant, un dimanche matin. Notre premier réflexe aura été d'aller dans un Paris Baguette : mal nous en a pris ! Après avoir croqué dans notre premier croissant aux haricots rouges, nous avons su que la quête vers le vrai goût français serait longue… et parfois coûteuse, il faut l'avouer. Souvent, le mal du pays commence ainsi par une vague nostalgie de bon pain et de charcuterie… Avant de sombrer dans la dépression, c'est sûrement le moment d'aller à la rencontre de vos compatriotes !
Voici donc une liste d'adresses très sympas non seulement pour manger français, mais aussi pour y rencontrer des francophones natif·ve·s et élargir votre réseau loin du pays !

LES BOULANGERIES/PÂTISSERIES

Nombreuses de nos jours à proposer pains et viennoiseries authentiques, tenues par des Coréen·ne·s ou des étranger·ère·s, les boulangeries-pâtisseries sont de plus en plus nombreuses en Corée : **Petit Tong**, **Guillaume**, etc., nous ne pouvons les citer toutes !

Gontran Cherrier
곤트란쉐리에 합정점

₩₩

14, worldcup-ro 1-gil, Mapo-gu, Seoul
+82 2-322-8710
Tlj. 8h30-22h30
www.gontrancherrier.kr
Les boulangeries Gontran Cherrier sont dispersées dans tout Séoul. Vous aurez le bonheur de sentir les croissants au beurre depuis la rue… Pensez à y aller tôt pour profiter des pâtisseries tout droit sorties du four !
Le petit + : possibilité de réserver des gâteaux d'anniversaire !

Aoitori
아오이토리

₩₩

8 Wausan-ro 29-gil, Mapo-gu
+82 2-333-0421
Tlj. 8h-22h
Une charmante boulangerie japonaise, au cœur de Hongdae. Idéale pour un petit brunch dominical.

LES RESTAURANTS

Nombreux sont les restaurants et bistrots tenus par des Français·e·s ou francophones en Corée, nous ne pouvons pas tous les indiquer, mais nous vous proposons ici une sélection de nos favoris.

Yec'hed Mat

야마뜨 - 프랑스 와인바

₩

🏠 25-10 Eoulmadang-ro 5-gil, Mapo-gu
📱 +82 2-3144-6845
🕓 Mar-sam : 18h30-2h

Cette crêperie est l'endroit (*THE* endroit !) où vous pourrez rencontrer des Français·e·s en Corée. Si vous souhaitez partager les élections, les Jeux olympiques ou les Coupes du monde de football et autres sports avec des francophones (et du bon vin), cet endroit est fait pour vous ! Pas cher, hyper convivial, c'est autant une crêperie qu'un bar et qu'un foyer pour francophones jeunes et moins jeunes. Bon cidre breton importé par le patron, Arnaud, toujours prêt à partager de bons tuyaux.

Cuisine La Clé

퀴진 라 끌레

₩₩

🏠 36 Jahamun-ro 7-gil, Jongno-gu
📱 +82 507-1323-1514 / +82 2-6053-1514
🕓 Mar-dim 11h30-15h ; 17h30-22h
🔗 www.instagram.com/cuisine_la_cle/

La Clé, restaurant bistronomique franco-québécois, a ouvert depuis 2019, à quelques pas du palais Gyeongbokgung. Vous y trouverez des plats très traditionnels tels que la bouillabaisse, des coquilles saint-Jacques ou de la crème brûlée, mais aussi des plats plus modernes comme le burger maison. Un régal à la croisée des chemins entre la Corée, le Québec et la France. À ne pas manquer !

La Planque Itaewon

라플랑끄

₩₩

🏠 26 Itaewon-ro 26-gil, Yongsan-gu
📱 +82 70-7719-3010
🕓 Lun-ven 17h-22h ; Sam-dim 11h30- 22h
🔗 www.instagram.com/p/CFHV_6qBGRn/

Petit bistro-brasserie typique qui vous replongera dans l'ambiance des cafés-restaurants parisiens. Au menu, bœuf bourguignon, moules marinières ou encore hachis parmentier. La planque est idéale pour les nostalgiques de la France avec un petit budget !

Le Bistro Namsan
르 비스트로 남산

₩₩₩

🏠 5-758 Yongsandong 2(i)-ga, Yongsan-gu
📱 + 82 2-6465-9293
🕓 Mar-sam 12h-15h/18h-24h
🔗 https://lebistronamsanseoul.business.site/
Dans la rue principale de Haebangchon, à quelques minutes du métro Noksapyeong, ce bistro tenu par le plus français des Coréens est une perle rare. Un menu classique, mais excellent et d'une grande finesse, avec de très bon produits. Et quel accueil ! Réservation recommandée dans ce tout petit restaurant.

Les Planches Busan
레플랑시

₩₩

🏠 821 Songjeong-dong, Haeundae-gu, Busan
📱 +82 51-704-2216
🕓 Mar-dim 11h30-15h/17h30-22h
🔗 https://lesplanches.modoo.at/
Super restaurant français tenu par le chef Franck Lamache et son épouse sur la belle plage de Songjeong après celle de Haeundae (on peut y aller avec le petit train). Menu du midi à 25 000 wons, trois menus du soir de 35 à 75 000 wons, et on peut aussi commander à la carte. Jolie terrasse en saison. Sélection de vins français à prix très raisonnables.

Auprès
오프레

₩₩₩

🏠 12 Banpo-daero 4-gil, Seocho-gu
📱 +82 10 9081 3837
🕓 Mar-dim 12h-15h ; 18h-22h
🔗 www.instagram.com/aupresdevous/
Ce restaurant gastronomique, ouvert par le chef Lee Ji-won, grand amateur de cuisine française, a été référencé par le guide Michelin 2021. Apprécié pour ses présentations très modernes et épurées, ce

restaurant propose des mets d'une grande qualité qui marquent l'appréciation du chef pour les recettes traditionnelles françaises.

Merciel
메르씨엘

₩₩₩

🏠 154 Dalmaji-gil 65beon-gil, Haeundae-gu, **Busan**
+82 51-747-9845
Lun-dim 12h-16h ; 17h30-22h
http://www.merciel.kr/english/
Merciel est un restaurant de cuisine gastronomique ouvert par Yoon Hwa-Yong, chef étoilé qui a longtemps travaillé à Paris. Il a étudié avec de grands noms de la gastronomie française, dont Jean-François Piège et Pierre Gagnaire, qui a lui-même ouvert son restaurant à Séoul. Vous trouverez un salon de thé très agréable au rez-de-chaussée, avec une très belle vue sur la mer, puis un restaurant chic au deuxième étage avec une vue tout aussi extraordinaire : un bonheur pour les papilles et pour les yeux.

De nouveaux services de traiteur français proposent des plats cuisinés, que l'on peut réserver via l'application KakaoTalk. Par exemple : **La Cantine de Séoul** (www.seoulcantine.com) livre des plats sous vide changeant chaque semaine.

DU VIN, DU FROMAGE ET DE LA CHARCUTERIE

On nous a parlé d'un nouveau charcutier faisant des miracles du côté du quartier français (Seocho-gu) et d'autres encore, mais à ce jour, c'est **France Gourmet** le bon plan pour la charcuterie 100 % française au détail (vente sur Internet http://www.francegourmet.kr/fr/, et au supermarché Fresh Mart à Seorae Maeul). Pour le fromage, ils ont une tomme de Corée absolument délicieuse !

Le Moulin Seorae
르물랑 서래 와인바

₩₩

🏠 17 Sapyeong-daero 22-gil, Seocho-gu
+82 507-1372-4555
Tlj. 18h30-2h
www.instagram.com/lemoulinseorae/

Ce bar à vin tenu par un Français qui importe du vin est une adresse incontournable du quartier français (Seorae Maeul). Carte des vins à prix abordables et petits plats pour grignoter, ce petit coin de France est un autre endroit où rencontrer des compatriotes.

L'Impasse 81
랑빠스81

₩₩

🏠 17-1 Donggyo-ro 30-gil, Mapo-gu
📱 +82 70-7779-8181
🕓 Tlj. 12h-14h30 / 17h-23h
Tenu par un chef français, ce bistrot ouvert tard dans le quartier de Hongdae est recommandé par le guide Michelin, mais ses prix sont très abordables vu la qualité et la quantité de ce qu'il sert. Tout ici tourne autour du terroir et de la charcuterie (saucisses, boudins, andouillettes, etc.), et si le restaurant ne propose pas encore de la vente à emporter (ce qui est prévu), cela reste la meilleure adresse coréenne pour ce genre de cuisine.

COMMUNAUTÉ/FRENCH TOUCH

Pour rencontrer des Français·e·s à Séoul, plusieurs options s'offrent à vous. Dans un cadre plus informel, vous pourrez rencontrer des jeunes Français·e·s dans des bars d'Itaewon (les Français·e·s aiment faire la fête !) ou au **Thursday party** de Hongdae, recommandé par Togen. Suivez aussi des clubs sur les réseaux sociaux, comme le **Seoul Green Drinks** qui, comme son nom ne l'indique pas, est une association de tourisme durable-écologie qui propose des événements de networking et des promenades dans la montagne (voir le groupe Facebook).

Des évènements culturels sont organisés toute l'année par l'**Institut français de Séoul** (http://www.institutfrancais-seoul.com/) hors les murs depuis que ce dernier est en déménagement. Vous pouvez vous abonner à la newsletter mensuelle, un bon moyen de suivre l'actualité culturelle francophone en Corée. Lorsque les événements sont en coréen, un service d'interprétation est régulièrement proposé pour les non coréanophones.

Enfin, la **Chambre de Commerce franco-coréenne** (FKCCI : https://www.fkcci.com/) organise des formations et des évènements qui peuvent également vous intéresser si vous comptez investir, créer une société ou travailler en Corée du Sud. Consultez leur agenda, il est souvent bien rempli, et propose régulièrement des événements networking professionnels payants, mais ouverts aux non membres.

Dans le même esprit pour les PME en herbe, le **Cercle des entrepreneurs francophones en Corée** (CEFC) propose des événements networking informels en plus de ses réunions trimestrielles (https://www.cefc-seoul.com/).

ADOPTÉ·E·S

La Corée du Sud a été et est toujours un pays envoyant beaucoup d'enfants à l'adoption internationale, même si une règle de parité adoption locale/adoption internationale est désormais appliquée. Beaucoup de ces enfants ont été adopté·e·s par des familles françaises et belges à partir des années 1970. Certain·e·s ont décidé de revenir au pays, au moins pour quelques temps, et bénéficient du visa leur permettant de séjourner et travailler légalement. Pour celles et ceux qui se lanceraient dans la longue recherche de leur famille biologique, voici quelques adresses :
Agences qui ont travaillé avec la France (Holt, SWS), la Belgique (HOLT, SWS), la Suisse (HOLT, KSS), le Canada (SWS) :

- Social Welfare Society (SWS) : https://www.sws.or.kr/english/location , Post Adoption Services, swspas@sws.or.kr, 82 2-567-8891
- Holt Korea : https://www.holt.or.kr/eng , 82 2-331-7051, holtkorea@hotmail.com
- Korea Social Services (KSS, seulement pour les Suisses francophones) : http://www.kssinc.org/eng/main/, 82 2-908-9191, kssinc@kssinc.org

Il y a aussi différentes associations d'adopté·e·s francophones ou non que l'on retrouvera sur les réseaux sociaux, comme par exemple **Racines coréennes** sur Facebook.

EN MANQUE DE CORÉE ?

Vous revenez d'un voyage au Pays du Matin calme et vous êtes nostalgique de sa gastronomie si particulière ? Vous trépignez d'impatience avant votre départ en Corée du Sud qui tarde à venir (malheureusement la crise sanitaire a retardé beaucoup de nos projets ?...) ? N'en dites pas plus, les prochaines pages sont faites pour vous. Nous vous avons concocté un petit condensé des quelques adresses pour préparer votre départ ou revivre vos meilleurs moments en Corée du Sud ! Vous trouverez ici quelques restaurants, épiceries et boutiques en ligne pour retrouver vos parfums de Corée préférés. N'hésitez pas à nous communiquer vos meilleures adresses et bon plans pour continuer à faire connaître ce beau pays et sa gastronomie.

PARIS

Bekseju Village

Restaurant €€€

53 Bd Saint Marcel, 75013 Paris
01.77.11.24.37
Au déjeuner de 12h à 14h, jusqu'à 14h30 les week-ends
En manque de *makgeolli* ? Rendez-vous à Bekseju village, le leader des spiritueux sud-coréens. Vous y (re)découvrirez également des plats traditionnels très variés, et surtout une carte des vins très fournie, avec notamment du hwayo à 41° pour les plus aventureux-euses !

Les petites dalles

Restaurant €€

357 rue Lecourbe, 75015 Paris
09.87.77.77.19
Mar-dim 12h00-14h30 / 19h00-22h30
Décor et accueil agréables, présentations au top et goûts de la Corée au rendez-vous ! Pas de déception avec le restaurant Les petites Dalles situé en plein cœur du15e arrondissement de Paris.
Le petit + : les plats sont tous servis avec les fameux *banchan* et une soupe !

On the bab

18 rue Thérèse, 75001 Paris
01.47.03.94.38
Lun-sam 11h30-22h30

🔗 www.instagram.com/onthebab/
Également présent à Londres et Séoul, On the Bab est un incontournable de la *street food* chic coréenne. Déguster des sandwichs fusion, tapas ou pizzas à la coréenne. Il y en a pour tous les goûts et tous les porte-monnaies !

Paris Baguette

Boulangerie €

🏠 11 rue Jean Lantier, 75001 Paris
📱 01.42.33.82.68
🕓 Lun-ven 7h-20h, sam 8h-19h, dim 8h-18h
🔗 https://www.parisbaguette.fr/
Si vous êtes déjà allé.e.s en Corée du Sud, vous connaîtrez sans doute la franchise Paris Baguette, célèbre chaîne de *coffee shop* et boulangeries qui s'inspire de l'imagerie parisienne autour de la pâtisserie. Victime de son franc succès, y compris auprès des Français, et pour ne pas dépayser les touristes coréens en vadrouille dans la capitale, la marque a décidé d'ouvrir une boutique en plein quartier du Châtelet, puis une seconde dans le Quartier latin. Si la Corée vous manque, c'est le moment d'aller vous poser en terrasse et de déguster.

Pierre Sang In Oberkampf

Restaurant €€

🏠 55 rue Oberkampf, 75011 Paris
📱 09.67.31.96.80
🕓 Lun-ven 19h-21h30, sam-dim 12h-15h / 19h-21h30
In Oberkampf est le premier restaurant ouvert par Pierre Sang, célèbre cuisinier français d'origine coréenne, qui s'est fait connaître du grand public lors de sa participation au concours *Top Chef*. Dans ce restaurant, le chef propose une cuisine bistronomique, dans un quartier jeune et branché de la capitale. Le menu unique permet de découvrir une cuisine fusion à mi-chemin entre la gastronomie française traditionnelle et les influences culinaires coréennes. Une escapade parfaite pour se rappeler un air de Corée.

Plus 82 Paris

Café €

🏠 11bis rue Vauquelin, 75005 Paris
📱 06.18.80.12.01
🕓 Lun-sam 9h-19h
🔗 www.instagram.com/plus82paris/?hl=fr
Le nom de ce café +82 fait référence à l'indicatif téléphone utilisé pour la Corée du Sud. Au cœur du quartier latin, ce petit café propose des en-cas typiquement coréens, notamment des thés traditionnels au yuzu

(*yuja*) ou *omija* et bien sûr... le célèbre Bingsu ! Vous pourrez également y acheter des sacs en coton biologique coréens fabriqués par la marque Kibone Séoul. Les propriétaires ont également ouvert un nouveau café dans le 11e arrondissement tout aussi sympathique : le Paris Dabang !

SaAm

Restaurant €

🏠 59 bis rue de Lancry, 75010 Paris
📱 09.83.50.84.94
🔗 www.instagram.com/saamparis/?hl=fr
🕓 Mar-ven 12h-14h30 / 19h-22h15, sam-dim 12h-22h15
La cheffe coréenne Kim Yoonsun a ouvert ce restaurant de *street food* coréenne au décor rétro et intimiste en 2015. Vous pourrez y déguster de grands classiques de la cuisine coréenne sur le pouce : *bibimbap*, *mandu*, etc. Parfait pour les fans de lieux branchés à deux pas du canal Saint Martin !

Salon de thé Kott Café

Café €€

🏠 9 rue Ternaux, 75011 Paris
🔗 www.instagram.com/kottcafe/?hl=fr
🕓 Mar-ven 9h-18h, sam 9h30-18h, dim 13h-18h
Comment se remémorer la Corée sans l'atmosphère de ses célèbres *coffee shop* ? Ce café au décor vintage et à l'ambiance cosy a été créé par un couple franco-coréen de grand amateur de café (et qui ne l'est pas en Corée ?). Rendez-vous donc dans le 11e pour déguster les meilleurs cafés, mais également des encas traditionnels tels que le *bingsu* ou encore le matcha latte !

Seoul Mama

Restaurant €€

🏠 33 rue Violet, 75015 Paris
📱 09.51.45.37.38
🕓 Lun-dim 12h-14h / 18h-21h30
🔗 www.instagram.com/seoulmamaparis/
Ouverte par le chef Manoj Sharma et son épouse Lee Sangmi, cette cantine coréenne à l'ambiance chaleureuse propose des plats simples de la cuisine coréenne aux influences japonaises, le tout dans un décor convivial et accueillant. Parfait pour un repas à la coréenne qui vous ramènera au Pays du Matin calme en une bouchée !

Bam Box Karaoke

Karaoké

Quoi de plus typiquement coréen qu'une soirée karaoké (plus ou moins arrosée) où l'on chante des tubes à tue-tête jusqu'à avoir la voix complètement cassée ? Si cette ambiance vous manque, rendez-vous dans l'un des cinq sites du Bam Box Karaoke à Paris (un à Bordeaux). Pour réserver : https://fr.bam-karaokebox.com/

LYON

Bab

Restaurant €

🏠 33 rue Chevreul, 69007 Lyon
📱 04.78.96.26.71
🕓 Lun 11h30-14h30, mar-sam 11h30-14h30 / 18h30-21h

Ce restaurant à la devanture discrète, en plein cœur du quartier étudiant de Lyon 7, est une mine d'or pour les nostalgiques de *street food* coréenne. Dans un ambiance de cantine *cosy*, vous pourrez y déguster de délicieux *bibimbap*, le tout dans un décor atypique : les propriétaires sont fan de cinéma coréen et ont tapissé l'intérieur d'affiches de leurs films préférés.

Le goût de Kyun

Restaurant €€

🏠 3 rue Constantine, 69001 Lyon
📱 09.86.69.98.67
🕓 Mar-dim 12h-14h30 , 19h-22h30

Le goût de Kyun est un restaurant coréen de bonne qualité qui propose des plats traditionnels pour tous les goûts : cinq choix de *bibimbap*, quatre choix de *japchae* et des kimchi *jeon* qui vous rappelleront les saveurs du Pays du Matin calme ! L'odeur de la cuisine quand vous poussez la porte est annonciatrice de belles surprises.

BORDEAUX

Haru Haru

Restaurant €€

🏠 93 cours Gambetta, 33400 Talence
📱 05.33.57.62.34
🕓 Tlj. 10h-22h30
🔗 https://haruharu.fr

Haru Haru est un incontournable pour les fans de cuisine coréenne à Bordeaux et ses alentours. Situé à Talence, ce restaurant vous propose des menus autour des plats phares de la cuisine coréenne : le *bibimbap*, le poulet frit ou encore les *japchae*.

Bibibap

Restaurant €

🏠 46 rue du Pas-Saint-Georges, 33000 Bordeaux
📱 09.50.68.85.65
🕓 Lun-ven 12h-15h / 19h22h30, sam-dim 12h-23h
🔗 https://www.bibibap.fr

Ce restaurant de *street food* chic vous propose des classiques de la cuisine revisités. Venez y déguster des tapas et tacos à la coréenne imaginés dans un esprit de cuisine fusion franco-coréenne, le tout pour moins de 15 euros. On trouve aujourd'hui quatre adresses différentes à Bordeaux centre et autour.

Mokoji

Restaurant €€

🏠 13 rue du Serpolet, 33000 Bordeaux
📱 05.56.06.60.03
🕓 Mar-sam 12h-14h30 ; 19h30-22h30

Mokkoji 모꼬지 en coréen signifie le festin, et c'est bien ce qui vous attend dans ce petit restaurant situé en plein cœur du vieux Bordeaux. Les tables en bois installées à l'entrée vous laisseront penser qu'un bistro français classique vous attend. Mais vous pourrez y apprécier les classiques indémodables de la cuisine coréenne : *deopbab, bibimbap, tteokbokki*, etc. À ne pas manquer !

Quoi Thé

Café/Salon de thé €

🏠 13 rue du Mirail, 33000 Bordeaux
📱 07.72.00.27.76
🕓 Tlj. 12h-19h30
🔗 https://quoi-the-bordeaux.eatbu.com/?lang=fr

Qui n'a pas dégusté un *bubble tea* lors de son passage en Corée ? Aussi célèbres que les cafés froids ou *ice coffee* 아이스 커피 coréens, les *bubble tea* sont un incontournable lors d'un voyage en Asie. Si vous vous sentez nostalgique, rendez-vous à Quoi Thé pour une dégustation sur place ou à emporter. Matcha latte, café, oréo, jasmin, il y en aura pour tous les goûts et toutes les humeurs.

ÉPICERIES CORÉENNES

Bordeaux

Japan Market
27 rue Saint-James
33000 Bordeaux
09 84 01 45 29
https://www.japanmarket.fr
Malgré le nom, une bonne sélection de produits coréens, achat possible en ligne.

Grenoble

Le Carré Asiatique
118 avenue Gabriel Péri
38400 Saint Martin d'Hères
04.38.38.88.88
https://www.lecarreasiatique.com/

Lyon

Ace Gourmet
8 rue de l'Arbre Sec
69001 Lyon
04 26 55 99 74
https://www.facebook.com/acegourmetlyon

Kimchi Sarl
21 avenue Félix Faure
69003 Lyon
04 78 62 75 30
https://www.kimchilyon.com

Marseille

Paris Store
61 boulevard de Plombières
13003 Marseille
04 96 16 08 88
https://paris-store.com

Montpellier

Omija
8 rue boussairolles
34000 Montpellier
06 89 89 74 61
https://www.facebook.com/Omija

Paris

Ace Mart
63 rue Sainte-Anne
75002 Paris
01 42 97 56 80

Dokkebi
88 rue des Entrepreneurs
75015 Paris

Euromart
15 avenue Émile Zola
75015 Paris
01 45 77 42 77

Hana Food
15 rue Letellier
75015 Paris
01 45 77 74 71

Hi-Mart
71 bis rue Saint-Charles
75015 Paris
01 45 75 37 44

K-Mart
https://www.k-mart.fr/
Trois magasins à Paris : Opéra, 8e arrdt et 15e arrdt.

Sou-quan
35 place Maubert
75005 Paris
01 43 26 80 39

Tang Frères
Le plus grand importateur
de produits asiatiques en France,
10 boutiques en Ile-de-France, dont
4 à Paris (13e, 15e et 19e arrdt).
https://www.tang-freres.fr/

Rennes

Belasie
30 rue de la Donelière
35000 Rennes
02 23 20 23 23
http://belasie.fr/

BELGIQUE

Bruxelles

Shilla Supermarket
Chaussée de Wavre 1676,
1160 Auderghem
02-672 23 62

Tagawa
Chaussée de Vleurgat 119,
1000 Bruxelles
02-648 59 11
https://www.tagawa.eu

CANADA

Montréal

Épicerie coréenne et japonaise
1829 Saint-Catherine St W,
Montréal,
Québec, H3H 1M6
514-779-7456
mtlkfood.com

Marché Eden
Les Galeries du Parc – Rez-de-chaussée
3575 avenue du Parc, à l'angle de
la rue Prince-Arthur, Montréal,
Québec, H2X 3P9
514-843-4443
http://marcheeden.com/lepicerie/

Marché Oriental Jang Teu - St.Catherine
2109 Saint-Catherine St, Montreal,
Québec H3H 1M6
514-932-9777
https://www.jangteu.com/
A aussi un magasin sur St-Jacques
Ouest.

Montreal Korean & Japanese Food
6151 Sherbrooke St W, Montréal,
Québec, H4B 1L9
514-487-1672
http://ww1.montrealkoreanfood.com/

Québec

Aliments Toyo
2860 Ch Ste-Foy, Québec City,
Québec, G1V 1W2
418-977-2398

La Montagne Dorée
652 Saint-Ignace St, Québec City,
Québec, G1N 1P1
418-649-7575

BOUTIQUES EN LIGNE

Amasia Market
01 45 86 86 18
https://www.amasia.fr/fr/

Asiamarché
01 88 33 46 75
https://www.asiamarche.fr/59-epicerie-coreenne

Épicerie coréenne by Hanguk SAS
06 14 55 02 79
https://epicerie-coreenne.com/

Kimchi-passion - Trésors de Corée
03 89 08 64 80
https://www.kimchi-passion.fr/

Cuisinez vous-mêmes !
Retrouvez 30 recettes coréennes simples et authentiques en 2 versions : pimentées et non pimentées dans *Piquant, pas piquant* de Song Jimin, Atelier des Cahiers, 2020.

SUGGESTIONS DE LECTURES, DE FILMS ET DE *DRAMA*

Il y a de plus en plus de publications sur la Corée en langue française, même si le nombre est encore bien en-dessous de ce qui est écrit et publié chez les voisins asiatiques. Nous ne pouvons que recommander les titres du catalogue de l'Atelier des Cahiers (auto-promo !) qui couvrent de nombreux domaines et genres : www.atelierdescahiers.com Ces livres se trouvent dans les meilleures librairies de France, Belgique et Suisse, un peu aussi au Canada, comme par exemple à la librairie asiatique Le Phénix à Paris (72 boulevard Sébastopol, 75003). Nous vous conseillons d'y faire un saut si vous êtes à Paris, car ils ont un des meilleurs rayons Corée du pays. Et suivez aussi leur actualité sur leur page Facebook dédiée !
À Séoul, le rayon « livres sur la Corée en langues étrangères » de la librairie **Kyobo** de Gwanghwamun a une sélection décente en anglais, plus limitée en français. On y trouve cependant la plupart des titres de l'Atelier, comme à la librairie anglophone **Seoul Selection** située non loin.

Pour la littérature, comme cela dépend des goûts de chacun, nous vous recommandons plutôt quelques éditeurs qui ont une collection sur la Corée : **Philippe Picquier**, qui a d'excellents auteurs comme Kim Young-ha et des genres plus originaux comme des policiers ; **Actes Sud** est le pionnier dans le domaine et propose des auteurs éclectiques de qualité, dont des Nord-Coréens ; **Imago** et sa collection *Scène coréenne* se concentre sur les arts de la scène, mais propose aussi romans et recueils de nouvelles ; **De Crescenzo** est un petit éditeur aixois qui se spécialise dans la littérature contemporaine de jeunes auteur·e·s ; autrefois, **Zulma** a eu une jolie collection coréenne ; de nos jours, **Zoé**, en Suisse, semble investir ce champ littéraire, ainsi que **l'Asiathèque** après plusieurs années sans publications coréennes.

Les passionné·e·s de littérature coréenne s'abonneront à l'excellent magazine du **LTI Korea** (Literature Translation Institute of Korea), *Korean Literature Now*, en anglais. Leur site propose de nombreux e-books à télécharger gratuitement, ainsi que leur newsletter électronique mensuelle. Très nombreux titres à télécharger gratuitement (la plupart en anglais) : https://library.ltikorea.or.kr/collection-lists-ebook

Classiques (dont deux volumes de contes en français) :
https://www.ltikorea.or.kr/ebooks/m/koreanclassics.jsp
Nouvelles (anglais) :
https://www.ltikorea.or.kr/en/e_essay.do

La revue trimestrielle de la Korea Foundation ***Koreana***, revue généraliste sur la culture coréenne, propose également une ou deux nouvelles coréennes traduites en français (www.koreana.or.kr).

Retrouvez en libre accès de nombreux compléments ainsi que les cartes de ce guide sur notre site :

Séoul. Tourisme, vie quotidienne et activités par quartier

TROISIÈME PARTIE

1. Le Séoul historique : le Gyeongbokgung, Gwanghwamun et Seochon

Ce quartier est le cœur historique de la ville, particulièrement prisé des touristes qui souhaitent découvrir l'histoire de Séoul. Remontez **Gwanghwamun** et prenez en photo les statues du roi Sejong et de l'amiral Yi Sun-sin, jetez un œil au **musée national d'Histoire contemporaine** (et à son toit-terrasse) et flânez dans les quartiers aux alentours du palais **Gyeongbokgung** 경복궁 pour voir les jeunes touristes arborer fièrement un beau *hanbok*, l'habit traditionnel coréen.

C'est le quartier des grandes galeries et des principaux musées : le **Centre artistique Sejong** (세종문화회관, salle de spectacles et d'expositions temporaires), le **musée Folklorique national** (국립민속박물관, dans l'enceinte du Gyeongbokgung), le **Daerim** (대림박물관, un musée privé avec toujours d'excellentes expositions), etc. On y trouve à l'est le quartier Bukchon, que nous aborderons dans le chapitre suivant, et à l'ouest, le quartier Seochon, redécouvert récemment, avec ses beaux parcs sur les pentes du mont Inwang et ses ruelles de *hanok* pleines de charme et de tranquillité. **C'est notre quartier coup de ♥ !**

Le petit + : louez, vous aussi, un *hanbok* dans les boutiques qui avoisinent le palais et vous bénéficierez de l'entrée gratuite dans tous les palais !

Le bon plan : nous vous proposons deux itinéraires de la rédaction pour ce quartier : Lise vous fait découvrir Buam-dong sur la colline, et Benjamin vous entraîne dans les ruelles de Seochon qu'il adore !

NOS ADRESSES ET BONS PLANS

ACTIVITÉS ET SHOPPING

L'itinéraire de la rédaction

1. Fair Trade Gru
공정무역가게그루

Boutique

58 Jahamun-ro 7-gil, Tongin-dong, Jongno-gu
+82 2-722-7947
Mer-dim 11h-20h

Cette boutique de commerce équitable propose des produits divers de décoration, d'accessoires et vêtements fabriqués principalement au Népal, mais conçus en Corée, d'un design simple et moderne, adorable et bon marché. On peut aussi acheter en ligne : www.fairtradegru.com/about.html

2. Librairie Kyobo–Gwanghwamun
교보문고 광화문점

Librairie

1 Jong-ro, Jongno-gu
+82 1544-1900
Tlj. 9h30-22h

Destination incontournable, notamment si vous souhaitez vous installer pour quelques temps en Corée, la maison Kyobo est une institution dans le milieu de l'édition en Corée du Sud, et sa librairie située sur l'avenue Sejong est assez grande pour s'y perdre. Il nous est arrivé d'y passer plusieurs heures, au sein des salles de lecture ou en déambulant entre les rayons.

Le petit + : vous y trouverez des livres en français, des livres bilingues anglais/coréen et des livres étrangers sur la Corée – dont les titres de l'Atelier des Cahiers !

3. Marché traditionnel Tongin
통인시장

Marché

18 Jahamun-ro 15-gil, Jongno-gu
+82 2-722-0911
Tlj. 7h-21h (le Dosirak Café est fermé le lundi)

À l'origine établi pour les Japonais·se·s en juin 1941, lors de la colonisation, ce marché est devenu un incontournable de la cuisine de rue traditionnelle après la guerre de Corée (1950-1953). Plus de 70 échoppes s'offrent à vous pour tester les spécialités culinaires du pays !

Le petit + : le Dosirak Café propose un système de jetons en forme de pièces traditionnelles pour visiter les différents étals partenaires (repérables à leur logo) et goûter plusieurs spécialités pour pas cher ! (voir notre description plus bas)

4. Musée national d'Histoire contemporaine
대한민국역사박물관

Musée

198 Sejongdae-ro, Jongno-gu
+82 2-3703-9200
Tlj. 9h-18h (21h les mercredi et samedi)

Le petit + : en plus de sa collection permanente qui est une super introduction à l'histoire contemporaine de la Corée, la vue est imprenable sur le Gyeongbokgung, Gwanghwamun et tout le centre historique depuis son toit-terrasse.

5. Musée royal national
국립고궁박물관

Musée

🏠 12 Hyoja-ro, Jongno-gu
📱 +82 2-3701-7500
🕓 Tlj. 10h-18h (21h les mercredi et samedi)

Un petit musée à taille humaine, mais que nous recommandons pour les curieux de la dynastie Yi du Joseon et de la culture de cour. Restaurant coréen sympathique dans le musée pour un repas simple après ou avant la visite.

6. Palais Gyeongbokgung
경복궁

Monument historique

🏠 161 Sajik-ro, Jongno-gu
📱 +82 2-3700-3900
🕓 Fermé le mardi
Nov-fév 9h-17h (nov-déc : dernière entrée 14h) / mars-mai, sept-oct 9h-18h / juin-août 9h-18h30
Entrée 1h avant la fermeture

C'est le palais central du Joseon, qui est peu à peu reconstruit. Le parc au fond avec ses pelouses peut aussi être un endroit très agréable où passer l'après-midi à l'ombre avec un livre.

Le bon plan : entrée gratuite le dernier mercredi de chaque mois. Vous pouvez également visiter le palais de nuit (dans la limite de 500 personnes, vente sans réservation pour les étrangers) les troisième et quatrième semaines du mois entre avril et octobre : vous pourrez peut-être assister aux représentations et spectacles traditionnels spécialement préparés à cette occasion ! Tous les jours a aussi lieu la très colorée relève de la garde, parfaite pour un selfie !

7. Place Gwanghwamun
광화문광장

Site historique

Le bon plan : rendez-vous tous les weekends sur la place pour acheter des tissus de calligraphie personnalisés à bas prix : faites la queue devant les tentes installées et choisissez un proverbe ou précepte traditionnel qui sera ensuite retracé par un·e calligraphe professionnel·le sur un rouleau de papier, le tout pour 10 000 wons !

8. Sajikdan
사직단

Sanctuaire

🏠 5 Sajik-ro 9-gil, Jongno-gu
Gyeongbokgung (ligne 3) sortie 1, puis marcher tout droit 5 minutes
🕓 Tlj. 24h/24

Pour aller plus loin : situé au cœur du parc Sajik, Sajikdan est un autel construit durant le Joseon destiné aux sacrifices et prières du roi pour favoriser les bonnes récoltes. Profitez de votre promenade dans le parc pour visiter le sanctuaire au fondateur de la Corée, le **Dangunseongjeon**, et l'archerie **Hwanghakjeong**, plus haut sur la route qui mène vers le mont Inwangsan et la porte Jahamun (quartier Buam-dong) : une superbe balade avec de magnifiques points de vue sur la ville.

L'itinéraire de la rédaction

9. Suseongdong gyegok
수성동 계곡

Parc naturel

🏠 185-3 Ogin-dong, Jongno-gu
📱 +82 2-2148-2844
Gyeongbokgung (ligne 3) sortie 3, puis prendre le bus de quartier vert 09 et descendre à « Suseongdong gyegok ».
Cette belle vallée au pied du mont Inwang a été peinte par de grands peintres du Joseon comme Jeong-seon. Elle a été défigurée dans les années 1970 par une résidence, mais cette dernière a été récemment rasée pour redonner vie à ce parc méconnu et charmant avec ses pavillons où pique-niquer, sa vue sur la ville et le ruisseau où les enfants barbotent l'été.

PRENDRE UN VERRE

L'itinéraire de la rédaction

10. Anju maeul
안주마을

Bar ₩

🏠 5 Jahamun-ro 1-gil, Jongno-gu
📱 +82 2-723-3529
🕓 Tlj. 15h-2h
Un endroit pas cher, toujours bondé, qui, comme son nom l'indique, est spécialisé dans les *anju* 안주, ou plats pour accompagner l'alcool.

11. Charles H.
찰스H

Bar à cocktails ₩₩₩

🏠 97 Saemunan-ro, Jongno-gu (1er sous-sol, Hôtel Four Season Square)
📱 +82 6388-5000
🕓 Dim-mer 18h-1h / jeu-sam 18h-2h30
Vous trouverez ce bar au décor et à la fréquentation chics au sein du très sophistiqué Four Season Square Hotel. Vous pourrez notamment y déguster d'excellents whiskys et gin !

12. Cobbler
코블러

Bar à cocktails ₩₩₩

🏠 16 Sajik-ro 12-gil, Jongno-gu
📱 +82 2-733-6421
🕓 Lun-sam 19h-3h + dim 19h-2h
Bar sophistiqué, situé au sein d'un *hanok* et spécialisé dans les cocktails et whiskys de qualité.

L'itinéraire de la rédaction

13. Killibanban
킬리뱅뱅

Bar ₩₩

🏠 23 Jahamun-ro 1-gil, Jongno-gu
📱 +82 10-5198-2523
🕓 Tlj. 18h-3h
Un autre petit *hanok* réaménagé en bar à bières, spécialisé dans les IPA et productions artisanales locales, avec une ambiance sympa et des tables dans la rue (quand la police n'est pas là).

14. The Cabinet of Dr. Caligari
칼리가리박사의 밀실

Bar à bières ₩

🏠 25 Jahamun-ro 1-gil, Jongno-gu
📱 +82 2-722-7883
🕓 Lun-jeu 16h-2h, ven-dim 16h-4h
Ambiance industrielle et multiculturelle avec néons et bières IPA locales dans un cadre hipster sympathique, le tout pour un prix très abordable.

15. The Hand and Malt Tap Room
핸드앤몰트 탭룸

Bar à bières ₩₩

12-2 Sajik-ro 12-gil, Jongno-gu
+82 2-720-6258
Lun-jeu 18h-1h, ven 17h-1h, sam 17h-minuit. Fermé le dimanche

Coup de ♥ : situé à côté du bar Cobbler, ce bar est également un *hanok* réaménagé et sert de lieu de rendez-vous pour les amateur·trice·s de bières artisanales et locales, le tout dans un décor industriel chic très agréable pour une soirée entre ami·e·s.

Le petit + : propose de bons plats amuse-bouche (*anju* 안주) comme des frites à la truffe. Les bières sont brassées par une petite entreprise locale propriétaire du bar. Goûter la bière au shiso (*kkaetnip* 깻닢, souvent appelé à tort feuille de sésame) ou le cidre.

FAIRE UNE PAUSE

L'itinéraire de la rédaction

16. Café du musée Daerim
미술관 옆집

Café ₩₩

22 Jahamun-ro 4-gil, Jongno-gu
+82 70-4400-0434
Mar-mer, sam-dim 10h-19h, jeu-ven 10h-20h

C'est le café branché du musée avec des cohortes de jeunes gens à tous les étages de cette maison individuelle, dont les terrasses et le jardin sont bien agréables.

17. Dae-o Seojeom
대오서점

Café ₩

55 Jahamun-ro 7-gil, Jongno-gu
+82 2-735-1349
Mar-dim 12h-21h

Anciennement librairie Dae-o 대오, une des plus vieilles de la capitale, ce lieu a été réaménagé en café cosy, avec une ambiance assez jeune et hipster, idéal pour une escale culturelle en plein Séoul historique.

18. Queen Sheba
퀸시바

Café ₩₩

35-1 Hyoja-ro, Jongno-gu
+82 2-733-2233
Mer-lun 10h-20h (fermé le mardi)

Ce minuscule café (4 places assises) est reconnaissable grâce à la pancarte "African coffee house" disposée sur le trottoir devant l'entrée. Adresse incontournable pour les féru·e·s de café de qualité, le Queen Sheba se spécialise dans les grains *premium* importés d'Afrique. Profitez du décor tout en sirotant un des meilleurs *hand-drip* cafés du quartier.

19. Salon de thé Rogpa (Sajik-dong geugage)
사직동 그가게

Salon de thé ₩

18-1 Sajik-ro 9-gil, Jongno-gu
+82 70-4045-6311
Mar-dim 12h-20h

Coup de ♥ : salon de thé et restaurant spécialisé dans le thé *chaï* et les tisanes traditionnelles d'Himalaya, géré par des volontaires ou *rogpa* de l'organisation pour les réfugié·e·s tibétain·e·s locaux·ales.

Le petit + : restez pour déguster les plats à base de curry, tofu et légumes à la tibétaine !

L'itinéraire de la rédaction

20. Couscous
꾸스꾸스
Cuisine tunisienne ₩₩
16-2 Jahamun-ro 5-gil, Jongno-gu
+82 2-6357-5762
Mer-lun : 11h30-23h
Pour changer, une cuisine du Maghreb servie par des Coréen·ne·s ayant vécu en Tunisie. Cuisine correcte et peu chère.
Le petit + : on peut demander à manger dans le bar de l'étage, pour plus de choix dans les alcools.

21. Dosirak Café du marché Tongin
도시락 카페 - 통인시장
Cuisine coréenne ₩
18 Jahamun-ro 15-gil, Jongno-gu
+82 2-722-0936
Mar-sam 11h-17h (attention certaines échoppes ferment plus tôt)
Excellent moyen de découvrir la cuisine de rue coréenne de manière amusante et originale : pour 5 000 wons, obtenez 10 jetons en forme de pièces traditionnelles et arpentez les échoppes du marché pour déguster des plats phares tels que les *tteokbokki* poêlés, le *gimbap* ou encore le *sundae* (rien à voir avec la glace ici, il s'agit d'une sorte de boudin coréen coupé en lamelles à partager, un *must try* en Corée !)

22. Italy Chonggak
이태리총각 서촌점
Cuisine italienne ₩₩
11 Jahamun-ro 9-gil, Jongno-gu
+82 2-730-8893
Lun-ven 11h30-15h, 17h-22h, sam-dim 12h-16h, 17h-22h
Un chef coréen qui a étudié la cuisine italienne au Japon, et qui fait de bonnes pizzas au four à bois. La preuve : on y fait la queue.

23. Cuisine La Clé
퀴진 라 끌레
₩₩
36 Jahamun-ro 7-gil, Jongno-gu
+82 507-1323-1514
+82 2-6053-1514
Mar-dim 11h30-15h ; 17h30-22h
www.instagram.com/cuisine_la_cle/
Voir ce restaurant p. 79.

GYEONGBOKGUNG
et ses alentours

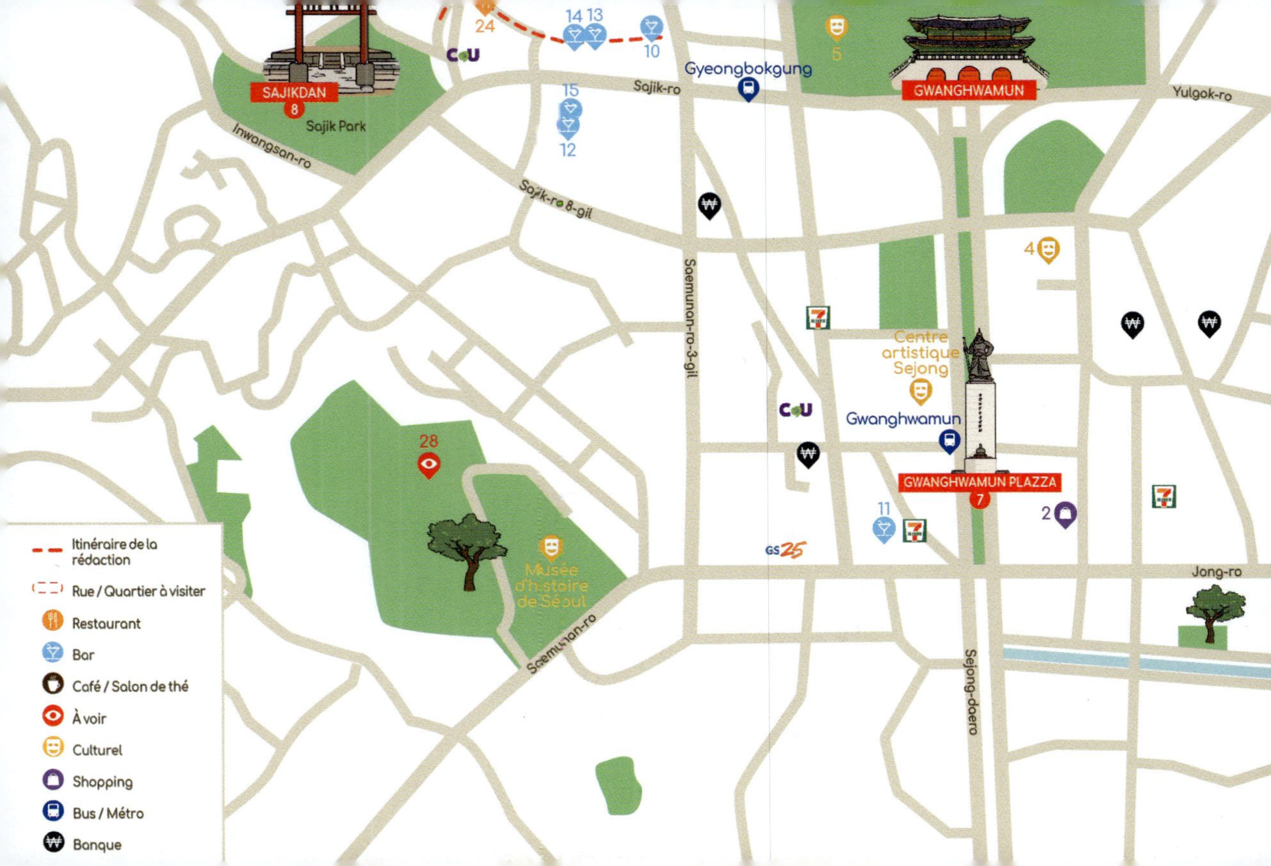
SAJIKDAN
8
Sajik Park
Inwangsan-ro
24
14 13
10
15
12
Gyeongbokgung
Sajik-ro
5
GWANGHWAMUN
Yulgok-ro
Sajik-ro 8-gil
Saemunan-ro-3-gil
4
Centre artistique Sejong
Gwanghwamun
GWANGHWAMUN PLAZZA
7
2
11
28
Musée d'histoire de Séoul
Saemunan-ro
Jong-ro
Sejong-daero
Itinéraire de la rédaction
Rue / Quartier à visiter
Restaurant
Bar
Café / Salon de thé
À voir
Culturel
Shopping
Bus / Métro
Banque

L'itinéraire de la rédaction

24. Kimjin Moksam
김진목삼

Cuisine coréenne ₩

51 Jahamun-ro 1-gil, Jongno-gu
+82 2-929-2929
Tlj. 15h-1h
www.instagram.com/kjmoksam/

Coup de ♥ : meilleurs *samgyeopsal* et *moksal* (ventrèche et échine de porc grillées) de tout le quartier, par une famille de bouchers qui n'utilisent que du bon porc de l'île de Jeju. Morceaux épais que les serveurs viennent cuire directement à votre table avec un thermomètre à laser...

25. Maji
마지

Cuisine coréenne ₩₩

19 Jahamun-ro 5-gil, Jongno-gu
+82 2-536-5228
Lun-dim 12h-21h

Coup de ♥ : restaurant végan spécialisé dans les plats traditionnels, cuisinés à base de produits de saison, biologiques et locaux, dans une ambiance cosy et authentique très agréable. La gérante parle très bien anglais et prend le temps de vous expliquer les différents plats et menus proposés ainsi que la provenance et les propriétés des ingrédients utilisés.

L'itinéraire de la rédaction

26. Song's Kitchen
송스키친

Cuisine occidentale ₩

35-3 Pirundae-ro, Jongno-gu
+82 2-725-1713
Lun-ven 11h30-14h30, 16h30-22h, sam-dim 11h30-15h, 16h-22h

Resto mignon et cosy dans un *hanok* qui fait de bonnes pizzas pas chères.

27. Tosokchon Samgyetang
토속촌삼계탕

Cuisine coréenne ₩₩

5 Jahamun-ro 5-gil, Jongno-gu
+82 2-737-7444
Tlj. 10h-22h

Institution du quartier de Gyeongbokgung, Tosokchon est célébré pour sa maîtrise du plat traditionnel *samgyetang*, soupe de poulet au ginseng et à la jujube, à tester au moins une fois en Corée (il s'agit également d'un des restaurants favoris de l'ancien président Roh Moo-hyun). Le *samgyetang* est un plat qui se consomme notamment durant les trois jours les plus chauds de l'été ou *sambok* 삼복 (il y a toujours la queue à Tosokchon pendant cette période).

28. Yonggeum-ok
용금옥

Cuisine coréenne ₩

41-2 Jahamun-ro, Jongno-gu
+82 2-777-4749
Lun-sam : 11h30-15h, 17h-22h

Un des plus vieux restos de Séoul, recommandé par le Michelin, une super soupe de loches 추어탕 pour moins de 10 000 wons – nous recommandons la version de Séoul.

ITINÉRAIRE DE LA RÉDACTION

ESCAPADE : UNE JOURNÉE DANS LE QUARTIER CALME ET ARTISTIQUE DE BUAM-DONG

Buam-dong, village urbain perdu entre les montagnes Inwangsan et Bukhansan, est un quartier situé au nord de Gyeongbokgung. Proche de **Cheongwadae** (청와대), la résidence présidentielle, et des zones militaires du nord de la ville, le quartier reste assez préservé et il est très difficile d'y construire de grands buildings et complexes d'appartements comme dans d'autres endroits de la ville. Si vous adorez les rues tortueuses de Seochon et Bukchon, mais que vous cherchez à vous éloigner un peu de la foule, Buam-dong est l'endroit parfait pour vous ! Prenez une journée complète pour profiter des différentes galeries d'art, maisons de thé traditionnelles et ruelles charmantes du quartier, pour une expérience inoubliable.

Pour s'y rendre : Buam-dong est accessible par bus de quartier, via les lignes 7022, 1020, 7212. Prenez le bus jusqu'à l'arrêt Jahamun Pass, Poet Yoon Dongju's Hill, commencez votre balade par une visite de la porte **Changuimun (1)** (창의문, aussi appelée **Jahamun**) puis suivez notre itinéraire !

2 - Club Expresso
클럽에스프레소

Café ₩

132 Changuimun-ro, Jongno-gu
+82 2-764-8719
Tlj. 9h-22h

Pourquoi ne pas débuter votre journée par un petit déjeuner au café Club Expresso, situé à côté de la porte Changuimun, qui sert le meilleur café du quartier. L'intérieur en brique et le mobilier en bois donnent une ambiance assez agréable. Idéal pour débuter votre trajet, le café est d'une rare qualité.

3 - Maison de Yun Dong-ju
윤동주 문학관

Musée

119 Changuimun-ro, Jongno-gu
+82 2-2148-4175
Mar-dim : 10h-18h

Continuez ensuite votre visite par la colline Yun Dong-ju, nommée ainsi en l'honneur du poète et indépendantiste du même nom, et du musée littéraire qui lui est dédié.

Le petit + : l'entrée du musée est gratuite ! Baladez-vous dans les rues alentours pour admirer les façades d'autres maisons connues.

4 - Jaha Sonmandu
자하 손만두

Cuisine coréenne ₩₩

12 Baekseokdong-gil, Jongno-gu
+82 2-379-2648
Tlj. 11h-21h30

Recommandé par le guide Michelin, ce restaurant raffiné propose une impressionnante sélection de *mandu* 만두, raviolis coréens, accompagnés d'un thé coréen de saison. Essayez aussi de goûter le *bokbunjaju* 복분자주, alcool distillé traditionnel à base de framboises noires.

Le petit + : la vue très agréable sur le quartier de Buam-dong et de la vallée alentours.

5- Sosohan Poonggyeong
소소한풍경

Cuisine fusion ₩₩

75 Jahamun-ro 40-gil, Jongno-gu
+82 2-395-5035
Tlj. 12h-22h

Restaurant de cuisine fusion dans une petite maison du quartier, qui propose des spécialités coréennes revisitées et des menus variés selon vos envies. Le décor cosy et boisé est très agréable, et vous pourrez également profiter d'un joli jardin intérieur, qui rendra l'expérience encore plus sympathique !

6 - Boobing Bingsu Jib
부빙 빙수 집

Desserts ₩

136 Changuimun-ro, Jongno-gu
+82 2-394-8288
Lun-ven : 13h-21h, sam-dim : 13h-22h
www.instagram.com/ice_boobing/

Pour le dessert, pourquoi ne pas essayer les traditionnels *bingsu* 빙수 revisités de Boobing, lieu très prisé de Buam-dong ?

7 - Seoul Museum et Seokpajeong Villa
석파정 서울미술관

Musée ₩

4-1 Changuimun-ro 11-gil, Jongno-gu
+82 2-395-0100
Mar-dim 10h-18h
₩ adulte 9 000 wons, étudiant 7 000 wons, lycéen 5 000 wons, enfant 3 000 wons.
www.instagram.com/seoulmuseum/

Vous pouvez ensuite poursuivre votre chemin vers le Seoul Museum, situé à une dizaine de minutes à pied. Profitez-en pour admirer l'art urbain et les graffitis qui ornent les murs de Jahamun-ro. Seoul Museum propose des expositions assez éclectiques, allant de l'art classique coréen aux œuvres les plus contemporaines, toutes d'une grande qualité. Le dernier étage donne accès à l'ancienne villa royale Seokpajeong 석파정, dont l'intérieur et les jardins ont été totalement rénovés. Les jardins offrent une vue imprenable sur le quartier de Buam-dong. À voir absolument !

8 - Whanki Museum
환기미술관

Musée ₩

63 Jahamun-ro 40-gil, Jongno-gu
+82 2-391-7701
Mar-dim 10h-18h

Entrée : prix variable selon les expositions en cours.

Designé deuxième plus beau musée de Corée après le Leeum (à Itaewon), ce musée a été ouvert en l'honneur de l'artiste peintre Kim Hwan-gi (ou

Itinéraire de la rédac'
BUAM-DONG

Whanki, 1913-1974), précurseur de l'art contemporain coréen.

Il commence la peinture abstraite dans les années 1930, à travers laquelle il rend hommage à la nature et aux paysages coréens. Vous y trouverez de nombreuses expositions d'art contemporain et des œuvres réalisées par les figures montantes des milieux artistiques en Corée.

9 - Sanmotunggi Coffee
산모퉁이

Café ₩₩

🏠 153 Baekseokdong-gil, Jongno-gu
📱 +82 2-391-4737
🕓 Tlj. 11h-21h

Lieu de tournage du très célèbre *drama* "Coffee Prince", ce café offre une vue imprenable sur Séoul. Chalet sur deux étages, il est situé en haut d'une colline et donne sur le quartier et la vallée de Buam-dong. Commandez un café et asseyez-vous à une table du deuxième étage, devant la véranda, pour admirer la vue. Agréable en toute saison, ce lieu est particulièrement recommandé pendant l'hiver, car vous pouvez profiter d'une vue sur les montagnes et la ville enneigées, tout en sirotant un café chaud et des pâtisseries maison.

10 - Vallée de Baeksasil
백사실계곡

Balade

Pour un peu de verdure, pourquoi ne pas se diriger vers la vallée de Baeksasil sur les pentes du mont Bugaksan, nommée d'après le pseudonyme de Lee Han-bok, figure littéraire du Joseon. Restez sur la route de Baekseokdong-gil et suivez le chemin de randonnée qui indique "Baeksasil Valley" pendant quelques kilomètres. La vallée est en elle-même relativement petite, mais regorge de paysages assez atypiques, d'autant plus marquants que la ville n'est qu'à quelques centaines de mètres. Le site est une zone écologique protégée et la vie sauvage et la flore s'y développent librement.

11 - Bugak Palgakjeong
북악 팔각정

Monument

🏠 267 Bugaksan-ro, Jongno-gu
📱 +82 2-725-6602
🕓 Tlj. 11h30-23h

Vous pouvez également partir vers les hauteurs de Bugaksan et marcher pendant trois kilomètres pour rejoindre Palgakjeong, pavillon construit en 1902 pendant le règne du roi Gojong et lieu de ralliement des activistes coréen·ne·s qui lancèrent le mouvement du 1er Mars 1919. C'est à Palgakjeong que fut lue pour la première fois en public la déclaration d'Indépendance coréenne, menant à l'arrestation des participant·e·s par les forces coloniales japonaises. Le pavillon offre une vue imprenable sur la ville, et les paysages de nuit y sont très appréciés des locaux. Pensez à prendre vos papiers d'identité car le site est protégé et situé dans une zone militaire, vous serez donc contrôlé·e·s à votre arrivée.

Et plus encore... : Gyeyeolsa Chicken, Art for Life Cafe/Restaurant, Tify for you, Buamdong Way Chicken, SCOFF British Bakery, 1MM Life Studio Cafe, Coffee SomA, Zaha Museum, Chopstick Gallery.

2. Autour du Changdeokgung : le village historique et touristique de Bukchon

À l'est de **Gyeongbeokgung**, vous pourrez vous perdre dans le quartier de **Bukchon** 북촌, ses petites boutiques de créateurs et ses maisons traditionnelles dans lesquelles se sont installés cafés, *guesthouses* et galeries d'art. Le nom Bukchon signifie « village du nord » en référence à sa position par rapport aux quartiers centraux de la ville : le ruisseau Cheonggyecheon et l'avenue Jong-ro (qui a donné son nom au quartier alentour, prononcé et souvent orthographié Jongno). Bukchon est ainsi un haut lieu touristique pour ceux·celles qui désirent découvrir la Corée, mais c'est également une zone historique préservée où vous trouverez plusieurs espaces culturels tels que le Centre de la culture traditionnelle de Bukchon. Le quartier est composé de plusieurs *-dong* (unités administratives) tels que Samcheong-dong, Gye-dong, Gahoe-dong, etc., qui servent aussi à le désigner – ce qui ne simplifie pas les choses !

Plus à l'est, dirigez vous vers le **Changdeokgung** 창덕궁, aussi connu sous le nom de Donggwol 동궐, le palais de l'est, second plus grand palais de la capitale. Il s'agit du lieu de résidence le plus prisé des rois et reines du Joseon, mais également du mieux préservé. On y trouve notamment le jardin royal Huwon 후원, dit Jardin secret (Biwon) espace très protégé qui occupe plus de la moitié de la surface du palais, accessible uniquement sur visite guidée – incontournable.

Le bon plan : Solenn vous fait découvrir Bukchon dans son itinéraire de la rédaction !

BOIRE UN VERRE

1. Kiwa Taproom
기와탭룸

Bar à bières ₩₩₩

74-7 Yulgok-ro 1-gil, Jongno-gu
+82 2-733-1825
Tlj. 14h-minuit

Hanok réaménagé du village de Bukchon, ce bar n'a de traditionnel que son enveloppe. Vous y trouverez les dernières tendances en matière de bières locales et internationales ! Idéal pour une sortie branchée dans le quartier des palais.

2. La Clé
라끌레

Bar à jazz ₩

42 Palpan-gil, Jongno-gu
+82 2-734-7752
Tlj. 19h-minuit

Coup de ❤ : le rendez-vous des amateur·trice·s de jazz ! Ambiance cosy et décontractée et très bonne musique à la clé !

FAIRE UNE PAUSE

3. Cha Masineun Tteul
차 마시는 뜰

Salon de thé ₩₩

26 Bukchon-ro 11na-gil, Jongno-gu
+82 2-722-7006
Mar-ven 12h-20h,
Sam 12h-21h
www.instagram.com/cha.teul/

Havre de paix dans un *hanok* traditionnel parfaitement conservé, ce salon de thé est célèbre pour son jardin intérieur (ou *tteul* 뜰). Vous pourrez déguster des gâteaux coréens et du thé d'une très grande qualité, tout en profitant de la vue !

L'itinéraire de la rédaction

4. Daon
다온

Café ₩

35-4 Bukchon-ro 5ga-gil, Jongno-gu
+82 2-723-9263
Tlj. 10h-22h

Niché dans une petite ruelle de Bukchon, ce café avec un grand jardin vous permet de faire une pause dans un décor traditionnel, à l'abri de l'agitation habituelle de ce quartier très touristique.

5. Dongnae Coffee
동네커피

Café ₩

91, Changdeokgung-gil, Jongno-gu
+82 10-9285-2895
Lun-ven 11h30-20h, sam 12h30-20h
www.instagram.com/dongnaecoffee/

Hot Spot du quartier de Changdeokgung, Dongnae Coffee sert des boissons et pâtisseries maison dans un décor charmant. La gérante et propriétaire est très sympathique et a installé une petite bibliothèque libre d'accès pour les jours pluvieux.

L'itinéraire de la rédaction

6. Jeongae Cookie
정애쿠키

Café ₩

76 Gyedong-gil, Jongno-gu
+82 2-747-0178
Tlj. 10h-20h

Petite pépite trouvée par hasard, ce café sert de délicieux cookies préparés avec soin par une toute aussi merveilleuse grand-mère. Un vrai plaisir d'y faire une pause dessert ou goûter !

7. Ppuri on the Plate
뿌리온더플레이트

Café ₩₩

🏠 57 Gyedong-gil, Jongno-gu (1er étage)

📱 +82 70-4133-8126

🕓 Uniquement le samedi de 12h à 18h (sur réservation via Facebook)

🔗 www.instagram.com/ppuriontheplate/

Coup de ❤ : café végan engagé et espace culturel spécialisé dans la cuisine alternative à base de produits locaux et sans gluten ! Il est conseillé de réserver à l'avance en raison de sa popularité croissante. Il est également possible d'assister à des cours et séminaires sur la cuisine macrobiotique proposés par Yun-Seo (co-gérante) !

8. Slow Park Café
슬로우 파크 카페

Café ₩

🏠 141 Samcheong-ro, Jongno-gu

📱 +82 2-739-8799

🕓 Tlj.10h-22h

Café situé au nord-est du palais Gyeongbokgung, spécialisé dans les brunchs et gaufres, parfait pour un début de journée vers le quartier de Samcheong-dong en plein hiver.

9. The Second Best in Seoul
서울서 둘째로 잘 하는집

Salon de thé ₩

🏠 122-1 Samcheong-ro, Jongno-gu

📱 +82 2-734-5302

🕓 Mar-dim 11h-21h

Ce salon de thé un peu désuet, ouvert depuis 1976, est situé dans le quartier cosy de Samcheong-dong. Si l'intérieur ne paye pas de mine, les boissons et en-cas traditionnels y sont délicieux, en particulier la marque de fabrique du lieu, la soupe de haricots rouges ou *danpatjuk* 단팥죽. À essayer !

SE RESTAURER

L'itinéraire de la rédaction

10. Biwon Sonkalguksu
비원손칼국수

Cuisine coréenne - nouilles ₩

🏠 9-1, Changdeokgung 1-gil, Jongno-gu

📱 +82 2-744-4848

🕓 Tlj. 11h-21h

Coup de ❤ : célèbre pour sa soupe de nouilles au bouillon de bœuf, ce restaurant est un incontournable du quartier de Changdeokgung depuis trente ans. Nous vous recommandons également les raviolis maison, à base de champignons, qui sont à tomber !

11. Bukmakgol
북막골

Cuisine coréenne ₩₩₩

🏠 124-6 Samcheong-ro, Jongno-gu

📱 +82 2-730-0980

🕓 Tlj. 11h-21h30

Recommandé par le guide Michelin, ce restaurant huppé est situé dans un *hanok* totalement réaménagé. Il est possible d'y réserver des salles privées et déguster ainsi tranquillement les plats signatures que sont les « côtes de boeuf façon homme des cavernes ». Incontournable pour les féru·e·s de viande de qualité et de cuisine gastronomique.

L'itinéraire de la rédaction

12. Byeok-odong

벽오동

Cuisine coréenne ₩₩

74-10 Yulgok-ro 3-gil, Jongno-gu

+82 2-720-1373

Tlj. 11h30-21h

Un peu plus cher que les autres, ce restaurant vaut le détour pour le gargantuesque menu (42 000 wons pour 2 personnes) qu'il propose, composé uniquement de plats traditionnels coréens accompagnés de dizaines de *banchan* 반찬, dégustés assis dans un cadre divin (*hanok*).

13. Café Gondry

카페공드리

Café / restaurant ₩₩

4 Gyedong 2-gil, Jongno-gu

+82 2-765-6358

Mar-dim 12h-23h (22h le dimanche)

www.instagram.com/cafe_gondry/

Coup de ♥ : parfait endroit pour une pause en fin d'après-midi, ce café, dédié au réalisateur Michel Gondry, propose des pizzas maison et bières artisanales dans un décor vintage branché en l'honneur du film *The Science of Sleep*, le tout sur un fond de musique jazz. Le gérant du café est un ancien professionnel du cinéma. Vous aurez peut-être la chance de croiser les réalisateurs Hou Hsiao-hsien ou Hong Sang-soo, qui passent prendre un café de temps à autre.

14. Duroomi

두루미 키친

Cuisine coréenne ₩₩

31-4 Mokdongdong-ro 8-gil, Jongno-gu

+82 70-4063-2787

Tlj. sauf le jeudi (11h-15h / 17h-21h)

Ce restaurant se spécialise dans le *yeonipbab* 연잎밥 (riz gluant cuit à la vapeur dans une feuille de lotus) et propose bien d'autres plats traditionnels de qualité. Situé dans le charmant quartier de Samcheong-dong, Duroomi sert uniquement des sets à partager. Idéal pour un rendez-vous en tête-à-tête !

15. Gyedong Mananim

계동 마나님

Cuisine coréenne traditionnelle ₩

65 Yunboseon-gil, Jongno-gu

+82 2-722-2337

Tlj. 12h-20h

Cuisine traditionnelle, biologique et locavore avec de nombreuses options véganes. Les recettes et l'ambiance sont assez simples, le tout pour un prix très abordable, parfait pour se restaurer entre deux visites.

L'itinéraire de la rédaction

16. Pungnyeon Ssalnongsan

풍년쌀농산

Cuisine coréenne ₩

32 Bukchon-ro 5ga-gil, Jongno-gu

+82 2-732-7081

Mer-lun 12h-20h

Ce restaurant de *tteokbokki* est extrêmement populaire en Corée. Plusieurs émissions de télé s'y sont déroulées !

17. The Hanok Smith Likes

스미스가 좋아하는 한옥

Cuisine italienne ₩₩

22-7 Samcheong-ro, Jongno-gu

+82 2-722-7003

Lun-ven 10h30-15h, 17h-22h, sam-dim 11h30-15h, 17h-21h

Fusion originale d'un intérieur coréen traditionnel de *hanok* associé à une cuisine italienne, ce restaurant est divisé en deux ailes, une pour les plats et l'autre pour les boissons et desserts. Amateur·trice·s de cuisine italienne de qualité, pensez à réserver pour une expérience atypique !

18. Yongsusan
용수산 비원점

Cuisine nord-coréenne ₩₩₩

🏠 2 Changdeokgung 1-gil, Jongno-gu

📱 +82 2-743-5999

🕓 Tlj. 12h-15h / 18h-22h

🔗 www.instagram.com/yongsusan_biwon/

Ce restaurant très prisé du quartier des palais, et recommandé par le guide Michelin 2019, est géré par Choi Sang-ok, originaire de Gaesong (Corée du Nord), depuis 1982. La cuisine est très sophistiquée et sa spécialité est le kimchi (chou mariné et épicé) à la mode de Gaesong, enveloppé dans des feuilles de chou et accompagné de fruits de mer, le tout mariné dans un bouillon de bœuf.

HÔTELS ET CHAMBRES D'HÔTES

19. Bukchon Guesthouse
북촌게스트하우스

Hanok guesthouse ₩₩

🏠 20-17, Bukchon-ro, Jongno-gu

📱 +82 10-6711-6717

🔗 http://www.bukchon72.com/

₩ 50 000-130 000 wons par nuit

Bukchon Guesthouse propose des chambres idéales pour un voyage en famille, située en plein cœur du quartier des palais au milieu du village de Bukchon. Chaque chambre est équipée d'un chauffage au sol, d'une climatisation, d'un réfrigérateur et d'une salle à manger séparée. Le personnel parle parfaitement anglais et les prix restent très abordables pour une expérience culturelle hors du commun.

20. Chiwoonjung
취운정

Maison d'hôte de luxe ₩₩₩

🏠 39 Bukchon-ro 11ga-gil Gahoe-dong, Jongno-gu

📱 +82 2765 7400

🔗 http://www.chiwoonjung.com/

₩ 327 000-1 100 000 wons par nuit

Hanok de luxe modernisé, Chiwoonjung est une maison d'hôte d'exception, dans laquelle vous pourrez profiter du charme de l'ancien tout en bénéficiant de services hôteliers d'une grande qualité. Située au sommet d'une petite colline, la villa vous offre une vue inégalable sur le village traditionnel de Bukchon et ses toits si particuliers.

Le petit + : pour les amateur.trice.s d'histoire, ce lieu est également l'ancienne maison du Président sud-coréen Lee Myung-Bak (2008-2013).

21. Rakkojae
락고재

Maison d'hôte de luxe ₩₩₩

🏠 49-23 Gyedong-gil, Jongno-gu

📱 +82 2-742-3410

🔗 http://www.rkj.co.kr/

₩ 250 000-450 000 wons par nuit

Rakkojae est une maison traditionnelle coréenne vieille de 130 ans. Rénovée par l'artisan charpentier Young Jin-chung, la structure de la maison est une œuvre d'art à elle seule. Dans cette maison d'hôte de charme, vous pourrez également profiter de la tranquillité du jardin intérieur tout en contemplant la façade magnifiquement préservée. Vous aurez également accès à un sauna privé au sein de la maison et pourrez participer à divers programmes culturels tels que la cérémonie du thé, des initiations à la fabrication du kimchi ou l'essayage de costumes royaux traditionnels.

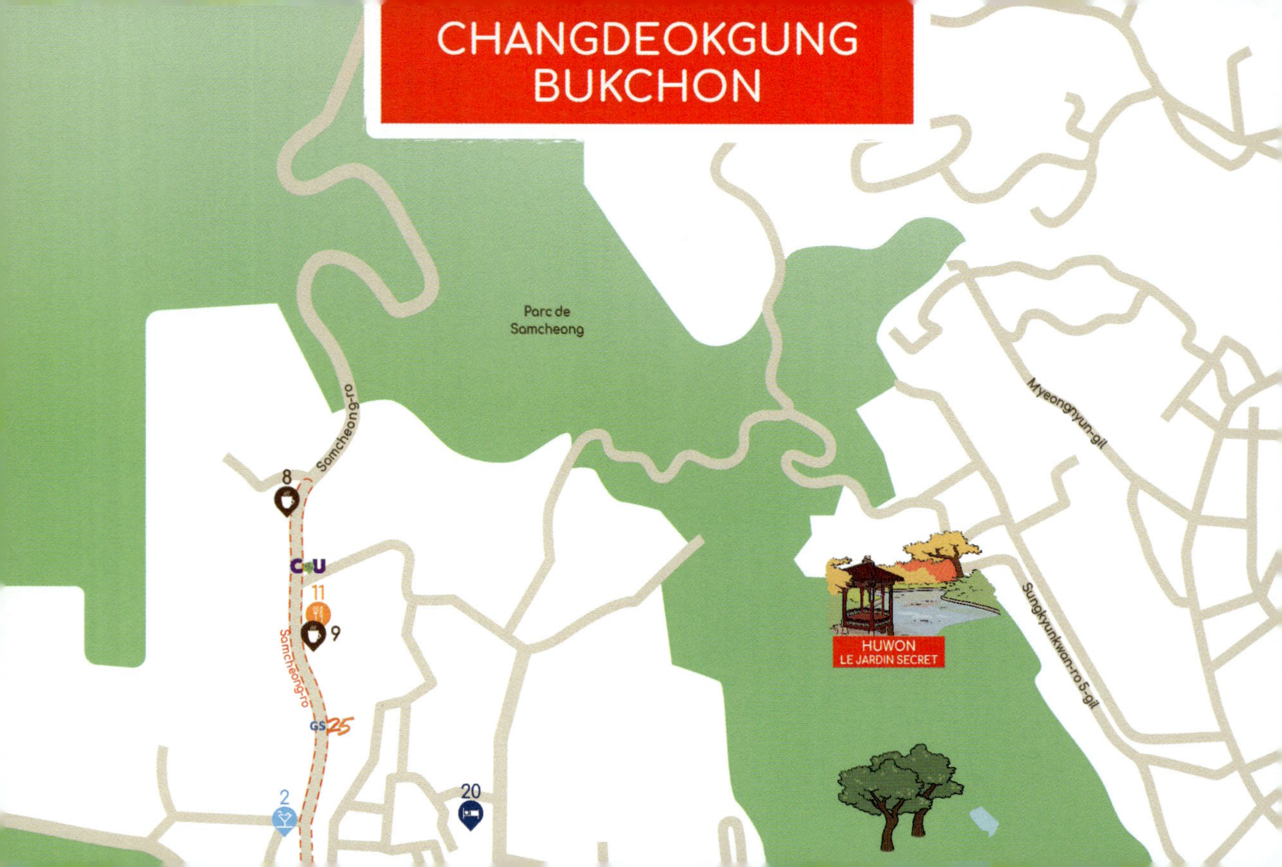
CHANGDEOKGUNG
BUKCHON
Parc de Samcheong
Samcheong-ro
Myeongnyun-gil
Sungkyunkwan-ro 5-gil
HUWON
LE JARDIN SECRET
8
CU
11
9
GS25
2
20

Centre culturel de Bukchon
Office du tourisme de Bukchon
Bukchon-ro
Bukchon-ro 5-gil
VILLAGE TRADITIONNEL DE BUKCHON
Musée MMCA
Samcheong-ro
Yulgok-ro 3-gil
Yulgok-ro
Anguk
Bureau de poste d'Anguk-dong
Samil-daero
Ujeongguk-ro
Insadong-gil
Seosulla-gil
CHANGDEOKGUNG
Changgyeonggung
Changgyeonggung-ro
Rue / Quartier à visiter
Restaurant
Bar
Café / Salon de thé
Monument
Culturel
Hôtel / Guesthouse
Shopping
Bus / Métro
Banque
Information

BONS PLANS ET ACTIVITÉS ALTERNATIVES

22. Bongsanjae et Seorojae
봉산재/서로재

Artisanat

🏠 87 Gyedong-gil, Jongno-gu
📱 +82 2-766-6648
🕓 Mar-dim 11h-20h

Ancienne résidence de l'artisan de renom Na Seong-suk, Bongsanjae est un *hanok* traditionnel qui a été réaménagé et accueille, avec la maison Seorojae (plus bas au numéro 81 de la même rue), des expositions temporaires et une boutique spécialisée dans les objets d'artisanat de luxe (surtout autour de la laque traditionnelle). En face, se trouve le studio de photos noir et blanc Mulnamoo et son café néo-vintage.

23. Centre Art Sonje
아트선재센터

Centre artistique

🏠 87 Yulgok-ro 3-gil, Jongno-gu
📱 +82 2-733-8949
🕓 Mar-dim 12h-19h

Ce complexe artistique construit en 1998 propose un programme artistique de grande qualité. Outre les expositions temporaires, vous pouvez assister à des projections cinématographiques ainsi que des représentations de musique et danse traditionnelles. L'entrée est à 3 000 wons pour les adultes, 1 500 wons pour les adolescent·e·s et 1 000 wons pour les enfants.

24. Librairie Seoul Selection
서울셀렉션 서점

Librairie

🏠 Korean Publishers Association B/D, 6 Samcheong-ro, Jongno-gu (1er sous-sol)
📱 +82 2-734-9564
🕓 Lun-sam 9h30-18h30

Librairie incontournable pour les livres en langues étrangères sur la Corée, mais aussi pour les DVD, cartes postales, magazines, etc. On peut aussi acheter par le site Web : www.seoulselection.com. Seoul Selection est aussi éditeur de livres anglophones sur la Corée.

25. Maison de Baek In-je
백인제 가옥

Musée

🏠 16 Bukchon-ro 7-gil, Jongno-gu
📱 +82 2-724-0232
🕓 Mar-dim 9h-18h30

Baek In-je (1898-NR) était un indépendantiste, activiste et docteur de la période coloniale japonaise. Sa maison a été transformée en musée et elle est classée monument historique national. Construit pendant l'occupation, ce *hanok* est juché sur une parcelle surélevée qui vous offre une vue imprenable sur le village traditionnel de Bukchon. Les parties *anchae* (quartier des femmes) et *sarangchae* (quartier des hommes) sont connectées, contrairement à d'autres modèles de maisons traditionnelles. Enfin, la villa renferme un jardin spacieux et aménagé en havre de paix, qui en fait un lieu de visite incontournable ! Pour une visite en anglais, rendez-vous le vendredi à 16h, l'entrée du musée est gratuite.

26. Maison de Yun Posun
윤보선대통령고택

Salle de réception

🏠 62 Yunboseon-gil, Jongno-gu

Homme politique et activiste, il fut président de 1960 à 1962. Sa maison traditionnelle, l'une des plus grandes et des plus belles de Séoul, a été le lieu de tournage de différents *drama* : *Twelve Nights* (2018) ; *While You were*

Sleeping (2017) ; *Temperature of Love* (2017) ; *Goblin* (2016-2017). Cette maison appartient toujours à la famille qui l'habite, mais n'hésitez pas à passer devant et prendre une photo si vous êtes fans d'histoire ou de *K-drama*, et vous aurez peut-être la chance de tomber sur une des journées portes ouvertes.

27. Rue Samcheong-dong-gil 삼청동길

Balade/Shopping

Idéale pour une balade après la visite de l'un des palais, vous trouverez dans cette rue et aux alentours de nombreuses petites boutiques, galeries d'art et cafés cosy pour profiter de Séoul. Samcheong-dong est, dans Bukchon, une zone en partie préservée. Les maisons traditionnelles, perchées sur la colline, attirent les touristes et les Coréen·ne·s pour cette ambiance « village » si particulière et ses cafés branchés. Pour s'y rendre depuis la station Anguk, prenez la sortie 1 et suivez la rue piétonne de l'école pour filles Pungmun.

Vers le nord, vous pourrez marcher jusqu'au parc de Samcheong-dong et vous arrêter dans un des cafés que nous vous recommandons. Et pensez à faire un tour par le temple Chilbosa 칠보사 pour un moment de calme. Pour plus de monuments, bifurquez vers Cheongwadae, la résidence présidentielle, située au nord du Gyeongbokgung. Vous rejoignez ainsi un autre quartier en pleine gentrification, Seochon 서촌 (village/quartier de l'ouest).

3. Insadong, Jogyesa et Jongno

Insadong 인사동 est l'un des quartiers phares du cœur historique de Séoul. Baladez-vous entre les commerces et galeries d'artisans et perdez-vous dans les boutiques d'antiquaires, de calligraphie ou de *hanbok*, vêtement traditionnel coréen. Rendez-vous touristique incontournable, mais un peu kitsch, auquel beaucoup reprochent d'avoir perdu son âme, Insadong est le lieu idéal pour découvrir la gastronomie traditionnelle coréenne, grâce aux nombreux restaurants et salons de thé, installés ça et là dans les rues tortueuses du quartier.

À quelques pas, vous trouverez le monastère **Jogyesa** 조계사, l'un des hauts lieux du bouddhisme en Corée du Sud et centre de l'ordre Jogye, courant majeur de la religion bouddhiste coréenne. Venez y admirer le Daeunjeon 대은전 et sa célèbre statue de Bouddha, inscrite au patrimoine culturel de la Corée. Le pin qui surplombe la cour centrale du temple est un arbre de plus de 500 ans et l'un des trésors naturels de la Corée. Si la culture bouddhiste vous intéresse, allez vous renseigner pour effectuer un séjour en monastère (ou *Temple Stay*) au sein du Jogyesa et venez participer au festival annuel des lanternes en forme de lotus célébrant l'anniversaire de Bouddha, organisé au mois de mai.

Si vous suivez la rue piétonne d'Insadong vers le sud, faites un détour par le **Parc Tapgol**, lieu de naissance du mouvement du 1er Mars 1919 pour l'indépendance coréenne. Vous pourrez y admirer la pagode Wongaksa et vous abriter sous le belvédère au centre du jardin, avant de vous rendre vers **Ikseon-dong**, un quartier de *hanok* traditionnels qui a commencé sa gentrification plus récemment. Ses microruelles grouillent de monde, les commerces (surtout cafés, bars et boutiques d'accessoires) changent vite et il n'y a plus rien de traditionnel ici, hormis la structure des maisons, mais il y a de jolis endroits et cela reste une destination sympa pour un verre. Juste à côté, se trouvent le **quartier gay de Jongno** et ses *pojangmacha* (débits de boissons sous tentes orange) ainsi que des restaurants de barbecue de rue à l'ambiance si conviviale à ne pas manquer !

PRENDRE UN VERRE

1. Ale Dang
에일당

Bar à bières ₩

33-9 Supyo-ro 28-gil, Jongno-gu
+82 70-7766-3133
Tlj. 11h30-23h
www.instagram.com/alepub/?hl=ko

Ce bar branché du quartier d'Ikseon-dong est reconnaissable à son architecture originale. Plutôt que de rénover totalement le lieu, les propriétaires ont décidé de conserver les murs délabrés du *hanok* en devanture et de les consolider avec une architecture moderne pour accentuer le mélange entre structure historique et décor moderne. Le bar propose une excellente sélection de bières, produites par la brasserie locale Goodman Brewery et de nombreux plats maison, le tout accompagné d'un fond musical très agréable.

2. Art Monster
아트몬스터 익선동점

Bar à bières ₩

30 Donhwamun-ro 11da-gil, Jongno-gu
+82 2-745-0721
Tlj. 12h-minuit (23h le dimanche)
www.instagram.com/artmonsterbrewery/?hl=fr

Autre bar à bières très prisé du quartier d'Ikseon-dong, Ale Monster se spécialise dans les bières artisanales belges et allemandes, avec une sélection assez impressionnante, et la pizza est à la hauteur des bières. Ce bar est également situé dans un *hanok* rénové et renferme un jardin intérieur aménagé qui rend le décor d'autant plus agréable !

3. Brew 3.14
브루3.14

Bar / pub ₩₩

39 Donhwamun-ro 11na-gil, Jongno-gu
+82 507-1384-3023
Lun-sam 17h-1h

Pub à l'ambiance décontractée, spécialisé dans les bières artisanales et les pizzas maison. Venez pour le menu et restez pour l'atmosphère conviviale et le service !

4. Chunnyundongando
천년동안도

Jazz club ₩₩₩

6 Samil-daero 26-gil, Nakwon-dong, Jongno-gu
+82 2-743-5555
Tlj. 18h-minuit

Bar et salle de concert en activité depuis 1996, cet endroit est l'un des hauts lieux de jazz de la capitale. Les concerts commencent à 19h en première partie puis 21h pour la seconde partie de soirée. L'entrée est à 6 000 wons en semaine et 8 000 wons les weekends. N'hésitez pas à rester dîner : le bar propose des menus à partager et des cocktails d'une très bonne qualité (entre 59 000 et 74 000 wons le set) et l'entrée est comprise si vous commandez un set.

5. Hotel Seine (Seine Cafe et Bakery, Full Moon lounge)
호텔세느장

Bar et café ₩₩

28-5 Donhwamun-ro 11gil, Jongno-gu
+82 2-766-8211
Tlj. 12h-minuit
www.instagram.com/cafe_seinejang/

Imaginez un ancien motel transformé en café et lounge dans l'esprit du Grand Budapest Hotel de Wes Anderson. Café-pâtisserie dans les chambres du 1er au 3e étages, et lounge avec terrasses ouvertes sur le quartier du 4e au 6e (bières, vin et cocktails après 18h). À visiter !

6. MOU
모우

Bar LGBTQI + ₩₩

107-1 Supyo-ro, Jongno-gu (3e étage)

+82 70-8946-6448

Lun-ven 19h-4h, sam-dim 19h-5h

Bar LGBTQI+ à l'ambiance décontractée qui offre une carte de cocktails assez variée dans un décor sympathique. Le staff est très aimable et accueillant !

7. Owoo Jongno
오우

Bar à cocktails ₩₩

42 Donhwamun 11-gil, Jongno-gu (4e étage)

+82 2-2671-1795

Référence pour la communauté LGBTQI + du quartier de Jongno, cet établissement est apprécié pour son ambiance jeune et branchée et son intérieur chic aux accents nordiques. Et pensez à consulter leur page Facebook pour profiter de leurs promotions spéciales !

8. Plant
식물

Bar ₩

46-1 Donhwamun-ro 11da-gil, Jongno-gu

+82 2-742-7582

Lun-jeu 11h-minuit, sam-dim 11h-2h

Ce bar, créé et aménagé par le photographe Louis Park, est l'un des hauts lieux de la nuit à Ikseon-dong. Venez y boire un verre de vin et profiter des différents espaces du bar : le coin à gauche de l'entrée est équipé d'un petit canapé et d'un lecteur de vinyles tandis que l'espace central est aménagé pour permettre de visionner un film projeté sur le mur du fond. En été, n'hésitez pas à vous rendre dans la cour du fond, aménagée en terrasse pour profiter de l'air frais et de la vue nocturne du quartier.

9. Seoul Gipsy
서울집시

Bar à bières ₩₩

107 Seosulla-gil, Jongno-gu

+82 2-743-1212

Mar-ven 17h-minuit, sam-dim 15h-23h

www.instagram.com/seoulgypsy/

Très sympathique *hanok* rénové du quartier de Jongmyo, ce bar à l'ambiance vintage propose une excellente sélection de bières artisanales et un très bon menu !

10. Story of the Blue Star
푸른별 주막

Bar à cocktails ₩

17-1 Insadong 16-gil, Jongno-gu

+82 2-734-3095

Tlj. 16h-1h

Un des meilleurs bars à *makgeolli* (alcool de riz fermenté). Vous y trouverez une ambiance rustique, des parfums atypiques (mûre, thé vert, taro), et des accompagnements délicieux : tofu et kimchi à la séoulite !

11. The Table
더테이블 종로점

Bar à bières ₩

21 Ujeongguk-ro 2-gil, Jongno-gu (sous-sol)

+82 2-733-8883

Tlj. 16h-4h

www.instagram.com/thetablebrewing/
Lieu de rendez-vous des *business people* du quartier d'affaires de Jongno, The Table est un lieu très apprécié par les *afficionados* de bières artisanales. Descendez les escaliers et retrouvez-vous dans un bar de quartier à l'ambiance industrielle digne d'un des meilleurs pubs branchés de Brooklyn.

LES PETITES PAUSES !

12. Beautiful Tea Museum
아름다운 차박물관

Salon de thé ₩₩

19-11 Insadong-gil, Jongno-gu
+82 2-735-6678
Tlj. 11h30-20h

Venez déguster des thés traditionnels coréens au sein du musée du thé d'Insadong, dans un décor charmant. Un havre de paix au cœur de l'agitation de la ville. Profitez-en pour en apprendre un peu plus sur l'histoire et la culture du thé en Corée.

13. Dawon
경인미술관 전통다원

Salon de thé ₩₩

11-4 Insadong 10-gil, Jongno-gu
+82 2-730-6305
Tlj. 11h-21h

Coup de ♥ : situé au sein du musée des beaux arts Kyungin, Dawon est un salon de thé traditionnel parfait pour s'isoler du vacarme de la ville et siroter un thé *omija* tout en profitant d'un cadre exceptionnel.

14. Miss Lee Café
별다방 미스리

Café ₩

59 Insadong-gil, Jongno-gu (1er étage)
+82 2-739-0939
Tlj. 10h-23h

Endroit phare du quartier, ce café est célèbre pour avoir été le lieu de tournage du *show* télévisé *We Got Married*. Vous y trouverez des *bingsu* 빙수 et autres desserts traditionnels coréens ainsi que des *dosirak* 도시락, *lunch box* coréennes.

15. Tteuran Tea House
뜰안

Salon de thé ₩

17-35, Supyo-ro 28-gil, Jongno-gu
+82 2-745-7420
Mar-dim 11h-22h
www.instagram.com/cafe_innergarden/?hl=ko

Destination incontournable si vous appréciez la culture traditionnelle coréenne, ce salon de thé au décor charmant sert des thés et des desserts à tomber !

SE RESTAURER

16. Balwoo Gongyang
발우공양

Cuisine coréenne ₩₩₩

56 Ujeongguk-ro, Jongno-gu
+82 2-733-2081
Lun-sam 11h30-15h /18h-21h30

Ce restaurant étoilé au guide Michelin est tenu par les moines du temple Jogyesa et se spécialise dans la cuisine gastronomique bouddhiste. Le somptueux décor traditionnel et la qualité des plats en font l'un des lieux les plus réputés de la ville. Au deuxième étage, un autre restaurant offre un menu plus abordable et plus simple sous forme de buffet, idéal pour le déjeuner.

17. Gaesong Mandu - Koong
개성만두 궁

Cuisine nord-coréenne ₩₩

11-3 Insadong 10-gil, Jongno-gu

📱 +82 2-733-9240
🕓 Tlj. 11h30-21h30 (20h le dimanche)
Coup de ♥ : établi dans les années 1970 par une native de Gaesong (Corée du Nord), ce restaurant sert depuis trois générations de délicieux raviolis aux pousses de soja et chou, une des spécialités de la région de Gaesong. Ce restaurant est un incontournable du quartier, recommandé par le guide Michelin.

18. Gwangju Jip
광주집

Cuisine coréenne ₩₩

🏠 8 Jongno 1, 2, 3, 4 ga-dong, Jongno-gu
📱 +82 2-764-3574
🕓 Tlj. 15h-minuit
Un des classiques du quartier dans un pâté de maisons proposant toutes la même chose : du BBQ de porc pas cher avec le plus souvent des tables dans les ruelles. Le Gwangju Jip a même colonisé le parking mitoyen pour installer des tonneaux sur lesquels on pose les braséros de charbon pour faire griller du porc copieux et bon marché (13 000 ₩ les 200 gr.). Une ambiance unique ! Et après le repas, pourquoi ne pas aller à deux pas, près de la sortie 3 ou 6 du métro Jongno 3-ga, prendre un verre dans un des *pojangmacha* gay (bars de rue sous tente) ?

19. Jirisan
지리산

Cuisine coréenne ₩₩

🏠 30 Insadong 14-gil, Jongno-gu
📱 +82 2-723-4696
🕓 Tlj. 11h30-21h30
Restaurant de cuisine traditionnelle situé dans les allées sinueuses du quartier d'Insadong, ce lieu est idéal pour les repas de groupe et les amateur·trice.s de gastronomie coréenne.

20. Neugna Babsang
능라 밥상

Cuisine nord-coréenne ₩₩

🏠 42 Donhwamun-ro 5-gil, Jongno-gu (2e étage)
📱 +82 2-747-9907
🕓 Tlj. 12h-15h/18h-22h
Neugna Babsang n'est pas un restaurant de cuisine traditionnelle comme les autres. Non seulement la cuisine y est excellente, mais l'histoire de ce lieu et de sa propriétaire ne laisse personne indifférent. La propriétaire Lee Ae-ran a fui la Corée du Nord où elle officiait en tant qu'ingénieure agroalimentaire, pour vivre au Sud, où elle est devenue la première Nord-Coréenne a obtenir un doctorat (en sciences de l'alimentation et de la nutrition). Elle a ensuite fondé son restaurant Neungna Babsang ainsi que l'institut de l'Alimentation nord-coréenne traditionnelle, où elle emploie et forme de jeunes réfugiées nord-coréennes à s'adapter à la société compétitive et au modèle libéral sud-coréen.

ACTIVITÉS ET SHOPPING

21. Jogyesa
조계사

Temple

🏠 55 Ujeongguk-ro, Jongno-gu
📱 +82 2-768-8600
🕓 Variable selon les offices religieux et les activités

Bon plan : la cantine **Seungso 승소** tenue par les moines du Jogyesa : le menu végétarien et bouddhiste a l'avantage d'être très abordable et vous permet de partager un repas avec les habitué·e·s et les moines du monastère !

22. Jongmyo
종묘

Sanctuaire ₩

🏠 157 Jong-ro, Jongno-gu
📱 +82 2-765-0195
🕓 Fermé le mardi (fév-mai, sept-oct) 9h-18h, (nov-jan) 9h-17h30, (mai-août) 9h-18h30
₩ 19-64 ans 1 000 wons, 7-18 ans 500 wons, gratuit pour les moins de 6 ans et les 64 ans et plus.

Jongmyo est le sanctuaire royal où se déroulent les rites ancestraux effectués en l'honneur des rois et reines du Joseon. Si vous souhaitez observer les cérémonies, visitez Jongmyo le 1er dimanche de mai. Dès 11h30, une procession royale se dirige vers le sanctuaire confucéen au départ de Gyeongbokgung, et de 13h00 à 16h30 vous pourrez admirer les rites aux ancêtres. Ils ne sont pas traduits en anglais, mais le spectacle vaut le coup d'œil !

23. Marché musical de Nagwon
낙원악기상가

Marché

🏠 428 Samil-daero, Jongno-gu
📱 +82 1599-1968
🕓 Lun-sam 10h-20h

Coup de ♥ : Nagwon Arcade, gigantesque marché d'instruments en tous genres, est le lieu de rendez-vous des féru·e·s de musique. Allez y faire un tour et tentez de négocier un instrument. Les prix sont très abordables et le lieu n'est pas très fréquenté.

Bon plan : vous trouverez également au 4e étage le **Seoul Art Cinema**, cinémathèque qui diffuse de nombreux films étrangers et coréens sous-titrés, parfait pour les amateur·trice.s de cinéma coréen !
📱 +82 2-741-9782
🔗 http://www.cinematheque.seoul.kr (en coréen).

Attention : la cinémathèque est bien dans ce bâtiment, mais les films sont en général projetés dans le Seoul Cinema, non loin, sortie 14 du métro Jongno 3-ga (3e étage).

24. Nagwonjang Hotel
낙원장 호텔

Hôtel

🏠 25 Supyo-ro 28-gil, Jongno-gu
📱 +82 2-742-1920
🔗 https://nagwonjang.com/

Ancien hôtel de charme, cet hôtel branché a été réaménagé par des artistes et architectes coréens de renom. Le décor vintage et la vue sur le quartier d'Ikseon-dong en font une destination idéale pour se loger dans le cœur historique de Séoul, le tout pour un prix abordable. Vous pourrez également profiter d'une vue imprenable au bar restaurant du dernier étage ! Contactez l'hôtel par mail pour réserver.

Bon plan : si vous logez dans cet hôtel, vous bénéficierez de 10 % de remise auprès des restaurants alentours.

25. Rue commerçante d'Insadong
인사동길

Balade/Shopping

Institution du quartier, la rue commerçante d'Insadong, autrefois occupée par les commerçant·e·s et artisan·e·s du royaume, est parfaite pour une balade au sein du Séoul historique. Vous y trouverez des boutiques et ateliers d'artisan·e·s (céramique, calligraphie, etc.) ainsi que de nombreuses maisons de thé et restaurants traditionnel·le·s – mais aussi beaucoup

INSADONG / JONGNO

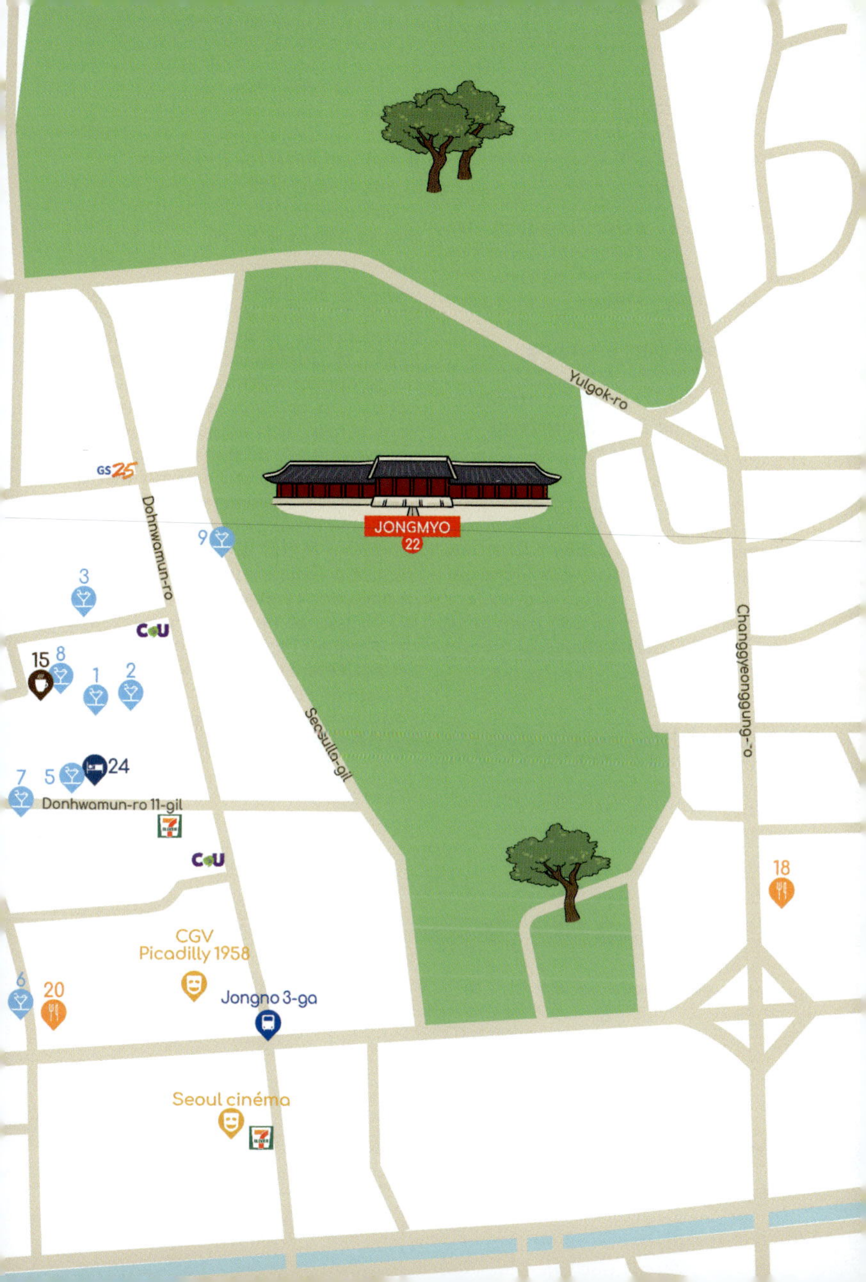

Yulgok-ro
JONGMYO
22
9
3
Dohnwamun-ro
15
8
1
2
Seosulla-gil
Changgyeonggung-ro
7
5
24
Donhwamun-ro 11-gil
18
CGV
Picadilly 1958
6
20
Jongno 3-ga
Seoul cinéma

d'attrape-touristes ! Certains adorent, d'autres détestent... Pour s'y rendre, prenez la sortie 6 de la station Anguk et tournez au niveau de la sculpture en forme de pinceau (inratable !).

Bon plan : visitez Insadong les week-ends, les rues sont piétonnes entre 10h et 22h, et surtout, perdez-vous dans les ruelles !

26. Running Man Insadong
런닝멘

Attraction

🏠 41 Insadong 5-gil, Jongno-gu
📱 +82 2-2034-0606
🕓 Lun-sam 10h-20h

Pour les fans de l'émission *Running Man*, pensez à visiter le parc dédié, où vous pourrez vous-même jouer aux différentes activités et vous immerger dans l'univers du célèbre show télévisé ! L'entrée est à 16 000 wons pour une expérience d'une heure.

27. Unhyeongung
운현궁

Palais

🏠 464 Samil-daero, Jongno-gu
📱 +82 2-766-9090
🕓 Mar-dim 9h-19h (avril-oct), mar-dim 9h-18h (nov-mars)

Entrée libre

Le palais d'Unhyeongung est l'un des plus petits palais de la capitale. Résidence privée du père du roi Gojong à la fin du Joseon, ce lieu fut le palais de ce dernier avant son accession au trône, ainsi que son lieu de mariage. Vous pouvez ainsi assister à la reconstitution annuelle du mariage royal entre Gojong et l'impératrice Myeongsong. On y trouve également juste derrière (dans une école privée) Unhyeongung Yanggwan 운현궁 양관, la maison occidentale du palais, construite en 1911 et inspirée des modèles architecturaux de la Renaissance française. Pour les fans de K-*drama*, Unyeongung Yanggwan est également l'un des principaux lieux de tournage du *drama Goblin*, puisqu'il s'agit de la maison de Kim Shin incarné par Gong Yoo !

4. Hyehwa et Daehak-ro

Daehak-ro 대학로 (aussi écrit Daehangno, plus proche de la prononciation) est le Broadway coréen : le quartier des théâtres et des arts de scène, très fréquenté par les artistes et étudiant·e·s des universités des alentours. Vous y trouverez de nombreuses salles de spectacles, performances de rue, mais également un parc très animé, le **parc des Marronniers,** ancien emplacement de la faculté des arts et des lettres et de l'école de droit de la célèbre Seoul National University. De l'autre côté du boulevard, vous apercevrez d'ailleurs l'hôpital universitaire renommé de cette université et quelques bâtiments datant du campus de l'époque coloniale...

Si vous vous dirigez vers le mont **Naksan** (ou Nakta, dromadaire en coréen, nommé ainsi en référence à sa forme), vous pourrez emprunter un chemin de randonnée balisé et faire le tour de la forteresse de Séoul pour de magnifiques panoramas. Naksan est l'une des montagnes gardiennes de la ville historique. Vous y trouverez également le **Mural Village d'Ihwa**, célèbre pour ses peintures murales réalisées par des artistes indépendants. Le projet du village mural fut lancé en 2006 par le ministère de la Culture coréen pour rénover le quartier à l'abandon. Très prisé des touristes, le quartier fait face aujourd'hui au dilemme du bruit causé par la surfréquentation. Si vous souhaitez vous y rendre, privilégiez donc les jours de semaine et veillez à ne pas dégrader les œuvres murales ou perturber la tranquillité des habitants !

Korean Coffee Break vous propose aussi son itinéraire pour ce quartier.

PRENDRE UN VERRE

1. Hyehwarang
혜화랑

Bar à vin ₩₩

22-3 Daehak-ro 14-gil, Jongno-gu
+82 2-765-7342
Lun-ven 17h-1h, sam-dim 16h-1h
www.instagram.com/hhrang14/

Café de jour et bar branché de nuit, ce *hanok* est un lieu phare de Daehangno, à tester au moins une fois. L'atmosphère est très agréable et la sélection de vins et cocktails est variée.

2. Jazz Story 2
째즈스토리2

Bar à jazz ₩

42-8 Naksan-gil, Jongno-gu
+82 2-725-6538
Tlj. 14h-minuit

Situé sur les pentes du mont Naksan, ce café cosy de jour est un excellent bar à jazz en soirée et offre une très jolie vue sur la montagne et les quartiers environnants.

3. Mindurae Cheoreom (Comme un pissenlit)
민들레처럼

Bar coréen ₩

98 Dongsung-gil, Jongno-gu
+82 2-766-4170
Lun-ven 16h-minuit, sam-dim 16h-1h

Bar coréen très apprécié du quartier, spécialisé dans les *makgeolli* 막걸리, alcools de riz fermenté coréen et les *jeon* 전, galettes coréennes traditionnelles.

4. Mix and Malt
믹스앤몰트

Bar ₩₩

3 Changgyeonggung-ro 29-gil, Jongno-gu
+82 2-765-5945
Dim-jeu 17h-2h, ven-sam 12h-3h

Ce bar branché du quartier proche de Hyehwa propose d'excellents cocktails maison, à base d'herbes et d'épices du jardin ! En raison de l'affluence, il est parfois possible d'attendre un peu, mais cela vaut le coup rien que pour les excellents plats maison. N'hésitez pas à profiter des jeux de société et jeux vidéos mis à votre disposition.

Le petit + : le deuxième étage et sa terrasse chauffée par un feu de bois en hiver !

5. Sam Cooke
샘쿡별관

Bar à jazz ₩₩

16-18 Daemyeong 1-gil, Jongno-gu (à l'étage)
+82 2-742-9202
Tlj. 18h-2h

Coup de ♥ : bar rétro jazz ambiance 1970, dédié au chanteur *soul* Sam Cooke, cet établissement est le rendez-vous hipster du coin. En plus d'un intérieur tamisé avec terrasse, mobilier dépareillé en vieux bois et éclairage à la lanterne, vous trouverez également une bonne sélection de bières et de vins.

Le petit + : le bar diffuse toujours un film sur projecteur (à l'ancienne) pour compléter l'ambiance !

6. Sudowon
수도원

Bar ₩₩

16 Dongsung 3-gil, Jongno-gu
+82 2-747-1933
Tlj. 18h-2h

Comme son nom coréen «l'abbaye» l'indique, ce bar éclairé à la bougie reproduit l'atmosphère d'un monastère médiéval avec des murs en pierre et une décoration thématique qui rend l'expérience très sympathique.

7. Togil Chutaek
독일주택

Bar à bières ₩

🏠 16-4 Daemyeong 1-gil, Jongno-gu
📱 +82 2-742-1933
🕓 Tlj. 12h-2h
🔗 www.instagram.com/germany_house/

Togil chutaek 독일주택 signifie « maison allemande » en coréen : ce bar est spécialisé dans les bières allemande et sert des accompagnements… Devinez… À l'allemande ! Planches de charcuterie, grillades, fromage, etc.

FAIRE UNE PAUSE

8. Café Gaeppul
개뿔

Café-bar ₩₩

🏠 26 Naksanseonggwakseo 1-gil, Jongno-gu
📱 +82 2-765-2019
🕓 Lun-ven 11h-22h, sam-dim 11h-23h

Café-bar perché sur les pentes du mont Naksan, qui vous offre une excellente vue sur le quartier d'Ihwa dong. Il s'agit du lieu de tournage de plusieurs *dramas* à succès : *Sensory Couple* (2015), *Because this Is my First Life* (2017), *Encounter* (2018-2019), *My First First Love* (2019).

9. Café Kiiro
카페키이로

Salon de thé ₩

🏠 41-3 Changgyeonggung-ro 26-gil, Jongno-gu (1er étage)
📱 +82 2-747-0848
🕓 Jeu-dim 12h-20h
🔗 www.instagram.com/ki___iro/

Café et salon de thé qui sert d'excellentes pâtisseries dans un décor agréable, idéal pour une pause dans le quartier ou pour travailler dans un endroit calme et confortable.

10. Hakrim Dabang
학림다방

Café ₩

🏠 119 Daehak-ro, Jongno-gu (1er étage)
📱 +82 2-742-2877
🕓 Tlj. 10h-23h

Coup de ♥ : un des derniers survivants des cafés coréens à l'ancienne ou *dabang*, où les jeunes Coréen·ne·s avaient l'habitude de se retrouver pour un café et écouter de la musique. Hakrim Dabang conserve cette ambiance authentique avec ses murs lambrissés, ses étagères remplies de vinyles et ses portraits en noir et blanc accrochés ça et là. C'était également un haut lieu de rassemblement des jeunes révolutionnaires luttant pour la démocratie pendant la dictature militaire !

11. Sam One Sec
삼원샘

Café ₩

🏠 9-3 Daehak-ro 11-gil, Jongno-gu
📱 +82 2-3672-0233
🕓 Lun-ven 10h-18h, sam 10h-17h
🔗 www.instagram.com/samone-sec/?igshid=13bcyo7e8h3hf

Tombez sous le charme de ce café cosy logé dans une maison traditionnelle avec jardin intérieur aménagé en terrasse, parfait pour déguster un des *bingsu* 빙수 proposés par la maison.

12. Lili Marlene
릴리마를렌

Café ₩

🏠 17 Daehak-ro 9-gil, Jongno-gu
📱 +82 2-3672-7337
🕓 Tlj. 11h-23h

Avec son nom inspiré de l'une des plus grandes chansons d'amour allemandes du début du XXe siècle, ce petit café à l'allure de brocante vous transportera dans les ruelles d'une capitale euro-

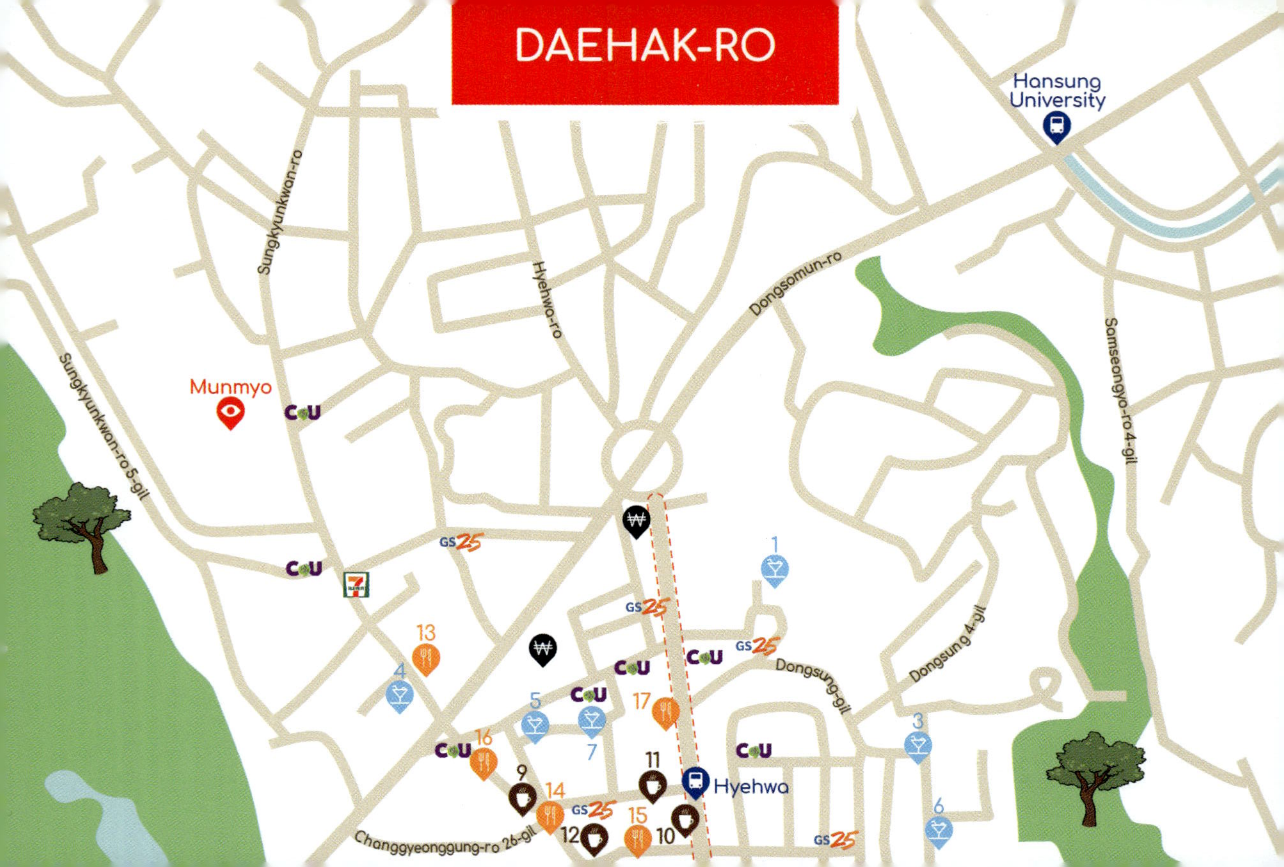
DAEHAK-RO
Hansung University
Sungkyunkwan-ro
Hyehwa-ro
Dongsomun-ro
Samseongyo-ro 4-gil
Munmyo
Sungkyunkwan-ro 5-gil
Dongsung 4-gil
Dongsung-gil
Hyehwa
Changgyeonggung-ro 26-gil
1
3
4
5
6
7
9
10
11
12
13
14
15
16
17

Parc de Naksan
SEOUL CITY WALL
2
8
Office du tourisme
GS25
CU
Naksan-gil
Hôpital universitaire de SNU
PARC DES MARRONNIERS
GS25
CHANGGYEONGGUNG
Changgyeonggung-ro
Daehak-ro
Ihwajang-gil
MURAL VILLAGE D'IHWA
Naksanseongg wakseo-gil
Yulgok-ro
Chungsin-gil
Changgyeonggung-ro 16-gil
Kimsangok-ro
Rue / Quartier à visiter
Restaurant
Bar
Café / Salon de thé
Monument
Bus / Métro
Banque

péenne. La déco un peu brouillonne faite de babioles (assiettes en porcelaine dépareillées et affiches publicitaires de la belle époque) rendent l'atmosphère très particulière. Venez déguster un café frappé servi dans une vaisselle d'époque pour une expérience très agréable !

SE RESTAURER

13. Cheongseokgol
청석골

Cuisine coréenne - pajeon ₩

203-1 Myeongnyun 2(i)ga, Jongno-gu
+82 2-743-6155
Tlj. 15h-02h

Restaurant de *jeon*, galette salée traditionnelle coréenne, souvent dégustée avec l'alcool de riz fermenté, le *makgeolli*. Les Coréens ont pour habitude de consommer des *pajeon* (galettes aux cives et kimchi) avec du *makgeolli* lors des jours pluvieux.

14. Hoho sikdang
호호식당

Cuisine japonaise ₩₩

35 Daehak-ro 9-gil, Jongno-gu
+82 2-741-2384
Tlj. 11h-15h / 17h-22h
www.instagram.com/hohosikdang

Une fois n'est pas coutume, Hoho sikdang est un restaurant japonais situé dans une maison traditionnelle et un lieu phare du quartier universitaire et artistique autour de Daehak-ro. L'ambiance y est très agréable et assez jeune. Pensez à venir assez tôt, car il y a très souvent une file d'attente à partir de midi !

15. Jungdon
정돈

Cuisine japonaise ₩₩

12 Daehak-ro 9-gil, Jongno-gu
+82 2-987-0924
Tlj. 11h30-14h / 17h- 21h

Restaurant de porc pané frit, ou *donkatsu*, très apprécié des habitant·e·s du quartier. Contrairement à la tradition, le *donkatsu* n'est pas servi en lamelles mais en tranches sur une grille, comme du rôti, ce qui permet de mieux apprécier la viande et de consommer moins de matières grasses !

16. Kkalli
깔리

Cuisine indienne ₩

43 Daehak-ro 11-gil, Jongno-gu
+82 2-747-5050
Tlj. 12h-15h30 / 17h30-21h30

Excellent restaurant de cuisine indienne, très fréquenté. Pensez à réserver ou à venir tôt pour éviter une attente trop longue.

17. Tokkijung
토끼정 대학로점

Cuisine japonaise ₩₩

133 Daehak-ro 8 ga-gil, Jongno-gu
+82 2-762-1030
Tlj. 11h-22h

Spécialisé dans la cuisine japonaise à base de curry, ce restaurant sur deux étages est l'un des plus célèbres du quartier de Daehangno. Pensez à éviter les heures de pointe si vous ne voulez pas trop patienter pour obtenir une table. Goûtez à la spécialité maison : le « festin Tokkijung », des *udon* au curry et à la crème fouettée (la dernière tendance culinaire en Corée) !

KOREAN COFFEE BREAK

@Korean_Coffee

@koreancoffeebreak

https://www.koreancoffeebreak.com/

@KoreanCoffeeBreak

Julia et Clothilde sont deux soeurs qui tiennent le blog Korean Coffee Break depuis plus de quatre ans. C'est le hasard qui les a menées en Corée. Clothilde a découvert la K-pop sur Internet en s'intéressant à la musique asiatique, et a entraîné sa sœur dans l'aventure à la découverte du pays du Matin calme…

Aujourd'hui, la culture, la K-pop, mais aussi les *drama* et l'histoire de la Corée n'ont plus de secrets pour elles. Elles voyagent plusieurs mois par an en Corée pour nourrir leur blog Korean Coffee Break de photos, de conseils pour les voyageur·se·s, de notes sur la culture ou même de conseils de lecture sur la Corée.
Leurs meilleures rencontres en Corée du Sud ? Elles les ont faites par hasard. Un jour, une jeune Coréenne les a entendues parler français dans la rue. Parlant elle-même français, elle les a naturellement abordées. Les trois jeunes femmes sont devenues amies, et Julia et Clothilde ont même récemment assisté à leur premier mariage coréen avec leur amie.
Faites comme elles, laissez-vous surprendre par les Coréens qui souhaitent parler votre langue avec vous. Ils auront souvent bien des choses à vous faire découvrir !

Korean Coffee Break propose de nombreux conseils pour les touristes d'un jour et passionné.e.s qui souhaitent se rendre en Corée. Transport, escapades, conseils de survie pendant la canicule, weekend à Jeonju… Tout y est pour voyager sereinement !

Le petit + : Si vous voulez savoir quel livre prendre dans votre valise avant de vous envoler pour la Corée, mais aussi avoir plein d'autres conseils sur la musique, les *drama* et les films coréens (entre autres !), allez faire un tour sur leur blog !

UNE APRÈS-MIDI AVEC KOREAN COFFEE BREAK

Julia et Clothilde vous emmènent dans le nord de Séoul, dans les quartiers de Sungshin et Hyehwa, premiers quartiers qu'elles ont découverts à leur arrivée en Corée du Sud...

A. HYEHWA

En suivant l'itinéraire orange, vous découvrirez une jolie promenade au milieu du *street art* séoulite, des trompe-l'œil et de magnifiques points de vue sur la ville. Cherchez les cartes géantes pour ne rien manquer, ou suivez les itinéraires de Korean Coffee Break !

1. Gimgane kimbab
김가네 김밥

₩

45 Daemyeong-gil, Hyehwa-dong, Jongno-gu
+82 2-742-8292
Tlj. 10h-22h30

« Ce restaurant de *gimbab* est une chaîne qui propose de nombreux en-cas populaires tels que des ramens, des *tteokbokki* ou des *gimbab*. Ces derniers sont parfaits comme encas, et peuvent même être emportés pour vous servir de sandwichs en promenade. »

2. Hi Jessie
하이제씨

₩

12 Dongsung 1-gil, Ihwa-dong, Jongno-gu
+82 2-745-2468
mar-dim. 12h-épuisement des macarons
www.instagram.com/jessiejihye/

« Parfait pour les petits creux après votre visite du quartier, des macarons pas chers et délicieux ! »

B. SUNGSHIN WOMEN'S UNIVERSITY

Le meilleur endroit pour faire votre shopping K-beauty ! Mieux que Myeongdong, Korean Coffee Break vous le recommande : toutes les marques y sont présentes, et le personnel est bien plus accueillant et généreux. Pour en profiter pleinement, quittez la station Sungshin Women's University par la 1re sortie, tournez à droite, et laissez-vous guider par leurs recommandations et vos envies !

3. Café B
카페b

₩

120 Dongseondong 2-ga, Seongbuk-gu
+82 2-921-7797
Tlj. 11h-minuit
www.instagram.com/cafe_b

« Café plus classique, cet endroit est tout de même super. On adore s'installer sur la grande terrasse extérieure pour profiter des rayons du soleil lorsque les températures sont douces ! »

4. Hansara Tuna
한사라 참치

₩₩

29 Dongsomun-ro 20-gil, Seongbok-gu
+82 2-925-2303
Tlj. 12h-2h, dim 12h-1h

Itinéraires
KOREAN COFFEE BREAK

« Voyager en Corée, c'est aussi l'occasion de découvrir une cuisine japonaise beaucoup plus raffinée que celle que l'on nous propose en France. Tout le monde connaît les sushis ? Vous en êtes adepte ? Alors il faut vraiment que vous testiez ce petit restaurant ! Les sushis sont préparés devant vous et ils sont délicieux !! »

5. Kki Piercing
성신여대 끼 피어싱

₩

22 Dongsomun-ro 20 da-gil, Seongbuk-gu
+82 10-4324-4357
Tlj. 10h30-23h
www.instagram.com/kkipiercing/
« Bien que la boutique soit petite, vous trouverez sans nul doute votre bonheur ! Les piercings sont vraiment très beaux et il y en a pour tous les goûts. Nous avons réalisé certains de nos piercings aux oreilles dans cette boutique. L'équipe est professionnelle, le travail est bien fait et nous n'avons rencontré aucune complication. Les prix bas vous feront craquer ! »

6. MINNIM

₩

74-1 Bomun-ro 30-gil, Seongbuk-gu
+82 2-921-2694
Tlj. 11h-23h
« Situé dans l'une des rues principales du quartier, Minnim est un petit café dans une maison traditionnelle *hanok*. Il est très joli et populaire. Par conséquent, il peut y avoir un peu de monde. Leur carte est très sympa et vous aurez la possibilité de déguster les fameux pancakes coréens, les *hotteok*. Avec sa boule de glace vanille, c'est délicieux ! »

7. Nom Pasta
놈파스타

₩₩

81 Bomun-ro 30-gil, Seongbuk-gu
+82 2-292-1354
mar-dim 11h30-15h30 / 17h-21h
« Ce restaurant de style plutôt européen vous proposera principalement des salades, des pâtes ou bien des pizzas revisitées aux saveurs coréennes. L'adresse parfaite si vous ne souhaitez pas manger trop épicé. »

5. Le quartier culturel de Seongbuk-gu

Seongbuk-gu, bien que proche du centre historique de la ville, est encore assez peu connu des touristes. Le quartier est bordé au nord par le mur fortifié de Séoul, **Hanyangdoseong** 한양도성 et la porte **Sukjeongmun** (occasion d'une jolie balade), et au sud par le ruisseau de **Seongbukcheon** 성북천 et la porte **Hyehwamun** 혜화문. Ses rues regorgent de gemmes historiques et attirent de plus en plus les jeunes artistes et entrepreneur·e·s.

Proche des facultés **Hansung** University et **Changsin** University, vous y trouverez également de nombreux cafés et restaurant branchés, ainsi que des musées et boutiques de créateur·trice·s indépendant·e·s.

Seongbuk-gu fut en outre le lieu de vie de nombreuses figures historiques coréennes, dont l'héritage est aujourd'hui préservé. Ainsi vous pourrez vous balader entre les ruelles charmantes et découvrir l'ancienne demeure de l'historien **Choi Su-nu** ou encore la maison traditionnelle transformée en maison de thé de l'écrivain **Yi Tae-jun**. Montez la colline de Seongbuk et découvrez le temple de **Gilsangsa** et son histoire atypique, et plus haut, le superbe **Furniture Museum**. À l'extrémité est du quartier, vous pourrez également visiter la tombe royale de **Jongneung**.

PRENDRE UN VERRE

1. Cubar
큐바

Bar ₩

🏠 36 Seongbuk-ro 7-gil, Seongbuk-gu
📱 +82 10-5967-0736
🕓 Mar-dim 18h-1h
🔗 www.instagram.com/_cubar_/?fbclid=IwAR3Vg-KoXiqepz8QQ2O6n-hy9PDEIMGwl-VP666YpMJxWWT4h0HmMM-Y8V_i4

Bar branché, éclairé à la bougie et aux guirlandes avec un décor thématique et des cocktails cubains, très sympathique pour une soirée dans le quartier.

2. Corner Bar I
코너바리

Bar ₩

🏠 325 Changgyeongung-ro, Seongbuk-gu
📱 +82 2-742-2514
🕓 Lun-sam 17h-2h

Petit bar de quartier à la déco jeune et industrielle, fréquenté par les étudiant.e.s des alentours. Les prix sont très abordables et l'ambiance très amicale !

LES PETITES PAUSES

3. Alex The Coffee
알렉스더커피 성북

Café ₩

🏠 9 Seongbuk-ro 28-gil, Seongbuk-gu
📱 +82 70-7520-7714
🕓 Tlj. 10h-22h

Coffee shop coréen classique avec un design très travaillé, du mobilier à la vaisselle, en passant par la présentation épurée des gâteaux et pâtisseries. Le décor, très mignon, est souligné par la présence d'une jolie véranda avec vue sur jardin. Parfait pour une pause dans le quartier ou pour un après-midi studieux !

4. Cafe 256
카페256

Café ₩

🏠 13 Seongbuk-ro 26-gil, Seongbuk-gu
📱 +82 2-766-1611
🕓 Mar-jeu 9h30-22h, sam-dim 10h-22h

Lieu idéal pour un café ou un brunch dans un décor industriel vintage. Ce café logé dans une petite maison réaménagée dans le quartier des ambassades, est également un des lieux de tournage de la série romantique coréenne *Lucky Romance* (2016).

5. Dal Roll Café
달롤베이킹룸

Café / Pâtisserie ₩

🏠 19 Bogukmun-ro 20-gil, Seongbuk-gu (6e étage)
📱 +82 2-942-2029
🕓 Tlj. 9h-18h
🔗 www.instagram.com/dalroll/

Café célèbre pour ses *roll cakes*, roulés à la crème, et sa limonade maison. Vous pouvez consommer sur place ou bien emporter, ou encore commander des *roll cakes* pour des occasions particulières, ils seront très appréciés !

6. Ilsang
일상

Café ₩

🏠 106 Seongbuk-ro, Seongbuk-gu
📱 +82 2-762-3114
🕓 Mar-dim 12h-21h30

Café très fréquenté par les étudiant·e·s des universités du quartier, qui viennent pour travailler et profiter de la biblio-

thèque tout en sirotant un café servi dans une vaisselle occidentale fleurie et quelque peu désuète.
Le petit + : le cheesecake aux fruits rouges est à tomber !

7. Café 58.4
카페58.4

Café ₩₩

4-13 Seongbuk-ro 16-gil, Seongbuk-gu
+82 2-743-8340
Mar-dim 10h-22h (fermé le dernier mardi du mois)
www.instagram.com/cafe58.4_seongbuk_dong/
Ce café situé dans un *hanok* réaménagé propose des fruits frais, jus de fruits pressés et une variété de boissons chaudes maison délicieuses.
Le petit + : la terrasse à l'étage offre un panorama superbe sur les toits traditionnels. Une vue digne de Bukchon !

8. Napoléon
나폴레옹과자섬 본점

Café / Pâtisserie ₩₩₩

7 Seongbuk-ro, Seongbuk-gu
+82 2-742-7421
Tlj. 8h30-21h30
Café réputé de la ville qui vend des gâteaux, pâtisseries, viennoiseries et tartes d'inspiration française. Vous avez le mal du pays ? Rendez-vous chez Napoléon.

9. Suyeonsanbang
수연산방

Maison de thé ₩₩

8 Seongbuk-ro 26-gil, Seongbuk-gu
+82 2-764-1736
Mer-ven 11h30-18h, sam-dim 11h30-18h ; 19h-22h
Coup de ♥ : maison de thé traditionnelle située dans un *hanok* d'époque absolument magnifique. Ce fut entre 1933 et 1946 le lieu de résidence de l'écrivain coréen Yi Tae-jun, considéré comme l'un des pères de la littérature coréenne moderne. Les confiseries coréennes traditionnelles, les *patbingsu* 팥빙수, glaces coréennes garnies de pâte de haricot rouge et de sésame, le thé traditionnel coréen fait maison, la vaisselle d'époque : tout est parfait !

10. Haero Café
해로커피

Café/Salon de thé ₩

19-3 Seongbuk-ro, Seongbuk-dong
+82 10-7126-6135
Tlj. 11h-22h
www.instagram.com/haerocoffee/
Ce salon de thé du quartier de l'université Hansung est très fréquenté par les étudiant.e.s qui apprécient le décor traditionnel d'un *hanok* très apaisant, avec des boissons délicieuses à un prix très abordables. À visiter !

SE RESTAURER

11. Bonchuk & Bibimbab Café
본죽&비빔밥

Cuisine fusion ₩

6-1 Arirang-ro, Seongbuk-gu
+82 2-928-8477
Lun-sam 9h-22h, dim 10h-21h
Branche de la chaîne nationale Bonchuk & Bibimbab, ce restaurant est le bon plan si vous ne savez où manger dans le quartier. Vous y trouverez d'excellents *bibimbap* 비빔밥 et *juk* 죽, bouillies de riz coréennes appréciées pour leurs vertus apaisantes.

12. Fromaqi
프로마지

Fast food ₩

🏠 13 Koryodae-ro 24ga-gil, Seongbuk-gu
📱 +82 507-1301-8537
🕓 Lun-ven 11h-21h, sam 11h-20h
En manque de fromage, de baguette et de charcuterie ? Cette sandwicherie est faite pour vous ! C'est le lieu idéal pour un repas sur le pouce à la française, et ça change du *kimbab* à emporter !

13. Gupo Noodles
구포국수

Cuisine coréenne ₩

🏠 2 Seongbuk-ro 12-gil, Seongbuk-gu
📱 +82 2-744-0128
🕓 Lun-sam 11h-1h30
Excellent restaurant de nouilles, *kuksu* 국수, et de plats à base de viande de porc ou *jeyuk* 제육. Non loin de l'université Hansung, il est situé dans une maisonnette à la devanture peinte en vert et ouverte sur la rue en été. Ce restaurant est également l'un des lieux de tournage de la série *Oh Hae Young, Again* (2016).

14. Hadan
하단

Cuisine coréenne ₩

🏠 14 Seongbuk-ro 6-gil, Seongbuk-gu
📱 +82 2-764-5744
🕓 Tlj. 12h-14h/17h-19h
Autre restaurant de nouilles du quartier, Hadan est réputé car, fait de plus en plus rare, la propriétaire fabrique son propre kimchi 김치 ainsi que sa propre sauce soja, *ganjang* 간장.

15. Samcheonggak
삼청각

Table d'hôte ₩₩₩

🏠 3 Daesagwan-ro, Seongbuk-gu
📱 +82 2-765-3700
🕓 Tlj. 12h-22h
Seamcheonggak est un restaurant de *hanjeongsik* 한정식, set menu spécialisé dans la cuisine de cour. Ancien restaurant de *gisaeng* (geisha), il s'agit également d'un endroit important dans l'histoire de la Corée car fréquenté par les hommes politiques et l'élite. Il est possible d'y participer à des cours de cuisine et d'assister à des performances et spectacles de musique et danses traditionnelles. Il s'agit d'un lieu très populaire pour l'organisation de séminaires, conférences et évènements diplomatiques et culturels. Ainsi, ce fut notamment le lieu du banquet organisé dans le cadre du sommet intercoréen du 4 juillet 2007 et de la déclaration conjointe entre la Corée du Nord et la Corée du Sud. Il y a également un café.

16. Ssangdari Tueji Bulbaek
쌍다리 돼지 불백

Cuisine coréenne - barbecue ₩

🏠 4 Seongbuk-ro 23-gil, Seongbuk-gu
📱 +82 2-743-0325
🕓 Lun-sam 9h-21h30 (fermé les 2e et 4e lundi du mois)
Ce restaurant familial spécialisé dans le viande de porc au barbecue est en activité depuis plus de 30 ans. Institution du quartier prisée des chauffeurs de taxi (un bon signe !), il a l'avantage d'être abordable et vous y trouverez toujours une table.

BONS PLANS ET ACTIVITÉS ALTERNATIVES

17. Furniture Museum
한국가구박물관

Musée

🏠 121 Daesagwan-ro, Seongbuk-gu
📱 +82 2-745-0181
🕓 Lun-sam sur réservation par le site (en anglais), 6 visites en coréen/jour, 4 en anglais
🔗 http://www.kofum.com/
₩ 20 000 wons

Coup de ♥ : ce musée est l'un des plus beaux musées privés de Corée avec le Leeum de Samsung. Plusieurs maisons coréennes traditionnelles reconstruites en ce site en haut de la colline abritent une superbe collection de meubles coréens anciens. Ne peut se visiter que sur réservation et par groupe accompagné d'un guide, hélas – réserver à l'avance !

18. Gilsangsa
길상사

Temple

🏠 68 Seonjam-ro 5-gil, Seongbuk-gu
📱 +82 2-3672-5945
🕓 Selon les horaires des cérémonies

Gilsansa était autrefois un *yeojeong* 여정, lieu de rencontres informelles des nobles et hommes de pouvoir coréens, qui s'y retrouvaient pour échanger, consommer de l'alcool et rencontrer des courtisanes (*gisaeng*). S'y trouvait le Daewongak, restaurant fondé par Kim Yeong-han, courtisane qui décida de léguer le lieu au moine, maître zen et vénérable Beopjeong 법정 스님 après avoir lu son œuvre *Non-Possession*. Le monastère, en activité depuis 1997, est composé des anciens baraquements du restaurant rénovés en habitations pour les moines et en salles de prières, ce qui lui donne une atmosphère et une architecture assez particulières. Situé en haut d'une colline habitée par des expatriés étrangers, le temple est isolé de la ville et est un lieu idéal pour se ressourcer et découvrir l'histoire de la Corée et du bouddhisme coréen. Le monastère est ouvert au *Temple Stay*, n'hésitez pas à vous renseigner pour participer à ce programme.

Le petit + : la cantine gratuite au rez-de-chaussée du bâtiment principal, où vous rencontrerez les moines et les habitué·e·s du temple !

19. Jardin royal Seongnakwon
성락원

Jardin

🏠 47 Seonjam-ro 2-gil, Seongbuk-gu
📱 +82 2-745-0181
🕓 Sur rendez-vous, à des périodes précises. Voir le site.
🔗 http://www.kofum.com/

Le jardin royal Seongnakwon, construit en 1790, pendant le Joseon (1392-1910), est l'un des rares jardins traditionnels de la péninsule. Ce fut notamment la résidence du Prince Euichin (1877-1955) qui utilisa la villa comme bastion de la résistance contre le règne colonial japonais (1910-1945). Fermé au public pendant plus de 200 ans, ce jardin enfin rénové a été ouvert brièvement en juin 2019 et devrait l'être à nouveau à des périodes déterminées. Le jardin est géré par le Furniture Museum, visitez régulièrement son site.

20. Jeongneung
정릉

Tombe royale

🏠 116 Arirang-ro 19-gil, Seongbuk-gu
📱 +82 2-914-5133
🕓 Mar-dim fév-mai et sep-oct 6h-18h/juin-août 6h-18h30/nov-jan 6h30-17h30

SEONGBUK-GU

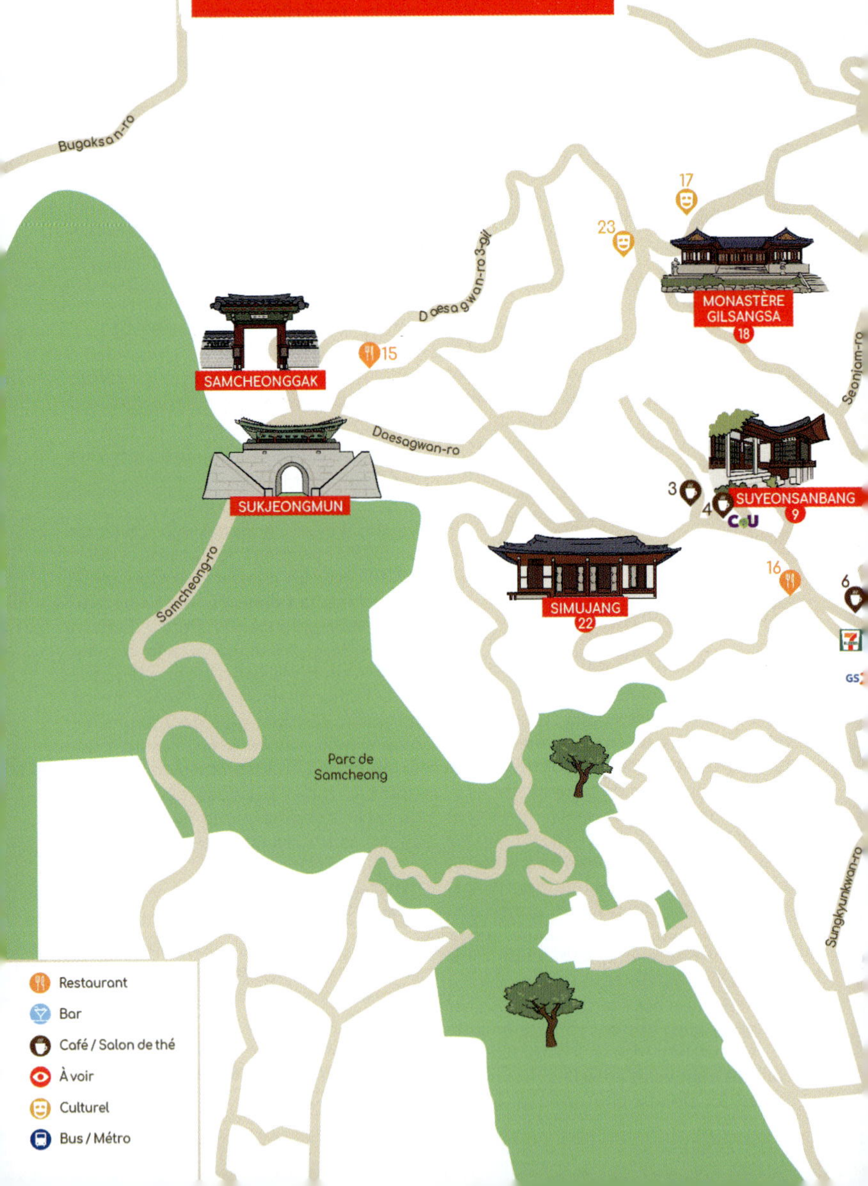
Bugaksan-ro
Daesagwan-ro 3-gil
15
SAMCHEONGGAK
Daesagwan-ro
SUKJEONGMUN
Samcheong-ro
23
17
MONASTÈRE GILSANGSA
18
Seonjam-ro
3
4
SUYEONSANBANG
9
SIMUJANG
22
16
6
Parc de Samcheong
Sungkyunkwan-ro
Restaurant
Bar
Café / Salon de thé
À voir
Culturel
Bus / Métro

12
5
Naebu Expressway
JEONGNEUNG
20
Arirang-ro 19-gil
Bugaksan-ro
Arirang-ro
JARDIN ROYAL
SEONGNAKWON
19
7
SEONJAMDANJI
24
MAISON DE
CHOI SUN-U
21
Seongbuk-ro 4-gil
11
Sungshin
Women's
University
13
Dongsomun-ro 3-gil
Seongbuk-ro
Changgyeonggung-ro 35da-gil
Seongbuk-ro
CU
14
10
CU
Hyehwa-ro
Dongsomun-ro 2-gil
Dongsomun-ro
GS25
1
Hansung
University
8
2
Samseongyo-ro
12
HYEHWAMUN
RUISSEAU
SEONGBUKCHEON

₩ 19-64 ans 1 000 wons, 7-18 ans 500 wons, enfants et + 65 ans gratuit
Jeongneung est la tombe de la reine Sindeok (1356-1396), seconde femme du roi Taejo (1335-1408) fondateur de la dynastie Yi du Joseon (1392-1910). Situé non loin du parc du Bukhansan, le lieu est assez isolé du reste de la ville et vous permettra de découvrir des éléments intacts de la culture funéraire ancienne.

21. Maison de Choi Sun-u
최순우옛집

Musée

🏠 9 Seongbuk-ro 15-gil, Seongbuk-gu
📱 +82 2-3675-3402
🔗 http://choisunu.com/
🕓 Mar-sam 10h-16h (fermé de décembre à mars)

Entrée libre

Hanok à l'architecture typique des années 1930, cette maison rectangulaire est constituée de deux bâtiments en forme de L qui se font face. Mémorial ouvert à la mémoire de Choi Sun-u (1916-1984), historien de l'art coréen et ancien directeur renommé du musée national de Corée qui y vécut entre 1976 et 1984, ce lieu propose des expositions et activités culturelles dédiées à sa mémoire et à la promotion de la culture coréenne.

22. Maison de Han Yong-un (Simujang)
만해 한용운 심우장

Musée

🏠 24 Seongbuk-ro 29-gil, Seongbuk-gu
📱 +82 2-2241-2632
🕓 Tlj. 9h-18h

Entrée gratuite

Monument culturel coréen, Simujang est la maison dans laquel Manhae Han Yong-un (1879-1944), célèbre moine et poète indépendantiste, membre important du mouvement d'indépendance du 1er Mars et signataire de la déclaration d'Indépendance de 1919, passa les dernières années de sa vie. Simujang est aujourd'hui dédié à la mémoire de Han Yong-un et à ses écrits, ainsi qu'au mouvement d'indépendance coréen. Joli point de vue sur le quartier. La ruelle qui y mène grimpe jusqu'au parc de la forteresse.

23. Musée coréen de la pierre
우리옛돌박물관

Musée

🏠 66 Daesagwan-ro 13-gil, Seongbuk-gu
📱 +82 2-986-1001
🕓 Mar-dim 10h-18h
₩ 19-64 ans 7 000 wons, 13-18 ans 5 000 wons, 6-12 ans 3000 wons
Le musée d'art de la pierre, divisé en six salles, vous permet de découvrir des collections inédites de sculptures et artefacts traditionnels coréens. Le travail de la pierre dans la péninsule coréenne est un art très ancien, qui exprime les valeurs de la culture coréenne de manière très intéressante, notamment en ce qui concerne l'art funéraire. Vous pourrez y admirer les *beoksu* 벅수, placés à l'entrée des villages pour protéger les habitant·e·s des esprits maléfiques et des maladies.

24. Musée Seonjam
선잠단지/선잠박물관

Sanctuaire

🏠 96 Seongbuk-ro, Seongbuk-gu
📱 +82 2-744-0025
🔗 http://museum.sb.go.kr/
🕓 Mar-dim 10h-18h
₩ 19-64 ans 1 000 wons, 13-18 ans 500 wons, 7-12 ans 200 wons

Site historique classé au patrimoine coréen, Seonjamdanji est un sanctuaire construit en 1471 pour honorer la déesse Xiling, déité de la sériciculture. Chaque année, la reine officiait à la cérémonie *seonjam* 선잠, sacrifice destiné à prier pour la prospérité des cultures de vers à soie et de l'industrie du textile. La reine elle-même procédait au rite du *chinjam* 친잠, qui consistait à démontrer sa connaissance de la sériciculture et à souligner l'importance pour la couronne et la nation de cette industrie. Situé un peu plus haut, le **musée Seonjam** est dédié à ces cérémonies et célébrations ainsi qu'à la culture de la soie coréenne traditionnelle.

6. Le centre historique : de Jongno à Seoul Station en passant par City Hall

Jongno-gu et Jung-gu sont le cœur politique et administratif de Séoul : entre bâtiments officiels, monuments historiques et sièges de grandes entreprises, c'est le lieu où les différentes histoires de Séoul se rencontrent. Au cœur du district Jung-gu se trouvent la **Mairie de Séoul (서울특별시청)** et son nouveau bâtiment, prouesse architecturale de verre construite en 2013. N'hésitez pas à rentrer : vous pourrez notamment admirer l'un des plus grands murs végétalisés du monde. Rendez-vous au huitième étage pour une vue imprenable sur le quartier. La mairie est bordée par la **bibliothèque municipale** (서울도서관), ancien hôtel de ville de l'époque coloniale, et par la place du parvis, **Seoul plaza**, carrefour routier réaménagé en espace vert et zone piétonne en 2004. Cette place est le lieu de nombreux évènements culturels et de rassemblements politiques, comme ce fut le cas pour les manifestations des chandelles en 2016 (pendant lesquelles les Coréen·ne·s appelaient à la destitution de la présidente Park Geun-hye). C'est aujourd'hui encore un lieu vivant de l'histoire politique du pays.

En face de la mairie, rendez-vous au palais **Deoksugung** (덕수궁), un oasis au milieu des buildings et bâtiments officiels qui ont peu à peu transformé le paysage de Jongno. De nombreuses familles, couples et employé·e·s du quartier viennent s'y promener pendant la journée. Vous pourrez y assister à des représentations et spectacles ainsi qu'à la cérémonie de la relève de la garde (à 11h, 14h et 15h30, tous les jours sauf le mardi). À noter qu'une des branches du musée national d'Art moderne (MMCA) se trouve dans le palais ; lors des nocturnes hebdomadaires du musée, on peut, pour le même prix, se promener de nuit dans ce parc royal : un moment magique ! Pour une balade dans le quartier, longez le mur de pierre du **Deoksugung** (덕수궁 돌담길), au sud du palais, aménagé pour les piétons, qui mène à des cafés et restaurants très sympathiques.

Vers le sud, dépassez la **porte de Seungnyemun** (숭례문), trésor national n°1 de Corée, et le marché historique de **Namdaemun** (남대문시장) pour rejoindre la **gare centrale de Séoul** (서울역). Pour un peu de verdure, empruntez la promenade aérienne **Seoullo 7017** (서울로7017), ancienne voie aérienne réaménagée en zone piétonne, où alternent espaces verts, zones culturelles et cafés.

PRENDRE UN VERRE

1. Baekseju Maeul
백세주 마을

Alcools traditionnels ₩₩

🏠 10 Ujeongguk-ro 2-gil, Jongno-gu (1er étage)
📱 +82-507-1408-0057
🕓 Lun-sam 17h-minuit

Bar d'alcools de riz traditionnels d'une grande qualité, incontournable dans le quartier.

Le petit + : la vue sur le beffroi de Bosingak !

2. Hangang Salon
한강쌀롱 2호점

Pub gastronomique ₩₩

🏠 207-11 Mallijae-ro, Jung-gu
📱 +82 70-8819-1698
🕓 Lun-ven 11h30-23h, Sam 13h-23h

Situé dans une ruelle non loin de la promenade Seoullo 7017, ce pub gastronomique à l'atmosphère tranquille est le nouveau lieu de rendez-vous pour les adeptes de bière. Restez également pour le menu : les plats sont copieux, abordables et de tres bonne qualite !

3. O'Hare 22
오헤어22

Bar ₩₩

🏠 201 Mallijae-ro, Jung-gu
📱 +82 70-4117-2011
🕓 Lun-sam 18h-1h
🔗 www.instagram.com/ohare22_seoul

Bar branché à deux pas de la gare au décor cosy et minimaliste, avec une bonne sélection d'alcools et de plats d'accompagnement.

4. Panorama Lounge - Fraser Place Namdaemun Seoul
프레이저 플레이스 남대문 파노라마 라운지

Bar ₩₩

🏠 58 Sejongdae-ro, Jung-gu (16e étage)
📱 +82 2-2098-0800
🕓 Lun-sam 11h-1h, dim 11h-20h

Juché au 16e étage de l'hôtel Fraser Place, ce lounge offre une vue magnifique sur la place Namdaemun et la porte Seungnyemun. L'atmosphère est chic, mais les consommations restent abordables !

LES PETITES PAUSES !

5. Hanyakbang
커피한약방

Café / Pâtisserie ₩

🏠 16-6 Samil-daero 12-gil, Jung-gu
📱 +82 70-4148-4242
🕓 Lun-sam11h-22h, dim 11h-20h

Café au décor vintage, ambiance manoir avec murs lambrissés, moquette et fauteuils capitonnés. L'ambiance est calme et branchée, et les patisseries sont délicieuses.

6. Liège Waffle
덕수궁 리에제 와플

Pâtisserie ₩

🏠 5 Deoksugung-gil, Jung-gu
📱 +82 2-318-5202
🕓 Lun-ven 8h-21h30, sam-dim 9h-21h30
🔗 www.instagram.com/liege_waffle_/

Kiosque de gaufres à emporter, idéal avant une balade dans les jardins du Deoksugung ou le long de la rue piétonne Doldam-gil.

SE RESTAURER

7. Chungjeonggak
충정각

Cuisine italienne ₩₩

🏠 8 Chungjeong-ro 2-gil, Seodaemun-gu

📱 +82 2-313-0424

🕓 Lun-ven 11h-15h, 17h-22h, sam 11h-20h

Situé en face du théâtre Nanta, ce restaurant de cuisine italienne raffinée est un lieu à visiter. Sa façade de briques rouges et son architecture occidentale vous donnent un aperçu du passé de la Corée du Sud. Plongez dans le Séoul des années 1910 et profitez-en pour jeter un œil aux œuvres d'art exposées dans la galerie privée du restaurant.

8. Congdu
콩두

Cuisine coréenne moderne ₩₩₩

🏠 116-1 Deoksugung-gil, Jung-gu

📱 +82 2-722-7002

🕓 Tlj. 11h30-15h, 18h-22h

Rendez-vous gastronomique réputé du quartier, ce restaurant situé derrière l'ambassade du Royaume-Uni propose des plats classiques coréens revisités à base de tofu, comme le steak de tofu ou le tiramisu maison au tofu. Pensez à réserver !

9. Jongno Donburi
종로돈부리

Cuisine japonaise ₩

🏠 385 Samil-daero, Jongno-gu

📱 +82 2-722-2384

🕓 Lun-sam 11h-15h, 17h-22h

🔗 www.instagram.com/jongnodonburi/

Restaurant japonais qui propose des *donburi*, bols de riz avec un accompagnement au choix (saumon, porc, légumes, etc.). La cuisine est délicieuse et abordable, idéale pour une pause rapide dans le quartier.

10. Pierre Gagnaire à Séoul
피에르가니에르서울

Cuisine gastronomique ₩₩₩

🏠 30 Euljiro, Jung-gu (35e étage)

📱 +82 2-317-7181

🕓 Tlj. 12h-15h, 18h-22h

Restaurant de cuisine gastronomique, le premier ouvert par un chef triplement étoilé et mondialement connu dans la capitale. Situé au 35e étage de l'hôtel Lotte, le restaurant honore la cuisine française tout en apportant des touches coréennes aux recettes.

11. Rue des *kalguksu*

Cuisine coréenne ₩

🏠 Mar-dim 6h-21h (fermé le dernier dimanche du mois)

La rue des *kalguksu*, bouillons de nouilles traditionnels coréens, du marché Namdaemun est une institution depuis la fin de la guerre de Corée. Vous y trouverez les meilleures *kalguksu* de la ville pour un prix imbattable !

12. Yurimmyeon
유림면

Cuisine coréenne ₩

🏠 139-1 Seosomun-ro, Jung-gu

📱 +82 2-755-0659

🕓 Lun-sam 11h-21h, dim 11h-19h

Fondé en 1962, ce restaurant de nouilles de sarrasin ou *myeon* 면 est un vétéran du quartier. Pour les fans de K-*drama*, ce restaurant apparaît dans la série coréenne *My Love from the Stars* (2014).

HÔTELS ET CHAMBRES D'HÔTES

13. Nookseoul
누크서울

Hôtel

🏠 6-2 Sowol-ro 2na-gil, Yongsan-gu
📱 +82 10-9366-2408
🔗 https://nookseoul.com/
₩ En semaine 170 000 wons/nuit, le weekend KRW 190 000/nuit (quatre personnes maximum)
Hôtel avec chambre unique, situé dans une maison japonaise rénovée de l'époque coloniale, à quelques minutes à pied du marché de Namdaemun et des rues commerçantes de Myeong-dong. Élu l'un des plus beaux hôtels de Séoul en 2015, ce lieu a remporté le prix de l'architecture de Séoul l'année suivante. Nookseoul est réparti sur trois étages, un premier étage pour la « pièce de méditation », un deuxième étage avec une cuisine équipée et un salon, et une chambre au dernier étage.

BONS PLANS ET ACTIVITÉS ALTERNATIVES

14. Cine cube
씨네큐브 광화문

Cinéma

🏠 68 Saemunan-ro, Jongno-gu
📱 +82 2-2002-7770
🔗 https://www.cinecube.co.kr/
🕓 Tlj. 10h-18h
₩ Lun-jeu : 8 000 wons adultes, 7 000 wons enfants
Ven-dim : 9 000 wons adultes, 8 000 wons enfants
Cinéma d'art et d'essai situé en face du palais Gyeonghuigung, ce lieu propose souvent des projections dans le cadre de festivals du film, dont le Green Film Festival de Séoul et l'Asian International Short Film Festival.

15. Culture Station Seoul 284
문화역서울 284

Musée ₩

🏠 1 Tongil-ro, Jung-gu
📱 +82 2-3407-3500
🔗 https://www.seoul284.org/english/
🕓 Mar-dim 10h-19h
Ancienne gare ferroviaire de Séoul construite sous l'occupation japonaise, Culture Station Seoul 284 a été restaurée et transformée en centre culturel et complexe artistique entre 2009 et 2011. L'entrée est gratuite et donne accès à de nombreuses expositions et performances (certaines peuvent être payantes).

Bon plan : le centre organise des nocturnes jusqu'à 21h tous les derniers mercredis du mois.

16. Living Inc - centre commercial de Hoeyeon

Boutique

🏠 123 Toegye-ro, Jung-gu
📱 +82 2-778-8868
🕓 Lun-sam 9h-22h (ouvert les 2e et 4e dimanches du mois)
Ouverte dans les années 1960, cette boutique d'occasion située dans le centre commercial souterrain de la station Hoeyeon propose une collection impressionnante de CD et vinyles. Vous trouverez par ailleurs d'autres boutiques vintage qui vendent des caméras, CD, films et objets d'occasion au sein du centre commercial de Hoeyeon. Living Inc est l'une des plus vieilles enseignes.

CITY HALL
SEOUL STATION
Sajik Park
Yulgok-ro
Sajik-ro 8-gil
Saemunan-ro-3-gil
Samil-daero
Gwanghwamun
Office du tourisme
Sejong-daero
Gyeonghuigung
Jonggak
Jong-ro
1
MUSÉE DE LA VILLE DE SÉOUL
17
14
CHEONGGYECHEON
9
Théâtre Bibap
Cheonggyecheon-ro
KTO
Mugyo-ro
Saemunan-ro
Tongil-ro
Seoul Red Cross Hospital
8
Parc de Jeongdong
Cathédrale anglicane de Séoul
5
Jungmyeongjeon Hall
Mairie de Séoul
Théâtre de Jeongdong
Seodaemun
DEOKSUGUNG
City Hall
Seoul Plaza
Euljiro 1-ga
6
10
Musée des Arts de Séoul
18
12
GS25
Théâtre de Myeongdong
Théâtre Nanta
City Hall
GS25

Ambassade de France
7
19
Parc de Seosomun
Seosomun-ro
Chungjeongno
SUNGNYEMUN
4
Namdaemun-ro
Poste centrale de Séoul
16
Myeong-dong
MARCHÉ DE NAMDAEMUN
Toegye-ro
Sogong-ro
Sowol-ro
11
Hoehyeon
SEOULLO 7017
2
3
GS25
CULTURE STATION SEOUL 284
15
Gare centrale de Séoul
Sopa-ro
13
Cheongpa-ro
Hangang-daero
Huam-ro
Sowol-ro
Noksapyeong-daero
Restaurant
Bar
Café / Salon de thé
À voir
Culturel
Shopping
Hôtel / Guesthouse
Information
Hôpital
Poste
Bus / Métro
Gare
Ambassade de France
Banque

17. Musée d'histoire de Séoul
서울역사박물관

Musée

🏠 55 Saemunan-ro, Jongno-gu
📱 +82 2-724-0274
🕓 Mar-ven 9h-20h, sam-dim 9h-19h (nov-fév 18h)

Le musée d'histoire de Séoul, attenant au palais Gyeonghuigung, est dédié à l'histoire et à la culture de la capitale, vieille de plus de 600 ans – un moyen de mieux appréhender la société coréenne dans son ensemble, à travers ses expositions interactives et immersives, permanentes et temporaires. Nous conseillons notamment la salle consacrée à une reproduction de Séoul vue du ciel, où l'on marche sur des dalles de verre au-dessus des différents quartiers miniaturisés.

18. Observatoire de Jeongdong
정동전망대

Bon plan

🏠 15 Deoksugung-gil, Jung-gu
📱 +82 2-777-0421
🕓 Lun-ven 9h-21h, sam-dim 9h-18h

Encore peu connu des touristes, l'observatoire de Jeongdong offre une vue imprenable sur le palais de Deoksugung et ses alentours. Rendez-vous au 13e étage du bâtiment Seosomun building et profitez de la vue.

Le petit + : vous trouverez également un café à cet étage, le café Darak, décoré avec des photos historiques et peintures du quartier, parfait pour siroter votre boisson et admirer le paysage en toute saison !

19. Sanctuaire des martyrs de Seosomun
천주교 서소문 순교 성지 기념관

Musée

🏠 5 Chilpae-ro, Jung-gu
📱 +82 2-3147-2404
🕓 Mar, jeu, dim 9h30-17h30, mer 9h30-20h30

Entrée gratuite

Le sanctuaire des martyrs de Seosomun est l'un des hauts lieux de l'histoire du catholicisme en Corée. C'est ici qu'avaient lieu les exécutions officielles pendant la période Joseon (1392-1910). Ainsi, la porte de Seosomun était également surnommée Sigumun, « la porte où sont transportés les cadavres ». C'est ici que furent exécutés 44 des 103 martyrs catholiques coréens lors des violentes répressions anti-catholiques de l'époque du Joseon.

Le Bistro Namsan
Le restaurant français à Séoul
Le Bistro Namsan
Yongsan-Gu, Shinheung-Ro 25 (Haebangchon)
02.64.65.92.93

7. Dongdaemun et ses environs

Construite en 1396, la porte de **Dongdaemun** 동대문 ou **Heunginjimun** 흥인지문, qui donne son nom au district, est la porte la plus à l'ouest du **mur fortifié** de la ville. Elle est très reconnaissable par son style assez chargé, représentatif de la fin de la période Joseon, car elle fut reconstruite en 1869 par le roi Gojong. Il s'agit de l'unique porte de Séoul construite avec un *ongseong* 옹성, mur de protection semi-circulaire représentatif de l'architecture de la fin du XIXe siècle.

Le quartier de Dongdaemun est un quartier commerçant réputé pour ses marchés et centres commerciaux : le **marché Gwangjang**, le marché aux plantes médicinales de Yangnyeongsi, le marché aux antiquités, etc. Le quartier est très populaire auprès des jeunes pour ses centres commerciaux ouverts la nuit, notamment le **complexe commercial de Dongdaemun** que vous reconnaîtrez aux grand buildings illuminés de néons colorés. Vous y trouverez aussi le très moderne **Dongdaemun Design Plaza**, qui remplace un ancien stade construit sous la colonisation japonaise et abrite le **Dongdaemun History and Culture Park** où les habitué·e·s du quartier aiment se balader.

Au nord de la porte, vous pouvez emprunter le chemin qui longe le mur fortifié au niveau du parc de **Seonggwak** 성곽 et rejoindre la montagne **Naksan**, tout en profitant d'une très jolie vue sur Heunginjimun et ses alentours. Vers le sud, vous pouvez également aller vous balader le long du ruisseau **Cheonggyecheon** et rejoindre le centre-ville à l'ouest.

PRENDRE UN VERRE

1. Hidden Track
히든트랙 안암점

Pub gastronomique ₩₩

6 Yangnyeongsi-ro, Dongdaemun-gu

+82 10-9737-9744

Tlj. 17h-1h

Pub du quartier Anam-dong situé à côté de Korea University. Ce bar propose une large sélection de bières pression locales et importées, ainsi qu'une carte de plats variés (pizzas, steaks, etc).

2. Jean Frigo
장프리고

Bar /Lounge ₩₩₩

9-8 Toegye-ro 62-gil, Jung-gu

+82 2-2275-1933

Lun-jeu 12h-2h, ven-sam 12h-3h

www.instagram.com/jeanfrigo_official/

Situé dans un quartier résidentiel calme, Jean Frigo ne ressemble pas à un bar, vu de l'extérieur. La devanture est composée de cagettes de fruits et légumes et de ce qui semble être de grands réfrigérateurs gris. Les portes des réfrigérateurs sont en fait les portes d'entrée d'un bar lounge huppé de Dongdaemun ! Le bar se trouve au rez-de-chaussée, mais les sièges sont à l'étage. Un téléphone est disponible pour commander vos consommations : laissez vous tenter par les cocktails maison et commandez à manger, tout est préparé avec les fruits et légumes présentés dans la vitrine !

3. The Griffin
더그리핀

Bar / Lounge ₩₩₩

279 Cheonggyecheon-ro, Jongno-gu (10e étage)

+82 2-2276-3344

Tlj. 17h-2h (1h le dimanche)

www.instagram.com/thegriffinbar/

Au onzième étage de l'hôtel JW Marriott Dongdaemun Square, ce lounge branché est l'un des lieux en vogue de Séoul, notamment pour sa vue imprenable sur la ville. Les cocktails sont excellents, l'atmosphère animée et le service impeccable.

LES PETITES PAUSES !

4. Cha Cha Tea Club
차차 티클럽

Salon de thé ₩

13 Jong-ro 46ga-gil, Jongno-gu

0507-1404-9489

Mar-dim 13h-22h

www.instagram.com/chacha_willbe-good/

Hanok rénové du quartier de Dongdaemun, ce lieu fut d'abord un bar branché avant de devenir un salon de thé incontournable du quartier. Vous pourrez y expérimenter de véritables dégustations avec un sommelier du thé !

5. Bukhae Bingsu
북해빙수

Desserts ₩

28 Dasan-ro 47-gil, Heungin-dong, Jung-gu

+82 2-2235-1005

Dim-ven 12h-20h (fermé le samedi)

Café situé à quelques pas du Dongdaemun History and Culture Park, spécialisé dans les *bingsu* maison. L'endroit en lui-même est petit, mais très cosy et les desserts y sont délicieux !

DONGDAEMUN

Yulgok-ro
Kimsangok-ro
PARC SEONGGWAK
GS25
12
7
9
HEUNGINJIMUN
4
GS25
Jongno 5-ga
Jong-ro
3
Marché de Dongdaemun
Dongdaemun
Complexe commercia de Dongdaemun
MARCHÉ GWANGJANG
18
Cheonggyecheon-ro
DOOTA MALL
13
Dongdaemun History & Culture Park
Skate Park de Dongdaemun
Euljiro 4-ga
Eulji-ro
17
DONGDAEMUN DESIGN PLAZA
16
Dongho-ro
Village de l'Asie centrale
8
Dongdaemun History and Culture Park
11
Mareunnae-ro
Toegye-ro
GS25
2
ITINÉRAIRE DE LA ROUTE DE LA SOIE
Rue / Quartier à visiter
Restaurant
Bar
Café / Salon de thé
À voir
Hôtel / Guesthouse
Shopping
Bus / Métro
Banque

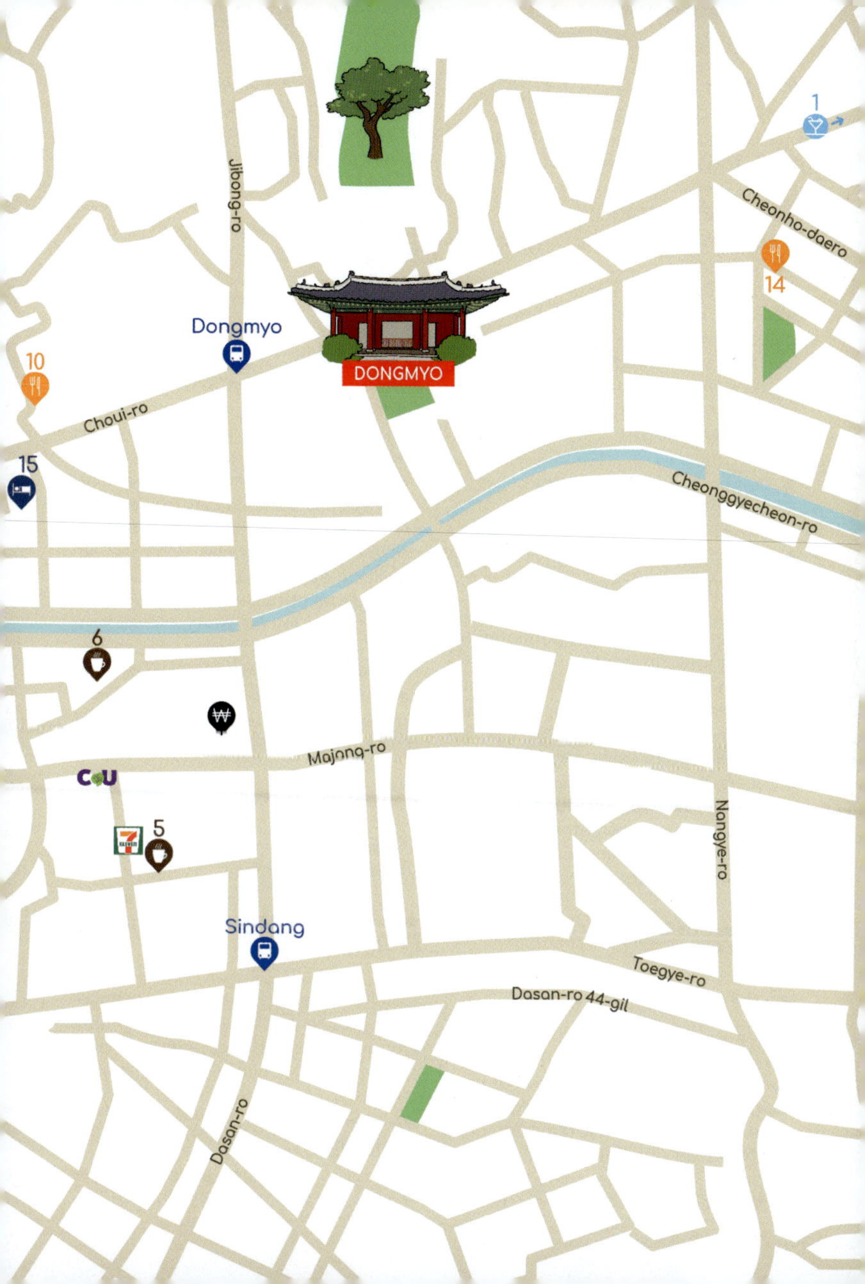

1
Cheonho-daero
14
Jibong-ro
Dongmyo
DONGMYO
10
Choui-ro
15
Cheonggyecheon-ro
6
Majang-ro
CU
5
Nangye-ro
Sindang
Toegye-ro
Dasan-ro 44-gil
Dasan-ro

6. D Café
D 카페

Café ₩

🏠 23, Majang-ro 1ga-gil, Jung-gu (7e étage)
📱 +82 2-2252-4648
🕓 Lun-ven 24/24h, sam 12h-22h, dim 18h-minuit

Endroit très calme avec une très bonne sélection de cheesecakes, glaces et gâteaux maison. Ce lieu est rarement bondé et très confortable, idéal pour se reposer entre deux visites.

Le petit + : D Café est ouvert toute la nuit en semaine !

7. Denim Café Blue House
데님카페청집

Café ₩

🏠 265 Jong-ro, Jongno-gu (1er étage)
📱 +82 10-6383-0396
🕓 Lun-ven 10h-21h, sam 10h-17h

Café vintage très sympathique et atelier qui fabrique et vend des vêtements et accessoires en jean ainsi que des bijoux artisanaux. Pour y accéder, engagez-vous dans le couloir illuminé avec des néons bleus et montez les escaliers. Le deuxième étage plus épuré sert de salle d'exposition pour les oeuvres d'art du gérant et les tables alignées devant la baie vitrée donnent une vue sympathique sur la rue.

8. Forest of Music
음악의 숲

Café ₩

🏠 17-7 Eulji-ro 44-gil, Jung-gu
📱 +82 2-2274-2254
🕓 Tlj. 18h-minuit

Forest of Music est une mine d'or pour les fans de vinyles et de musique. Les murs sont recouverts d'autographes et photos de grandes stars et d'idoles du propriétaire qui ont visité le café au fil des années. Ce café est notamment apparu dans la comédie coréenne à succès *Sunny* (2011) ainsi que dans un épisode du célèbre show télévisé *Infinite Challenge*, avec la superstar G-Dragon !

9. J. Hidden House
제이히든하우스

Café ₩

🏠 269-4 Jong-ro, Jongno-gu
📱 +82 2-744-1915
🕓 Tlj. 12h-18h
🔗 www.instagram.com/j.hiddenhouse/

Coup de ♥ : ce lieu, construit en 1915 et géré par la même famille depuis plus de 100 ans, est l'un des plus vieux *hanok* de Séoul. Il a été récemment rénové et transformé en café qui, comme son nom l'indique, est un havre de paix caché du reste de la ville. Vous êtes accueilli·e·s dans une cour intérieure décorée de bambous.

Le petit + : les boissons servies sont faites à base de grains de saison, notamment des noisettes et des cacahuètes : vous pourrez ainsi déguster un Peanut Latte à tomber, accompagné d'un croissant maison. Un régal !

SE RESTAURER

10. Everest
에베레스트 레스토랑

Cuisine népalaise ₩

🏠 2-1 Jong-ro 51ga-gil, Jongno-gu
📱 +82 2-766-8850
🕓 Tlj. 11h-23h

Excellent restaurant de cuisine népalaise proche de la sortie 3 du métro Dongdaemun. La décoration est exotique et tous les plats sont délicieux.

11. Samarkand
사마르칸트

Cuisine ouzbèque ₩₩

🏠 159-21 Mareunnae-ro, Jung-gu

☐ +82 2-2277-4261
🕓 Tlj. 12h-22h
Restaurant de cuisine ouzbèke très réputé du quartier d'Asie centrale de Dongdaemun. Vous pourrez découvrir de nombreuses spécialités de cette région dans un décor traditionnel très agréable. Le Village d'Asie centrale compte plusieurs restaurants et magasins gérés par les communautés d'Asie centrale regroupées dans ce quartier.

12. Wageul Wageul Jokbal
와글와글 족발

Cuisine coréenne ₩₩

🏠 18 Changsin-gil, Jongno-gu
☐ +82 2-765-0319
🕓 Lun-sam 15h-23h
Restaurant réputé du quartier spécialisé dans le *jokbal* 족발, barbecue à base de pieds de porc, une spécialité très populaire en Corée du Sud.

13. Wooraeok
우래옥

Cuisine coréenne ₩₩

🏠 62-29 Changgyeonggung-ro, Jung-gu
☐ +82 2-2265-0151
🕓 Tlj. 11h30-21h30
Ouvert en 1946, ce restaurant de *bulgogi* a été sélectionné trois ans de suite par le guide Michelin comme destination incontournable pour toute personne visitant Séoul. Très bon, mais assez cher.

14. Yukjeon Sikdang
육전식당 1호점

Cuisine coréenne ₩

🏠 16 Nangye-ro 30-gil, Dongdaemun-gu
☐ +82 2-2253-6373
🕓 Tlj. 11h-15h, 16h-23h
Yukjeong sikdang est l'un des meilleurs restaurants de *samgyeopsal*, ventrèche de porc grillée au barbecue. Le restaurant est plein dès 17h30 et les clients font la queue pour déguster l'un des plats phares de la gastronomie coréenne contemporaine !

HÔTELS ET CHAMBRES D'HÔTES

15. Creative House
창신기지 크리에이티브 하우스

Maison d'hôte

🏠 31 Jongno-gu 48-gil, Jongno-gu
☐ +82 504-0904-2002
🔗 http://www.creativehouse.co.kr/
🕓 Check-in 15h, check-out 11h
₩ 250 000 (2 personnes) – 300 000 (3-4 personnes)
Ancien *hanok* vieux de 80 ans, rénové par le groupe d'artistes "Z-Lab" en charge de nombreux projets de réaménagement à Séoul, cette maison est disponible à la location pour 2 à 4 personnes. Tout équipé, l'intérieur de la maison a été meublé dans le style scandinave, mais la structure de la maison respecte l'architecture traditionnelle coréenne.
Le petit + : un patio où vous pouvez profiter du barbecue et du jacuzzi extérieur !

BONS PLANS ET ACTIVITÉS ALTERNATIVES

16. DDP - Dongdaemun Design Plaza
동대문디자인플라자

Centre artistique et culturel

🏠 281 Eulji-ro, Jung-gu
☐ +82 2-2153-0000
🕓 Mar-jeu et dim 10h-19h, ven-sam 10h-21h

Conçue et imaginée par l'architecte contemporaine Zaha Hadid, Dongdaemun Design Plaza est la construction architecturale la plus osée de Séoul. Elle est composée de cinq entités : un centre artistique, un musée, un *design lab*, un marché *design* et un parc, le Dongdaemun History and Culture Park.

17. Dongdaemun Youth Runway Market

Marché de nuit

🏠 281 Eulji-ro, Jung-gu
🕓 Ven 18h-23h, sam 17h-23h
Construit autour du thème de la créativité, ce marché de nuit, organisé tous les weekends au sein du Dongdaemun Design Plaza, est consacré à la musique et à la mode. Vous pourrez y trouver les dernières tendances en matière de vêtements, mais également des concerts et des performances par les artistes en vogue.

18. Marché Gwangjang
광장 시장

Marché

🏠 88, Changgyeonggung-ro, Jongno-gu, Seoul
🕓 Lun-sam 9h-18h (ouverture des stands de *street food* à 11h et du marché *vintage* à 10h)
Établi en 1905 comme le premier marché quotidien de Corée, le marché Gwangjang, l'un des plus traditionnels du pays, est renommé pour ses tissus, articles de soie et produits artisanaux. Mais le marché est également très apprécié pour ses boutiques de *street food*, ainsi que ses rayons spécialisés : le marché *vintage* et les friperies du premier étage notamment sont très à la mode parmi les plus jeunes, et vous y trouverez des gemmes à des prix très bas. N'hésitez pas à négocier avec les vendeurs : j'ai personnellement gagné une veste en jean Levi's en pariant à pierre-feuille-ciseau (*gawi-bawi-bo*) !

Retrouvez en libre accès toutes les cartes de ce guide sur notre site :

8. Namsan et Myeongdong

Myeongdong 명동 est le meilleur quartier de Séoul pour faire votre shopping, grâce à ses nombreux centres commerciaux et à ses rues bordées de magasins. Si vous êtes en voyage pour quelques jours, courez-y faire vos achats : de nombreuses boutiques *duty free* proposent une exemption de taxes sur tous les produits de beauté et les vêtements populaires en Corée. Fans de K-pop, Myeongdong est fait pour vous : rendez-vous dans le centre commercial souterrain de la station de métro Myeongdong pour faire le plein de *goodies* dédiés à vos groupes et personnalités préférés.

Le quartier de Myeongdong est également un centre culturel assez développé avec de nombreux théâtres, cinémas et espaces de spectacle. Par exemple, le célèbre **Théâtre Nanta** propose un *show* à mi-chemin entre cuisine et chorégraphie contemporaines, inspiré des performances traditionnelles de *samulnori* 사물놀이 (danses et percussions). Pas besoin de parler coréen pour apprécier ce spectacle à succès, qui se produit dans trois salles à Séoul et attire près de 400 000 spectateur·trice·s par an ! Pour des représentations traditionnelles, passez par la **Korea House**.

Plus au nord, vous découvrirez les ruelles tortueuses d'**Euljiro,** quartier en constante transition. Ancien quartier industriel reconnaissable à ses constructions en tôles et briques des années 1960, Euljiro est maintenant investi par des artistes indépendants et tiers-lieux culturels à la clientèle branchée, à l'image de centre **Sewoon Arcade**. Vous pourrez ainsi osciller entre vieilles bâtisses réaménagées en bars tendance et restaurants de quartier à la clientèle et la cuisine inchangées depuis quarante ans.

Enfin, prenez également le temps de remonter les pentes de Namsan et visiter le sanctuaire **Waryongmyo** et la célèbre **Namsan Tower**. Pourquoi pas une montée de nuit pour profiter d'un magnifique point de vue sur la ville éclairée… Et d'un peu de nature !

BONS PLANS

Le ***Tax Free System*** s'applique dans les boutiques partenaires (elles arborent souvent un autocollant sur leur vitrine), dès 30 000 wons d'achats, pour les étranger·ère·s habitant en Corée moins de six mois et dont le départ est prévu dans les 3 mois qui viennent. Le système est divisé en deux appellations : *duty free* et *tax refund*. La première option se retrouve généralement dans les grands magasins (Shilla, Shinsegae, Lotte, etc.), la seconde est présente dans tout type de boutique. Certaines boutiques peuvent effectuer directement la réduction, dans une fourchette de dépense entre 30 000 wons et 300 000 wons et sur présentation de votre passeport (il ne faut pas dépasser plus de 1 million de wons sur toute la durée de votre séjour). Dans les autres cas, vous obtiendrez un reçu pour vous faire rembourser à l'aéroport. Il faut aussi connaître son numéro de vol ou avoir en main son billet d'avion retour.

Pensez à visiter l'**Office du tourisme de Myeongdong**, qui est le plus grand de Corée. Vous y trouverez de nombreuses offres et brochures touristiques ainsi qu'un accès gratuit à Internet. Vous avez également la possibilité d'y effectuer des réservations en ligne pour des logements, concerts, spectacles.
🏠 66 Eulji-ro, Euljiro 2(i)-ga, Jung-gu 🕓 Tlj. 9h-20h
📱 +82 2-778-0333

Enfin, le **Seoul Global Cultural Center** vous permet de participer à des activités et programmes culturels tels que des cours de langue, des cours de danse traditionnelle ou de cuisine ainsi que des visites guidées du quartier.
🏠 27 Myeongdong 8-gil, Myeongdong 2(i)-ga, Jung-gu
🕓 Tlj. 10h-19h 📱 +82 2-3789-7961

PRENDRE UN VERRE

1. Boir Boir
브아브아

Pub gastronomique ₩₩

🏠 197 Toegye-ro, Jung-gu
📱 +82-507-1414-7819
🕓 Lun-sam 17h-1h
🔗 www.instagram.com/boirboir/

Pub et restaurant à l'ambiance cosy avec une très bonne sélection de bières artisanales locales et une très jolie déco. La devanture vintage est reconnaissable à ses portes anciennes et ses néons rouges. L'intérieur en bois et tapisseries est très agréable et parfait pour siroter une des bières phares de la maison, la Jukshu Pale Ale !

2. Euljiro Brewing
을지맥옥

Bar à bières ₩

🏠 48-16 Supyo-ro, Jung-gu
📱 +82 2-2272-1825
🕓 Lun-ven 15h-00h30, sam 14h-1h, dim 14h-minuit
🔗 www.instagram.com/euljirobrewing/

Nous vous invitons à vous aventurer dans les allées du vieux quartier d'Euljiro. Vous y trouverez ce bar, qui propose des bières artisanales (locales ou importées) et quelques pizzas, le tout dans une ambiance électro-cosy au milieu des néons en forme de verre à cocktails et des boules disco !

3. Geek Beer Company
끽비어 컴퍼니

Bar à bières ₩

🏠 157 Eulji-ro, Jung-gu (2e étage)
📱 0507-1308-6864
🕓 Lun-ven 17h-23h, sam 15h-23h
🔗 www.instagram.com/ggeek_beer/

Ce petit bar local propose une sélection variée de bières, dans un décor tamisé assez *hipster*, avec possibilité de déguster votre bière sur un des transats à l'extérieur, le tout pour un prix très abordable.

Le petit + : les goodies du bar et leur design très sympa !

4. Seendosi
신도시

Bar ₩

🏠 31 Eulji-ro 11-gil, Jung-gu (4e étage)
📱 +82 70-8631-4557
🕓 Lun-jeu 18h-2h, ven-sam, 18h-3H, dim 18H-minuit

Bar expérimental et espace culturel, Seendosi est installé dans un vieux bâtiment du quartier industriel et géré par l'artiste Lee Byung-jae et le photographe Lee Yoon-ho. Vous pouvez y assister à des concerts *live*, des performances de DJ, des projections de film et des marchés *vintage*. L'étage inférieur est dédié à Seendosi Productions qui publie des écrivain·e·s, musicien·ne·s et autres artistes.

5. Sipbooneui Il
십분의 일

Bar à vin ₩

🏠 42-9 Supyo-ro, Jung-gu (1er étage)
📱 +82 2-6080-8051
🕓 Lun-dim 18h-minuit (fermé un dim sur deux)
🔗 www.instagram.com/sipboon_il/

Ne soyez pas rebuté·e·s par la porte d'entrée un peu industrielle, elle fait partie du charme ! Ce bar à l'intérieur *vintage* propose une bonne gamme de vins, abordables et accompagnés de plats de qualité. On vous conseillera notamment le *jjapaghetti* (spaghetti façon *jjajangmyeon*, à la sauce aux haricots noirs).

Le petit + : restez pour le film projeté sur les murs du bar !

6. The Edge

Bar / salle de concert ₩

8 Eulji-ro 12-gil, Jung-gu (2e étage)
+82 10-3596-4049
Mar-jeu 18h-minuit, ven-sam 18h-2h
www.instagram.com/theedgeseoul/

Cet établissement au décor épuré est à la fois un bar et une boutique de CD et vinyles à l'ambiance assez jeune et branchée. Salle de concert les samedis, le bar organise également quelques projections de films.

Le petit + : en cas de beau temps, venez également profiter de la terrasse sur le toit de l'immeuble !

LES PETITES PAUSES !

7. Coffee Libre
커피리브레 명동성당점

Café ₩

74 Myeongdong-gil, Jung-gu
+82 2-774-0615
Lun-ven 10h-19h, sam, dim 9-18h

Membre d'une chaîne de cafés engagée dans la promotion de grains de qualité, cette branche est située à l'intérieur de la cathédrale Myeong-dong et ne sert que du café brassé à l'*aeropress*, pour une saveur *expresso* incomparable. Vous pouvez également vous procurer du café en grains de très bonne qualité à un prix raisonnable !

8. Coin
카페 코인

Salon de thé et desserts ₩₩

10 Myeongdong 6-gil, Jung-gu
+82 2-753-1667
Tlj. 10h-22h30
www.instagram.com/cafe.coin/

Très célèbre pour ses glaces à la coréenne, ou *bingsu* 빙수 (un *must-try* en Corée), ce café est un vétéran du quartier. Le décor désuet et les peintures impressionnistes aux murs font son charme si particulier.

Le petit + : pour les fans de *K-drama*, il s'agit aussi d'un des lieux de tournage de la série à succès *Reply 1994* (épisode 7).

SE RESTAURER

9. Chungmuro Jjukkumi Bulgogi
충무로 쭈꾸미불고기

Cuisine coréenne ₩₩

11 Toegye-ro 31-gil, Jung-gu
+82 2-2279-0803
Lun-sam 12h-22h (21h30 le samedi)

Ce restaurant recommandé par le guide Michelin est spécialisé dans le *jjukkumi* 쭈꾸미, poulpe mariné dans une sauce aigre-douce piquante et grillé, un plat coréen à essayer au moins une fois. L'atmosphère est animée et conviviale.

10. Eulji Myeonok
을지면옥

Cuisine nord-coréenne ₩₩

2-1 Chungmu-ro 14-gil, Jung-gu
+82 2-2266-7052
Lun-sam 11h-15h / 17h-21h

Restaurant spécialisé dans les *naengmyeon* (nouilles de sarrasin froides) à la mode de Pyongyang. Les nouilles sont faites maison avec un mélange de farine de sarrasin et d'amidon, et le bouillon est préparé à base de poitrine de boeuf et de porc. Ce restaurant à la clientèle assez âgée est un incontournable du quartier et illustre l'âme du vieux Euljiro.

11. Gyoja
명동교자 본점

Cuisine coréenne ₩

29 Myeongdong 10-gil, Jung-gu
+82 2-776-5348

⏲ Tlj. 10h30-21h30
Ce restaurant de nouilles recommandé par le guide Michelin est en activité depuis 1966. Le menu composé de quatre plats propose des nouilles et de délicieux raviolis vapeur faits maison. Chaque plat est accompagné d'un kimchi au goût unique. Un restaurant simple, mais inoubliable.

12. Hadong-gwan
하동관

Cuisine coréenne ₩

🏠 12 Myeongdong 9-gil, Jung-gu
📱 +82 2-776-5656
⏲ Lun-sam 7h-16h
Ce restaurant historique du quartier, installé depuis plus de 80 ans, est recommandé par le guide Michelin 2019 et se spécialise dans le *gomtang* 곰탕, bouillon de bœuf mariné à feu doux, un plat traditionnel populaire célébré pour ses vertus curatives.
Le petit + : toutes les soupes sont accompagnées d'un kimchi maison à tomber !

13. Myeongdong Food Alley
명동길

Street Food ₩

🏠 Myeongdong-gil, station de métro Myeongdong, ligne 4 (sorties 5 à 8)
⏲ Tlj. 11h-22h
Rendez-vous au cœur de Myeongdong et dégustez des classiques de la *street food* coréenne entre deux emplettes. Sucré, salé, épicé, il y en aura pour tous les goûts !

14. Mongmyeok Sanbang
목멱산방

Cuisine coréenne ₩

🏠 71 Toegye-ro 20-gil, Jung-gu
📱 +82 2-318-4790
⏲ Tlj. 11h-15h / 16h30-21h (dernière commande à 20h)
Coup de ♥ : sur le chemin qui mène à Namsan se cache un *hanok* classé au Michelin 2019, qui vous permet de déguster un fabuleux *bibimbap* à moins de 10€… Un vrai bonheur !

15. Nyeok
녁

Cuisine fusion ₩₩

🏠 65 Supyo-ro, Jung-gu
📱 +82 70-4150-0504
⏲ Lun-ven 11h-15h / 18h-22h, sam 11h-15h / 17h-22h, dim 11h-15h / 17h-21h
🔗 www.instagram.com/nyugradientable/
Restaurant fusion coréen-italien, géré par trois amis depuis 2016. Vous pourrez déguster de nombreux classiques italiens comme les lasagnes, le risotto ou les *vongole*, à la sauce coréenne, le tout dans un décor vintage des années 1960 composé de meubles en formica.

16. Pildong Myeonok
필동면옥

Cuisine nord-coréenne ₩₩

🏠 26 Seoae-ro, Jung-gu
📱 +82 2-2266-2611
⏲ Lun-sam 11h-20h30
Institution du quartier recommandée par le guide Michelin, ce restaurant sert des plats à base de nouilles de sarrasin à la mode de Pyeongyang depuis des années. Ses autres spécialités sont le *suyuk* 수육 et le *jaeyuk* 재육, plats de bœuf ou de porc bouillis en tranches. On y mange à l'ancienne : assis par terre autour d'une table basse.

17. Yangmiok
양미옥

Barbecue coréen ₩₩

🏠 62 Chungmu-ro, Jung-gu
📱 +82 2-2275-8838
⏲ Tlj. 11h-22h

MYEONGDONG et alentours

Sogong-ro
GS25
14
22
FUNICULAIRE DE NAMSAN
PARC DE NAMSAN
VILLAGE FOLKLORIQUE DE NAMSAN
24
Pildong-ro
TOUR DE NAMSAN
Rue / Quartier à visiter
Restaurant
Bar
Café / Salon de thé
À voir
Culturel
Hôtel / Guesthouse
Shopping
Information
Bus / Métro
Banque

Restaurant spécialisé dans les grillades et les barbecues d'abats et de viande d'agneau, Yangmiok est un lieu de rendez-vous pour les amateur·trice·s de viande. L'ambiance y est familiale et le décor *old school*.

HÔTELS ET CHAMBRES D'HÔTES

18. Dears Myeongdong
디어스명동

₩₩₩

176 Toegye-ro, Jung-gu
+82-507-1383-8503
www.dearsmd.com/eng/index.php
Ancien hôtel Astoria, le plus vieil établissement de Myeongdong, cet hôtel rénové a l'avantage d'être très bien situé, proche des transports et lieux touristiques avec des chambres ultra équipées à l'ambiance vintage. Les étages supérieurs offrent notamment une vue magnifique (panoramique pour les suites et *penthouses*) sur le quartier de Myeongdong et la tour de Namsan.

BONS PLANS ET ACTIVITÉS ALTERNATIVES

19. CGV Cine Library

Cinéma

123 Toegye-ro, Jung-gu (9-10e étages)
+82 1544-1122
Mar-ven 13h-21h (11h les weekends)
Coup de ♥ : cet établissement est le premier cinéma-bibliothèque du pays. Outre des salles de cinéma classiques, on y trouve une collection de plus de 10 000 livres dédiés à l'art, la littérature et le cinéma, dans un décor et une architecture incroyables. On recommande notamment la section réservée aux ouvrages sélectionnés par trois maîtres du cinéma coréen : Park Chan-wook, Lee Chang-dong et Kim Jee-woon. Cet espace est également un lieu de rencontres pour les amateur·trice·s de cinéma, d'art et de photographie, grâce aux nombreuses expositions et conférences organisées tout au long de l'année. Entrée libre à la bibliothèque sur présentation d'un ticket de cinéma pour les salles du CGV cine-library ou CGV Myeongdong dans la limite de deux semaines avant et après la date de projection.
Pour les fans de *K-drama* : il s'agit d'un lieu de tournage assez prisé. On le retrouve notamment dans les séries *Black Knight* (2017-18), *Chicago Typewriter* (2017), *Are You Human?* (2018), *You Drive Me Crazy!* (2018) ou encore *Suits* (2018).

20. Cosmos Wholesale
우주만물

Shopping

29 Euljiro 11-gil, Jung-gu
+82 2-2268-4808
Jeu-lun 14h-20h
Cosmos Wholesale est un concept-store assez particulier, représentatif de l'ambiance d'Euljiro. Il est co-géré par quatre "créatifs" : éditeur, designer, producteur de musique indépendante et photographe. Vous y trouverez de nombreux objets dépareillés, rassemblés par les propriétaires au fil des années : entre les jouets, figurines et articles de mode, vous découvrirez également de vieilles cassette VHS, des vinyles et des livres d'occasion qui vous feront remonter le temps dans la Corée des années 1980 et même avant. La boutique organise parfois des ventes de fripes et des brocantes, ainsi que des soirées musicales avec DJ invité.

21. Oh! Zemidong
오!재미동

Médiathèque

🏠 199 Toegye-ro, Jung-gu (sous-sol)
📱 +82 2-777-0421
🕓 Lun-sam 11h-20h

Oh! Zemidong est la médiathèque et filmothèque publique du quartier de Chungmuro. Vous y trouverez de nombreux·ses installations et équipements cinématographiques accessibles à la location ainsi que des salles spécialisées : archives, galeries d'art, théâtre, salle de production et d'édition. De nombreux·euses jeunes cinéastes et étudiant·e·s y viennent pour travailler sur des projets et assister à des cours magistraux.

22. Sanctuaire Waryongmyo
와룡묘

Sanctuaire

🏠 91-6 Sopa-ro, Jung-gu
📱 +82 2-777-0421
🕓 Tlj. 8h-16h

Construit en 1862, ce sanctuaire bouddhiste aux influences shamanique et taoïste est dédié à l'homme d'État et général chinois Zhuge Liang (181–234 ap. J.-C.) Visitez ce havre de paix en vous baladant sur les pentes de la montagne Namsan.

23. Sewoon Arcade
세운상가

Shopping

🏠 159 Cheonggyecheon-ro, Jongno-gu
📱 +82 2-2271-2344
🕓 Tlj. 9h-19h

Sewoon Arcade est un complexe industriel, commercial et un ensemble d'habitations en béton, construit dans les années 1960 pour moderniser le quartier d'Euljiro dans l'esprit de la Cité radieuse de Le Corbusier. Très longtemps délaissé et source de conflits entre locaux, promoteurs immobiliers et urbanistes, ce quartier est aujourd'hui le lieu de prédilection de certain·e·s artistes et mouvements *underground* de Séoul, sous l'impulsion d'une nouvelle politique urbaine moins destructrice. Le lieu fut peu à peu réaménagé pour devenir un centre culturel, artistique et artisanal moderne et l'on trouve aux alentours d'anciennes usines réaménagées en bars ainsi que des ateliers d'artisans. Certains vieux restaurants restent cependant des institutions et continuent à faire vivre l'ambiance ouvrière du quartier.

Idée lecture : pour en savoir plus sur Sewoon Arcade, vous pouvez consulter *Urbanités coréennes* (Atelier des Cahiers, 2017).

24. Village traditionnel de Namsan
남산골한옥마을

Village traditionnel

🏠 28 Toegye-ro 34-gil, Jung-gu
📱 +82 2-2261-0517
🕓 Lun-sam 9h-21h

Le village traditionnel de Namsan est un ensemble de *hanok* extrêmement bien préservés. Profitez de votre passage à Myeongdong pour aller vous balader dans les petites allées de ces demeures de la période du Joseon (1392-1910) déplacées ici pour conservation. De nombreuses activités sont organisées tous les week-ends, tels que des initiations au tir à l'arc, des séances photos avec vêtements traditionnels *hanbok* 한복 ou des mariages traditionnels. Renseignez-vous également sur les activités plus ponctuelles tels que le marché de nuit du village ou les pique-niques nocturnes.

L'expérience en + : participez au Sontag Ball, banquet mondain immersif dans le Namsan des années 1900, organisé au sein du Namsan Gukakdang ! (50 000 wons par personne).

9. Itaewon et Haebangchon

Le quartier d'Itaewon est le quartier international de Séoul. Proche de la **base militaire américaine**, qui était également la base militaire japonaise au début du siècle dernier, et du musée de la guerre de Corée, les commerces et restaurants qui s'y sont développés sont principalement destinés aux étranger·ère·s vivant ou visitant Séoul. Vous y trouverez notamment des médecins anglophones, des magasins vendant des denrées étrangères, et la grande **mosquée de Séoul**.

Mais ne vous arrêtez pas à la très populaire rue des bars d'Itaewon ! L'ancienne *veggie street*, **Gyeongridan** 경리단 (prononcée Gyeongnidan), regorge de restaurants branchés, de bars à bières, de bars dansants et de charmants *rooftops*... Itaewon est également un centre culturel : on y trouve des salles de spectacles et musées, mais également une scène *underground* dynamique, notamment avec le milieu *drag* et *queer*, dans les bars de **Gay Hill.**

Si vous aimez les vues inoubliables, Itaewon vous permet d'accéder bien sûr aux chemins de randonnée de la montagne **Namsan**, et pourquoi pas de rejoindre la **Seoul N Tower**, mais également la montagne **Maebongsan**, qui offre une magnifique vue sur la rivière Han et les buildings illuminés de Gangnam. Le quartier au faîte de la colline devant la mosquée est en pleine gentrification et propose des bars branchés avec des vues à 360° imprenables depuis leurs toits-terrasses.
On vous garantit que vous ne vous ennuierez pas une seconde !

PRENDRE UN VERRE

1. 232 Seoul
232 서울

Bar ₩₩

🏠 232 Itaewon-ro, Yongsan-gu
📱 +82 2-749-0232
🕓 Lun-jeu 18h-2h, ven 18h-4h, sam 13h-4h, dim 13h-2h
🔗 www.instagram.com/232seoul/

Bar vintage prisé du quartier d'Itaewon avec comptoir en bois sculpté et canapés confortables, le 232 Seoul donne l'impression d'être dans un bar des années 1960. On y diffuse de la musique soul, funk et hip-hop et on y sert des cocktails aux noms étranges tels que le Vampire Zombie.

Le petit + : les lasagnes et plats de pâtes sont succulents !

2. Cakeshop
케이크샵

Club ₩

🏠 134 Itaewon-ro, Yongsan-gu (sous-sol)
📱 +82 10-7444-1926
🕓 Ven-sam 22h-5h
🔗 http://www.cakeshopseoul.com/

Club *underground* très réputé du quartier d'Itaewon, qui propose des soirées hip-hop, funk et R&B et accueille chaque semaine des DJ coréen·ne·s et internationaux·ales.

Le petit + : la superbe vue de nuit depuis la terrasse à l'étage.

3. Damotori H
다모토리 히읗

Bar ₩

🏠 31 Sinheung-ro, Yongsan-gu
📱 +82 70-8950-8362
🕓 Lun-jeu 18h-1h, ven-sam 18h-2h

Excellent bar du quartier de Haebangchon qui sert tous les types de *makgeolli* (alcool de riz non filtré) possibles, servis avec des *pajeon* ou galettes. Le lieu est notamment célèbre pour ses *samplers*, 5 petits verres de différents *makgeolli* pour seulement 2 000 wons.

4. Dirty Rose Club
더티로즈클럽

Club ₩

🏠 11 Itaewon-ro 20ga-gil, Yongsan-gu
📱 +82 2-7041-1250
🕓 Mer-jeu-dim 20h-4h, ven-sam 20h-5h

Autre bar branché du quartier d'Itaewon, le Dirty Rose Club est le lieu de rendez-vous de nombreux·euses artistes locaux·ales depuis son ouverture en 2017. L'ambiance est conviviale et détendue et on peut parfois y assister à des concerts de musicien·ne·s locaux·ales et participer aux occasionnels marchés aux puces et *pop-up stores* qui y sont organisés.

5. XII - Twelve
트웰브해방촌

Bar ₩₩

🏠 54 sinheung-ro, Yongsan-gu
📱 +82 507-1327-9693
🕓 Tlj. 19h-3h
🔗 www.instagram.com/twelve_hbc/

Bar sophistiqué du quartier d'Itaewon, vous y trouverez une carte des whiskys dignes des plus grands lounge, le tout dans une ambiance tamisée et privative comme celle d'un décor de cinéma. Attention, les places sont limitées avec une douzaine de sièges disponibles.

6. Mmm Records
음레코드

Bar vintage ₩₩

🏠 145 Usadan-ro 10-gil, Yongsan-gu

+82 70-4001-0625
Lun-jeu 15h-minuit, ven 15h-1h, sam 12h-1h, dim 12h-minuit
www.instagram.com/mmmrecords/
Coup de ♥ : perché en haut de Usadan-ro, cette boutique de vinyles d'occasion (une collection impressionnante de plus de 80 000 CD !) et bar branché offre une vue incroyable sur la ville, avec la tour de Namsan à l'ouest et le fleuve Han et les grands buildings de Gangnam au sud. L'intérieur est assez épuré pour laisser la place à la musique et à la vue.

7. Queen
퀸

Club LGBT ₩

7 Usadan-ro 12-gil, Yongsan-gu
+82 50-6770-7430
Ven-sam 22h30-6h
Queen est l'un des club gays les plus célèbres de la ville, connu pour son ambiance inégalable : si vous cherchez un lieu pour faire la fête jusqu'au petit matin, voici votre destination !

8. Seoul Brewery
서울브루어리

Bar à bières ₩₩

18 Hannam-daero 18-gil, Yongsan-gu (1e étage)
+82 507-1328-0915
Lun-ven 18h-minuit, sam 13h-minuit, dim 13h-23h
Micro-brasserie locale au décor industriel qui sert d'excellentes bières pression. Le *staff* est très accueillant et parle très bien anglais.
Le petit + : la quiche maison, une recette française revisitée !

9. Southside Parlor
사우스사이드팔러

Bar à cocktails ₩₩

218 Noksapyeong-daero, Yongsan-gu (3e étage)
+82 2-749-9522
Dim-jeu 18h-minuit, ven-sam 18h-2h (fermé le lundi)
www.instagram.com/southsideparlor/
Bar à cocktails ouvert par trois Texans en 2013, ce lieu est l'un des hauts-lieux de la vie nocturne à Gyeongridan. Lounge à l'américaine avec canapé en cuir, jeux de fléchettes et comptoir en bois laqué, l'endroit est parfait pour une soirée décontractée et la terrasse offre une très jolie vue sur le quartier.

10. Speakesy Mortar
스피크이지 몰타르

Bar à cocktails ₩

73-4 Dokseodang-ro, Yongsan-gu
+82 70-4288-7168
Lun-jeu et sam 20h-2h, ven 20h-4h
Bar sophistiqué du quartier déjà chic de Hannam-dong, spécialisé notamment dans les whiskys de qualité. L'entrée est assez sélective puisqu'il vous faut toquer et être examiné·e·s à travers le judas avant d'être "accepté·e·s". Une expérience dans les milieux huppés de Hannam-dong.

11. The Booth
더부스 경리단점

Bar à bières ₩₩

7 Noksapyeong-daero 54-gil, Yongsan-gu
+82 1544-4723
Lun-ven 15h-minuit, sam 12h30-minuit, dim 12h30-23h
www.instagram.com/thebooth_gyeonglidan/
Brasserie jeune et branchée qui propose une excellente sélection de bières et de délicieuses pizzas. Les murs décorés avec tags et éléments de *street*

art et les tables construites à base de cagettes recyclées donnent une atmosphère colorée et conviviale au lieu.

12. The Royal Food and Drink
더로열푸드앤드링크

Pub gastronomique ₩₩

37 Sinheung-ro 20-gil, Yongsan-gu
+82 70-7774-4168
Tlj. 10h-22h
www.instagram.com/theroyalfad/

Pub au décor industriel qui fait également café en journée et propose des assiettes parfaites pour un brunch.

Le petit + : la vue sur Namsan depuis le *rooftop*, une des meilleures de Séoul !

13. Woori Super
우리슈퍼

Bar à bières ₩

234 Noksapyeong-daero, Yongsan-gu
+82 2-798-7367
Tlj. 22h-2h

Supermarché spécialisé dans les bières importées, très fréquenté dans le quartier. Vous pourrez vous asseoir autour d'une table en plastique bleue, typique des bars sauvages à la coréenne, et profiter de l'ambiance jeune et conviviale de la rue.

LES PETITES PAUSES !

14. Anthracite Coffee Roasters
앤트러사이트 한남점

Café ₩

240 Itaewon-ro, Yongsan-gu
+82 2-322-7009
Lun-jeu 9h-22h, ven 9h-23h, sam-dim 10h-23h

Lieu branché situé sur la rue principale d'Itaewon, très célèbre pour la qualité de son café. On y sert également des cannelés, madeleines et viennoiseries maison, qui en font l'un des cafés les plus appréciés du quartier.

15. Orang Orang
오랑오랑

Café ₩₩

26-14 Sowol-ro 20-gil, Yongsan-gu
+82 2-3789-7007
Tlj. 11h-21h
www.instagram.com/orangorangcoffee/

Spécialisé dans le café artisanal, cet établissement, logé dans le quartier rénové du marché de Sinheung est un must pour tou.te.s les amateur.ice.s de café de qualité ! Dans un décor un peu *old school* semi-industriel, vous pourrez admirer la Seoul Tower tout un dégustant le tiramisu signature de la maison.

16. Cafe Tape
테이프

Café ₩₩

21, Itaewon-ro 14-gil, Yongsan-gu (1er étage)
+82 507 1419-5608
Dim-jeu 12h-minuit, ven-sam 12h-1h
www.instagram.com/tapeseoul/

Café spécialisé dans les *space cakes* : gâteaux thématiques en rapport avec l'espace. Non seulement ces gâteaux sont un régal, mais ils sont magnifiques ! Prenez les escaliers en fer et entrez dans ce café au décor épuré et futuriste pour une expérience culinaire hors du commun.

17. Everything but the hero

Café ₩₩

62 Hoenamu-ro, Yongsan-gu
+82 2-792-7909
Tlj. 11h-23h

Ce café et salon de thé sert de nombreuses pâtisseries au design travaillé, comme des éclairs au chocolat ou des macarons. Ce café à l'intérieur sophistiqué et épuré est célèbre, en particulier parce qu'il est géré par le frère de l'acteur et modèle renommé Zo In-sung. Attention : le lieu est situé en hauteur sur les pentes de Hoenamu-ro, prenez de bonnes chaussures ou un taxi !

18. Laundry Project
런드리프로젝트

Café - laverie ₩

🏠 78 Sinheung-ro, Yongsan-gu
📱 +82 2-6405-8488
🕓 Lun-ven 10h-22h (mar ouverture à 13h), sam-dim 10h-23h
🔗 www.instagram.com/laundryproject/
Coup de ♥ : Laundry project est le premier projet de café-laverie écologique de Séoul, très populaire chez les jeunes du quartier. Le concept : "Wash your worries away". Relaxez-vous autour d'une bière pendant que votre linge se lave (avec des produits écologiques) !

19. Pâtisserie Kervan
케르반 베이커리

Pâtisserie

🏠 208 Itaewon-ro, Yongsan-gu
📱 +82 2-790-5585
🕓 Lun-ven 9h-minuit, sam-dim 9h-1h
La boulangerie-pâtisserie Kervan sert des desserts turcs tels que des baklava, du pudding, ou de la confiture traditionnelle.

20. Plant Café & Kitchen

Café végan ₩

🏠 117 Bogwang-ro, Yongsan-gu (1er étage)
📱 +82 2-749-1981
🕓 Lun-sam 11h-22h
🔗 www.instagram.com/plantcafeseoul/
Coup de ♥ : star des restaurants et café végans de la ville, Plant sert de nombreux plats et boissons à base de plantes et de graines pour un résultat fantastique. Le décor et l'atmosphère du café sont très agréables et le *staff* très accueillant.

21. Saru
카페 사루

Café ₩

🏠 6-3 Hoenamu-ro 28-gil, Yongsan-gu
📱 +82 2-792-0999
🕓 Mar-jeu 12h-22h, ven-sam 12h-23h, dim 12h-22h
Café qui propose des boissons, snacks et plats autour du thème des fleurs dans un décor cosy et branché.

SE RESTAURER

22. Morococo Café
모로코코 카페

Cuisine marocaine ₩₩

🏠 34 Sinheung-ro, Yongsan-gu
📱 +82 2-794-8367
🕓 Mar-dim 12h-22h
Situé en face de la sandwicherie Casablanca, ce restaurant est un des lieux *in* du quartier. Décor branché méditerranéen, prix abordables, vins pas chers, et plats délicieux. Tout ce qu'il faut pour passer un repas agréable !

23. Bada Sikdang
바다식당

Cuisine coréenne ₩₩

🏠 18 Itaewon-ro 49-gil, Yongsan-gu
📱 +82 2-795-1317
🕓 Tlj. 11h30-22h (fermé les 1er et 3e lundi du mois)
Lieu célèbre pour son « ragoût militaire » ou ragoût Johnson qui, contrairement à la recette habituelle du *budae*

jjigae, n'est pas fait à base de kimchi et contient du fromage. Les gérants utilisent cette recette depuis plus de 45 ans et ont attiré de nombreux·euses visiteur·euse·s, comme l'indique les autographes disséminés çà et là sur les murs.

24. Eid

이드

Cuisine coréenne ₩

🏠 67 Usadan-ro 10-gil, Yongsan-gu

📱 +82 70-8899-8210

🕓 Tlj.12h-21h

Restaurant de cuisine coréenne du quartier d'Itaewon qui propose d'excellentes recettes *halal* de plats coréens traditionnels revisités comme le *bibimbab* ou le *bulgogi*.

25. N'Grill

엔그릴

Cuisine gastronomique ₩₩₩₩

🏠 105 Namsangongwon-gil, Yongsan-gu (6e étage)

📱 +82 2-3455-9297

🕓 Lun-ven 11h-16h / 17h-23h (service continu le weekend)

N'Grill est un restaurant haut de gamme, situé au cinquième étage de la tour de Namsan où officie le chef étoilé Duncan Robertson. Il offre une magnifique vue panoramique sur la ville de Séoul, grâce à une rotation autour de l'axe de la tour (deux heures par rotation). Le restaurant étant très prisé, pensez à réserver !

26. Parc

파르크

Cuisine coréenne ₩₩

🏠 26-5 Itaewon-ro 55ga-gil, Yongsan-gu

📱 +82 2-792-2022

🕓 Mar-jeu, dim 11h30-15h30 / 17h30-22h, ven-sam 11h30-15h30 / 17h30-23h

🔗 www.instagram.com/parcseoul/

Restaurant branché de Hannam-dong spécialisé dans la cuisine traditionnelle coréenne, aux recettes héritées de la mère du propriétaire, qui propose un équilibre entre modernité et authenticité. Le résultat est un décor cosy et naturel et une cuisine bon marché, savoureuse et colorée.

27. Sandwicherie Casablanca

카사블랑카 샌드위치

Cuisine marocaine ₩

🏠 35-4 Sinheung-ro, Yongsan-gu

📱 +82 2-797-8367

🕓 Mar-dim 12h-22h

Restaurant réputé du quartier qui sert des spécialités marocaines revisitées. Les sandwichs sont délicieux et l'ambiance très conviviale.

28. La Ferme

라페름

Brunch ₩

🏠 32 Itaewon-ro 54-gil, Yongsan-gu

📱 +82 507-1410-6685

🕓 Tlj. 11h30-15h, 16h-20h30

🔗 www.instagram.com/_la_ferme/

Restaurant healthy spécialisé dans les salades et burgers et sandwiches originaux. La déco boisée et les grandes plantes créent un décor de forêt très agréable. Parfait pour un brunch entre ami.e.s !

Sans oublier **La Planque** et le **Bistro Namsan**, présentés page 79-80.

ITAEWON

Huam-ro
Duteopbawi-ro
Duteopbawi-ro
Sowol-ro
Noksapyeong-daero 58-gil
Sinheung-ro
Hoenamu-ro
Itaewon-ro
Itaewon-ro
Noksapyeong-daero
Garnison américaine de Yongsan
HAEBANGCHON
MÉMORIAL DE LA GUERRE DE CORÉE
Noksapyeong
12
29
18
15
5
3
27
22
11
38
13
21
9
32
31
2
16
Rue / Quartier à visiter
Restaurant
Bar
Café / Salon de thé
Culturel
Shopping
Activité
Hôtel / Guesthouse
Sport
Information
Bus / Métro
Banque

25
Beotigogae
JARDIN BOTANIQUE
DE NAMSAN
MONTAGNE
MAEBONGSAN
37
CU
Gyeongridan-gil
17
BLUE SQUARE
30
Hangangjin
MUSÉE LEEUM
36
28
26
23
14
1
Centre
d'information
touristique
Hôtel
Hamilton
19
33
Itaewon
34
35
4
Bars transgenres
Gay Hill
GS25
20
24
Usodan-ro
Bogwan-ro
7
6
Hannam-daero
8
10
Deokseodang-ro

BONS PLANS ET ACTIVITÉS ALTERNATIVES

29. Bibliothèque publique de Namsan
남산도서관

Bibliothèque

🏠 109 Sowol-ro, Yongsan-gu
📱 +82 2-754-7338
🕓 Lun-ven 9h-22h, sam-dim 9h-17h

La bibliothèque municipale de Namsan est en activité depuis 1922. L'entrée est gratuite et vous y trouverez de nombreux étudiant·e·s jusqu'à la fermeture. C'est l'endroit idéal pour se concentrer et vous y trouverez également de nombreux livres de coréen à la section « langage ». Il s'agit également du lieu de tournage de plusieurs séries coréennes dont *Hip Hop King* (2019), *One Spring Night* (2019) et *Encounter* (2018-19).

Le petit + : vous trouverez également une cantine au rez-de-chaussée qui propose des repas très peu chers pour les étudiant·e·s qui viennent travailler en journée.

30. Blue Square
블루스퀘어

Salle de spectacle

🏠 294 Itaewon-ro, Yongsan-gu
📱 +82 1544-1591
🔗 http://www.bluesquare.kr/
http://www.globalinterpark.com/main/main#

Ouverte en 2011, Blue Square est l'une des plus grandes salles de spectacles de Corée. Vous pourrez y assister à des concerts, comédies musicales et pièces de théâtre. On y trouve également une impressionnante bibliothèque.

31. Centre Sportif de Yongsan
용산구문화체육센터

Centre sportif

🏠 350 Baekbeom-ro, Yongsan-gu
📱 + 82 2-707-2494
🕓 Lun-ven 6h-22h, sam 6h-18h, 2e et 4e dim du mois 10h-17h

Centre sportif de l'arrondissement de Yongsan, accessible à toute personne munie d'un titre de séjour (carte de résident). On y trouve des terrains de sport, une piscine ainsi qu'une salle de fitness. Pour profiter des équipements sportifs, il faut contacter le centre par téléphone et suivre la procédure d'inscription (mieux vaut maîtriser un peu le coréen ou être accompagné·e).

32. Itaewon Foreign Book Store
포린북스토어

Librairie d'occasion

🏠 208 Noksapyeong-daero, Yongsan-gu
📱 +82 2-793-8249
🕓 Lun-ven 11h-20h

Librairie de livres d'occasion en anglais, coréen et parfois français, alignés du sol au plafond, le paradis pour les amateur·trice·s de littérature.

34. Marché des escaliers d'Usadan
이태원 계단장

Shopping

Station Itaewon (ligne 6), sortie 3, direction Usadan-gil (vers la mosquée)
🕓 (Mars-oct) Sam 10h-18h

Marché aux puces assez original qui est situé sur les escaliers qui mènent en haut de la colline d'Itaewon. Chaque weekend, une soixantaine d'artistes se regroupent ainsi au coeur d'Itaewon pour exposer leurs travaux (bijoux, toiles, vêtements). Les habitant·e·s du quartier se baladent le long des échoppes et s'arrêtent parfois aux terrasses des cafés et bars alentour..

35. Mosquée centrale de Séoul
한국이슬람중앙회 서울중앙성원

Lieu de culte

🏠 39 Usadan-ro 10-gil, Yongsan-gu
📱 +82 2-793-6908
🕓 Horaires de prière indiqués sur le site
🔗 http://www.koreaislam.org/en/mainpage/

La mosquée centrale de Séoul est ouverte aux visiteur·euse·s et aux fidèles. Le rez-de-chaussée est également le bureau de la Fédération musulmane de Corée. Le deuxième étage est consacré au *musalla* des hommes et le troisième étage au *musalla* des femmes.

36. Musée Leeum
삼성리움미술관

Musée

🏠 60-16 Itaewon-ro 55-gil, Yongsan-gu
📱 +82 2-2014-6901
🕓 Mar-dim 10h30-18h
₩ Adultes : 10 000 wons, réduit (7-24 ans, seniors, étudiant·e·s) 5 000 wons et - 6 ans gratuit

Le musée des arts Leeum expose en majorité des œuvres de la collection de Lee Byeong-cheol, ancien président du groupe Samsung. Il a été conçu par trois architectes de renommée internationale : Maria Botta, Jean Nouvel et Rem Koolhaas. Le musée est divisé en plusieurs bâtiments reliés ensemble par un complexe architectural unique. On y trouve d'une part une section consacrée à l'art coréen traditionnel, la calligraphie, la céramique (exceptionnelle !) et le travail du métal, une section destinée à l'art contemporain, coréen et international, ainsi qu'un centre culturel et éducatif pour les plus jeunes. Enfin, on trouve un magnifique jardin au sous-sol du musée. À ne pas manquer !

37. Studio Concrete
스튜디오 콘크리트

Galerie d'art

🏠 162 Hannam-daero, Yongsan-gu
📱 +82 2-794-4095
🕓 Mar-dim 11h-20h
🔗 http://www.studio-ccrt.com/xe/index.php

Galerie d'art gérée par l'acteur Yoo Ah-in, Studio Concrete est le nom d'un collectif d'artistes formé dans les années 1980. On peut y assister à des expositions gratuites d'artistes coréens et internationaux.

38. Vegan Space

Shopping

🏠 7 Sinheung-ro 2ga, Yongsan-gu
📱 +82 10-4423-1945
🕓 Mar-ven 12h-21h, sam-dim 12h-19h
🔗 https://veganspace.co.kr/

Coup de ♥ : première épicerie entièrement végan de Corée, vous y trouverez tout ce vous ne trouvez pas ailleurs ! Le gérant est toujours au courant des dernières tendances et adapte ses produits en fonction.

COMMUNAUTÉ LGBTQI+

La question de l'orientation sexuelle et de l'identité de genre est encore relativement taboue en Corée du Sud. L'homosexualité n'est pas officiellement reconnue ni mentionnée dans la loi, même si l'article 31 de la loi de la Commission nationale des droits humains stipule qu' « aucune personne ne peut être victime de discrimination en raison de son orientation sexuelle ». En outre, le mariage de personnes de même sexe ou toute autre forme d'union légale ne sont pas autorisés. Les relations homosexuelles sont prohibées dans le cadre de l'armée et peuvent engendrer jusqu'à 2 ans de prison. En dehors de l'armée, l'homosexualité n'est pas pénalisée, mais la grande majorité choisit de rester discrète hors de la communauté LGBTQI+. De même, les personnes transgenres sont très peu acceptées par la société et font face à de nombreuses discriminations, malgré l'autorisation légale de changement de sexe et l'autorisation de chirurgie après l'âge de 20 ans.

Les jeunes générations et les personnes internationalisées sont de plus en plus sensibilisées à ce sujet, et font progresser l'image des personnes homosexuelles auprès du grand public. Ainsi, plusieurs quartiers et lieux sont connus en Corée du Sud pour être *LGBTQI+-friendly*. Tout d'abord, à Itaewon, *gay-hill* est une rue où les bars et boîtes de nuit sont fréquentés par la communauté LGBTQI+. À Jongno, on trouve également des bars gays, un peu plus calmes que les clubs traditionnels d'Itaewon, notamment autour de Donhwamun-ro. Jongno avait la réputation d'être moins accueillant envers les non-Coréen·ne·s, ce qui n'est plus vrai aujourd'hui. La proximité d'Itaewon et des quartiers étrangers a beaucoup influencé la fréquentation des bars LGBTQI+, mais si l'on sort en général à Itaewon pour faire la fête et danser, Jongno est connu pour ses bars plus « chics » (pour certains !) et ses atmosphères plus conviviales où l'on se rend plus pour socialiser autour d'un verre. Comme partout, pour la drague et les rencontres, cela se passe surtout sur les applications comme Grinder, Gayromeo et particulièrement Jack'D.

N'hésitez pas à vous rendre aux adresses conseillées (quartier City Hall), même si vous n'êtes pas de la communauté : les *pojangmacha* ou bars de rue gays de Jongno sont devenus un lieu unique où boire toute la nuit. Enfin, si vous cherchez des **bars et clubs lesbiens**, nous vous recommandons de contacter d'abord le groupe **Seoul Sisters** (ex Sappho, seoulsisters@groups.queernet.org), **Queer-LGBTQIA* Korean Diaspora in Seoul** (pour les Gyopo et adopté.e.s) ou **AQA** (Asian & African diaspora - Queer Adoptees, kimpogirl@yahoo.com). En effet, la plupart des bars se trouvaient à Hongdae, mais beaucoup ont fermé ou déménagé.

Zoom sur : le Festival de la culture Queer

Tous les ans aux mois de juin/juillet a lieu la *Seoul Pride Parade,* dans le cadre du Festival de la Culture Queer, dont le cortège débute à l'Hôtel de ville. Tout un circuit est organisé et protégé par la police de la ville. Sur la place de l'Hôtel de ville, une scène est généralement dressée avec des concerts et des interventions en coréen. De nombreux stands entourent la place : associations d'étudiant·e·s, de parents, associations religieuses, organisations internationales, grandes marques... Tous distribuent des goodies aux couleurs de l'arc-en-ciel tout en essayant de sensibiliser le grand public aux droits LGBTQI+. Une « contre-manifestation » a souvent lieu au même endroit, mais la sécurité est très bien organisée.

THE KOREAN DREAM

@Thekoreandream1

Jake - The Korean Dream
thekoreandreamfr

https://www.thekoreandream.fr/

@thekoreandreamfr

Jake est un voyageur. Avant d'arriver en Corée, il a vécu en France, en Chine, au Royaume-Uni, aux États-Unis... Et c'est finalement par un voyage touristique qu'il a découvert la Corée, il y a sept ans. Cette première expérience lui a laissé une si bonne impression qu'en 2015 il s'est définitivement installé en Corée, où il travaille en tant que business developer dans une start-up coréenne.

2015, c'est aussi l'année de lancement de son blog The Korean Dream (https://www.thekoreandream.fr), qui a rapidement été suivi d'une page Facebook, d'un compte Instagram, et d'une chaîne YouTube. Sur ce blog, vous trouverez tout : comment faire du ski en Corée, quelles sont les coiffures coréennes tendance ou le budget prévisionnel d'un roadtrip en Corée.

Jake est surtout l'homme qu'il vous faut si vous aimez bien manger et sortir à Séoul ! Il a récemment réalisé un ebook de ses restaurants préférés. Allez jeter un œil sur son blog !

Incollable sur les derniers bars branchés, il vous emmènera dans des endroits loin des sentiers battus touristiques. Suivez-le pour vivre une nuit inoubliable dans le quartier très international d'Itaewon !

UNE SOIRÉE AVEC JAKE : ITAEWON BY NIGHT!

Jake est l'homme de la nuit, suivez-le pour une soirée dans les lieux les plus branchés d'Itaewon !

1. Itaewon The Gogitjib
이태원더고깃집

₩₩

9-4 Itaewon-ro 19-gil, Itaewon-dong, Yongsan-gu
+82 2-3785-0514
lun-jeu 16h-minuit/ ven-sam 16h-2h/ dim 16h-23h
« Un barbecue de porc et de bœuf illimité pas trop cher, parfait pour débuter la soirée. »

2. Thursday party
썰스데이파티

₩

6 Itaewon-ro 27-gil, Itaewon 1-dong, Yongsan-gu
+82 2-790-4222
Lun-jeu 19h-4h / Ven-sam 18h-5h
« C'est le bar où commencer votre soirée. Dans une ambiance jeune et décontractée, vous pourrez savourer de bons cocktails vraiment pas chers. »

3. Prost
프로스트

₩₩

26 Itaewon-ro 27ga-gil, Itaewon-dong, Yongsan-gu
+82 2-796-6854
lun-mar 18h-3h30, mer 18h-4h, jeu 18h-4h30, ven 18h-5h30, sam 16h-5h30, dim 16h-4h
https://www.prostseoul.com
« Le Prost est un bar un peu plus huppé, où vous pourrez rencontrer du beau monde. »

4. Fountain
더 파운틴

₩₩

16-5 Itaewon-ro 23-gil, Itaewon-dong, Yongsan-gu
+82 50-71415-8813
dim-mer 18h-3h, jeu-sam 18h-6h
« Mon bar préféré, superbe ambiance, beaucoup de monde et il y a même des jeux d'arcades et une pizzeria. »

5. Casa Corona Seoul Rooftop
카사 코로나

₩₩

7 Bogwang-ro 60-gil, Itaewon-dong, Yongsan-gu
+82 70-4105-2234
lun-jeu 18h-2h, ven 18h-3h30, sam 15h-3h30, dim 15h-2h
https://casacoronaseoul.com/ko/
www.instagram.com/casacorona-seoul/?hl=ko /
« Le bar parfait en cas de beau temps : l'ambiance y est toujours bonne, et vous pourrez même profiter de la douceur de la nuit sur un beau rooftop. »

6. Soap
소프

₩₩

14-9 Bogwang-ro 60-gil, Itaewon-dong, Yongsan-gu
+82 70-4457-6860
jeu-sam 22h-5h
https://soapseoul.com
www.instagram.com/soapseoul/
« Le bar branché où terminer vos soirées. Les DJ y sont toujours bons et cette boîte est réputée pour ses soirées hip-hop. Allez faire un tour sur leur site (en anglais) pour voir le programme ! »

Itinéraire JAKE

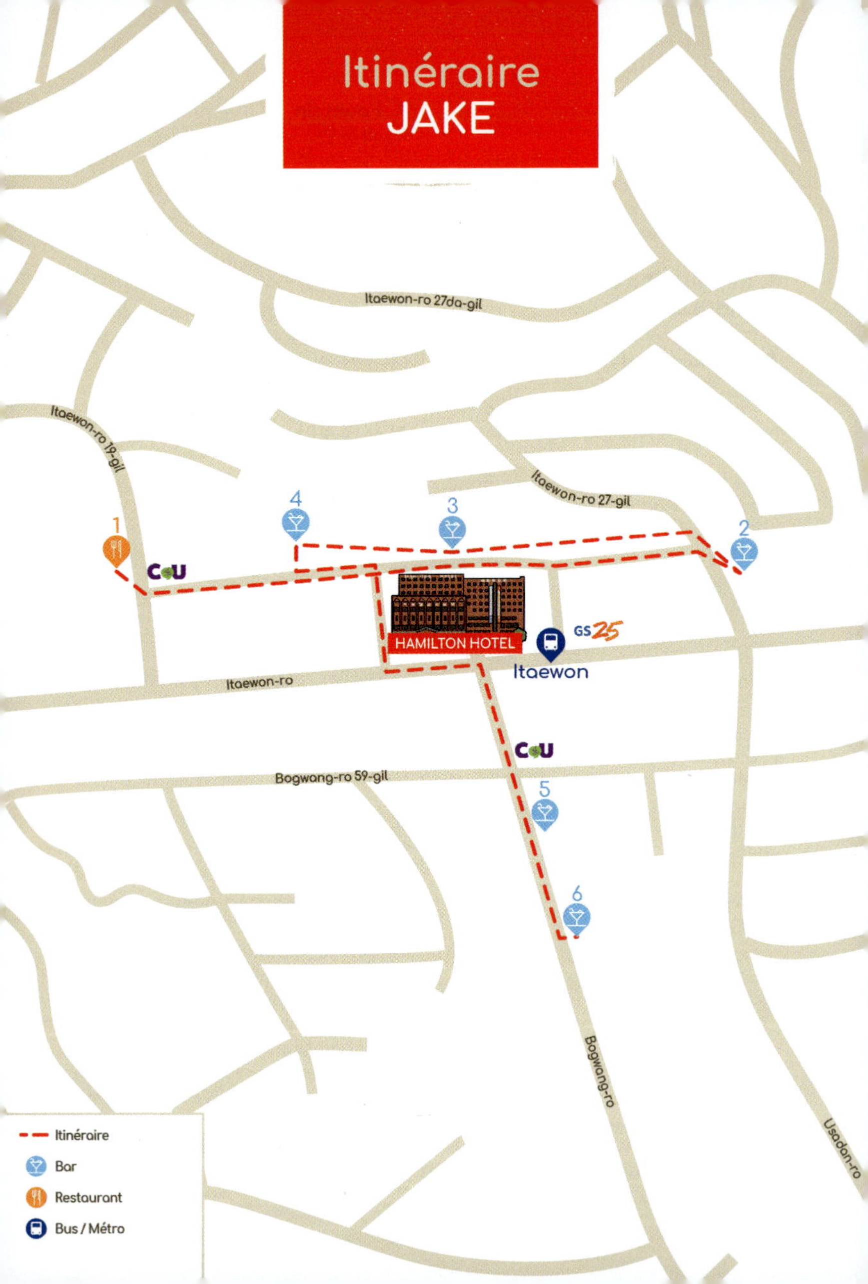

10. Ewha, Seodaemun et Sinchon

Ce quartier est le QG de nombreux·euse·s étudiant·e·s ! Situé entre quatre importantes universités du pays (Yonsei, Ewha, Sogang et Hongik), il propose de nombreux logements à bas coûts pour les étudiant·e·s coréen·ne·s et internationaux·ales. On y trouve ainsi de nombreux cafés, petits restaurants et bars branchés. Les karaokés, salles de jeux et magasins bon marché y feront votre bonheur !

Le quartier est célèbre auprès des amoureux d'architecture. En effet, **le nouveau bâtiment d'entrée de l'université d'Ewha** 이화대학교, achevé en 2008, a été imaginé et réalisé par l'architecte français Dominique Perrault. Cherchez les *rooftops* aux alentours, vous aurez une vue imprenable sur l'escalier et les amphithéâtres enterrés !

Plus au nord, visitez la montagne Ansan et les monuments qui l'entourent pour une petite balade culturelle : en partant de **Dongnimmun** 독립문, porte historique inspirée de l'Arc de Triomphe parisien, faites un tour par la célèbre **prison de Seodaemun** et baladez-vous dans le **parc de l'Indépendance**. Amateur·trice·s d'histoire, rendez-vous de l'autre côté de la montagne pour visiter le **musée d'Histoire naturelle de Seodaemun**, premier du pays en son genre.

Enfin, pour un peu d'air pur, grimpez par le **chemin Ansan jarak-gil** et profitez du calme religieux du **temple Bongwonsa**. Éloigné des centres touristiques, ce temple juché au sommet de la montagne vous offre de très jolis paysages.

PRENDRE UN VERRE

1. Thinking Inside the Box
씽킹인사이드더박스

Bar à cocktails ₩

🏠 20 Yonsei-ro 12-gil, Seodaemun-gu
📱 +82 2-312-3812
🕓 Tlj. 17h-2h
🔗 www.instagram.com/thinkinginsidethebox1/

Bar à cocktails emblématique du quartier des facultés de Yonsei et Ewha, vous y trouverez une ambiance étudiante chaleureuse et cosy. Choix idéal pour des cocktails à prix abordables et une super soirée !

2. Chaek Bar
책바

Bar à thème ₩

🏠 24 Yeonhuimat-ro, Seodaemun-gu
📱 +82 507-1402-5858
🕓 Mar-sam 19h-1h30
🔗 www.instagram.com/chaegbar/

Dans ce bar atypique, le mot d'ordre est "Keep calm and drink a book" ! Trois mots : jazz, cocktails et livres dans ce lieu caché du quartier de Yeonhui-dong. Ne venez pas à plus de trois, l'idée est de trouver un lieu assez calme pour pouvoir se concentrer sur sa lecture dans un environnement agréable.

Le petit + : un espace bibliothèque supplémentaire est caché derrière une étagère qui se soulève quand on appuie sur un bouton, digne d'un film de James Bond !

3. Channel 1969
채널 1969

Bar et salle de concert ₩

🏠 35 Yeonhui-ro, Mapo-gu (sous-sol)
📱 +82 10-5581-1112
🕓 Tlj. 18h-3h (4h les vendredi et samedi)

Bar alternatif à l'ambiance conviviale et salle de concert indie, rock et électro très fréquentée le weekend pour les concerts *live* des dernier·ère·s artistes tendance !

Le petit + : les consommations sont abordables !

4. Air plane mode
에어플레인모드

Café/Bar ₩

🏠 36 Yonsei-ro 4-gil, Seodaemun-gu
📱 +82 10-9185-6553
🕓 Lun-ven 16h-02h. Sam-dim 13h-04h
🔗 www.instagram.com/aplmode_shinchon/

Café la journée, bar la nuit, telle est la devise de ce nouveau bar du quartier de Sinchon. Profitez de la vue sur la terrasse/rooftop en sirotant un café ou un cocktail du jour. La carte est plus que complète et les boissons de bonne qualité !

Le petit + : pour les fans de *K-drama*, il s'agit d'un des lieux de tournage du *drama* Navillera 나빌레라 (2021).

5. Neighborhood Sinchon
네이버후드 신촌

Pub gastronomique ₩₩

🏠 41 Yonsei-ro 7an-gil, Seodaemun-gu
📱 +82 2-336-6004
🕓 Tlj. 17h-1h

Ce pub propose une excellente sélection de bières artisanales locales en pression, issue de la brasserie locale Galmegi, le tout accompagné de pizzas ou de saucisses faites maison ! L'ambiance y est jeune et conviviale et le staff est très sympathique.

6. Paganini
파가니니

Bar ₩₩

🏠 63 Ewhayeodae-gil, Seodaemun-gu (5e étage)

+ 82 2-392-2908
Lun-sam 12h-15h, 18h-2h
Bar agréable proche de l'université Ewha qui, une fois la nuit tombée, offre une très jolie vue sur le quartier. Le bar est meublé de longs canapés en velours capitonné et décoré de reproductions d'œuvres du peintre italien Modigliani.

7. There There Music Pub
데어데어 뮤직펍

Bar musical ₩

33-9 Donggyo-ro 38-gil, Mapo-gu
+82 70-4213-0482
Mar-dim 18h-3h
Coup de ♥ : bar ouvert par Kwon Bum-jun, journaliste et chroniqueur musical pour le magazine *Hot Music*, qui propose une excellente sélection de boissons et la possibilité d'écouter de nombreux titres originaux et de vinyles ! Tous les cocktails sont nommés en l'honneur de chansons et groupes légendaires (Blur, Oasis, Daft Punk, etc.).

8. Village Brewery
빌리지 브루어리

Pub gastronomique ₩₩

34 Yonsei-ro 11-gil, Seodaemun-gu
+82 2-332-1134
Lun-sam 12h-15h / 17h-1h (2h le samedi)
www.instagram.com/sinchon_village/
Pub gastronomique à l'intérieur moderne et épuré et à l'ambiance conviviale. Village Brewery se spécialise dans des mets atypiques tels que les frites à la truffe, le tout accompagné de bières locales de saison. À essayer !

LES PETITES PAUSES !

9. Bottle Factory
보틀팩토리

Café ₩₩

26 Hongyeon-gil, Seodaemun-gu
+82 2-3144-0703
Mar-dim 11h-22h
www.instagram.com/bottle_factory/
Coup de ♥ : ce café zéro déchet et *concept store* est spécialisé dans les pâtisseries et en-cas végétarien·ne·s et propose également des options véganes à base de tempeh, lait de soja, etc. Bien plus qu'un café, vous pouvez également y acheter des livres en rapport avec le mode de vie zéro déchet et des produits naturels sans plastique ! Posez-vous sur la petite table devant la vitrine et regardez les passants en sirotant votre café zéro déchet !

10. Café Dokdabang
독수리다방

Café / salon de thé ₩₩

36 Yonsei-ro, Seodaemun-gu (7e étage)
+82 2-363-1222
Tlj. 10h-minuit (11h le dimanche)
Coup de ♥ : situé près de l'université Yonsei, ce charmant café date des années 1970 et a vu Séoul évoluer au fil des années (les *dabang* 다방 sont les anciens cafés coréens). Doté de nombreuses bibliothèques et espaces de lecture, il a conservé son atmosphère *vintage* et est parfait pour travailler dans le calme à la lumière du jour (situé au 7e étage de l'immeuble). Une autre salle est disponible pour déguster un café et de délicieuses pâtisseries maison entre ami·e·s !

11. Café Vincennes
뱅센느

Salon de thé / Brunch ₩

🏠 41 Yeonhui-ro 11-gil, Seodaemun-gu
📱 +82 2-336-3279
🕓 Mar-ven 11h-21h, sam-dim 10h-21h

Très bon endroit pour bruncher à un prix raisonnable : d'inspiration française, le café sert des omelettes, œufs au plat et pains perdus revisités dans un décor charmant.

12. Chloris
클로리스 카페

Salon de thé ₩₩

🏠 38 Yonsei-ro 4-gil, Seodaemun-gu
📱 +82 2-392-7523
🕓 Tlj. 11h-minuit (13h le dimanche)

Salon de thé d'inspiration XVIIIe siècle français sur le modèle d'un salon de la rue Saint-Michel à Paris, ce lieu au charme désuet est le premier établissement d'une chaîne spécialisée dans les pâtisseries européennes et les thés raffinés. Des nappes fleuries au plafond lambrissé, en passant par le service en porcelaine, le décor est parfaitement réalisé, on s'y croirait !

13. Minerva
미네르바

Café / salon de thé ₩

🏠 18 Myeongmol-gil, Seodaemun-gu
📱 +82 2-3147-1327
🕓 Lun-sam 11h-22h, dim 12h-19h (fermé le premier dimanche du mois)

Ancien café coréen « à l'ancienne » dans les rues étudiantes de Sinchon, ce lieu est réputé auprès des jeunes générations comme des moins jeunes qui y retrouvent un décor familier, meubles et nappes d'époque, odeur et bruits des percolateurs de café, musique d'ambiance. Parfait pour un retour dans le Séoul historique.

14. PeterCat Café
피터캣북카페

Café ₩

🏠 21 Sinchon-ro, Seodaemun-gu
📱 +82 507-1334-3467
🕓 Mar-dim 12h-22h
🔗 www.instagram.com/petercat1212/?hl=ko

Contrairement à ce que suggère son nom, ce café n'est pas un *cat cafe*, mais un petit café-librairie calme, idéal pour une après-midi studieuse.

15. The Bread Blue - Sinchon
더브레드블루 신촌점

Café / boulangerie ₩

🏠 3 Sinchon-ro 12da-gil, Mapo-gu
📱 +82 507-1425-0723
🕓 Tlj. 9h30-22h (21h le weekend)
🔗 www.instagram.com/thebreadblue_official/

Café-boulangerie spécialisé dans les produits végans, ce lieu a l'avantage d'être très peu cher et très bien situé : à deux pas de la promenade aménagée Gyeongui Forest Line Park. Rarement bondé, le café possède une grande salle avec de nombreuses places assises, idéal pour travailler dans le calme.

SE RESTAURER

16. Bahn Seoul
반서울

Cuisine fusion ₩₩

🏠 87 Ewhayeodae-gil, Seodaemun-gu, Seoul (1er étage)
📱 +82 507-1312-0110
🕓 Lun-sam 11h30-15h / 17h-22h
🔗 www.instagram.com/bahn_seoul/?hl=fr

Restaurant de cuisine fusion italo-coréenne. Les plats sont délicieux, très esthétiques et l'atmosphère zen et épurée du restaurant rend l'expérience d'autant plus agréable.

17. Cheolmeum-ui haengjin
젊음의 행진

Cuisine coréenne - Pajeon ₩

🏠 29 Yonsei-ro 9-gil, Seaodaemun-gu

📱 +82 2-3141-0355

🕓 Tlj. 16h-2h

Coup de ♥ : restaurant de *jeon* 전, galette salée coréenne, ce boui-boui à l'atmosphère unique, est une institution du quartier et les plats y sont excellents. Le *makgeolli* est servi à l'ancienne dans des carafes et tasses en laiton et la décoration est on ne peut plus traditionnelle, et vous permettra de découvrir l'ambiance populaire des anciens restaurants du quartier !

18. Daesungjib
대성집

Cuisine coréenne ₩₩

🏠 5 Sajik-ro, Jongno-gu

📱 +82 2-735-4259

🕓 Lun-sam 9h30-21h

Restaurant proche de Dongnimmum recommandé par le guide Michelin, Daesungjib est spécialisé dans la soupe de jarret de boeuf ou *doganitang* 도가니탕, un plat traditionnel coréen, apprécié pour ses vertus médicinales et apaisantes.

19. Doraon Kimsatkat
돌아온 김삿갓

Cuisine coréenne - pajeon ₩

🏠 4 Yonsei-ro 7an-gil, Seodaemun-gu

📱 +82 2-323-7589

🕓 Tlj. 14h-2h

Ce restaurant est un incontournable du quartier. Toujours bondé, il vend les meilleurs *pajeon* 파전 (galettes à la ciboulette et fruits de mer) de Sinchon et offre toujours des promotions très intéressantes (deux *pajeon* pour le prix d'un pendant 1h, etc.). L'intérieur est construit autour de petites tables en îlots de bois, idéaux pour une soirée entre ami·e·s. Pensez à venir assez tôt car le restaurant se remplit très vite !

Le petit + : les nombreuses garnitures offertes (tofu, ramen, salade, etc.).

20. Mokran
목란

Cuisine taïwanaise-coréenne ₩₩

🏠 21 Yeonhuimat-ro 15-gil, Seodamun-gu

📱 +82-2-732-1245

🕓 Mar-dim 11h30-15h, 17h-21H30

Restaurant tenu par le chef coréano-taïwanais Lee Yeon-bok, rendu notamment célèbre par l'émission TV coréenne, *Please Take Care of my Fridge*. Les spécialités sont sino-coréennes, telles que le porc à la sauce aigre-douce ou les côtes de porcs frites, le tout accompagné d'alcools chinois traditionnels d'une grande qualité. Le restaurant est très fréquenté, n'hésitez pas à réserver.

21. Phaedra
훼드라

Cuisine coréenne-nouilles ₩

🏠 32 Yonsei-ro 5-gil, Seodaemun-gu

📱 +82 2-323-3201

🕓 Horaires aléatoires (appeler avant de s'y rendre)

Ce restaurant était le refuge des étudiant·e·s impliqué·e·s dans les manifestations du mouvement démocratique de 1987. La spécialité maison : les «*ramen* gaz lacrymogène». L'intérieur n'a pas changé depuis, mais les horaires d'ouverture sont aléatoires, pensez à appeler avant de vous y rendre !

SINCHON / EWHA / SEODAEMUN

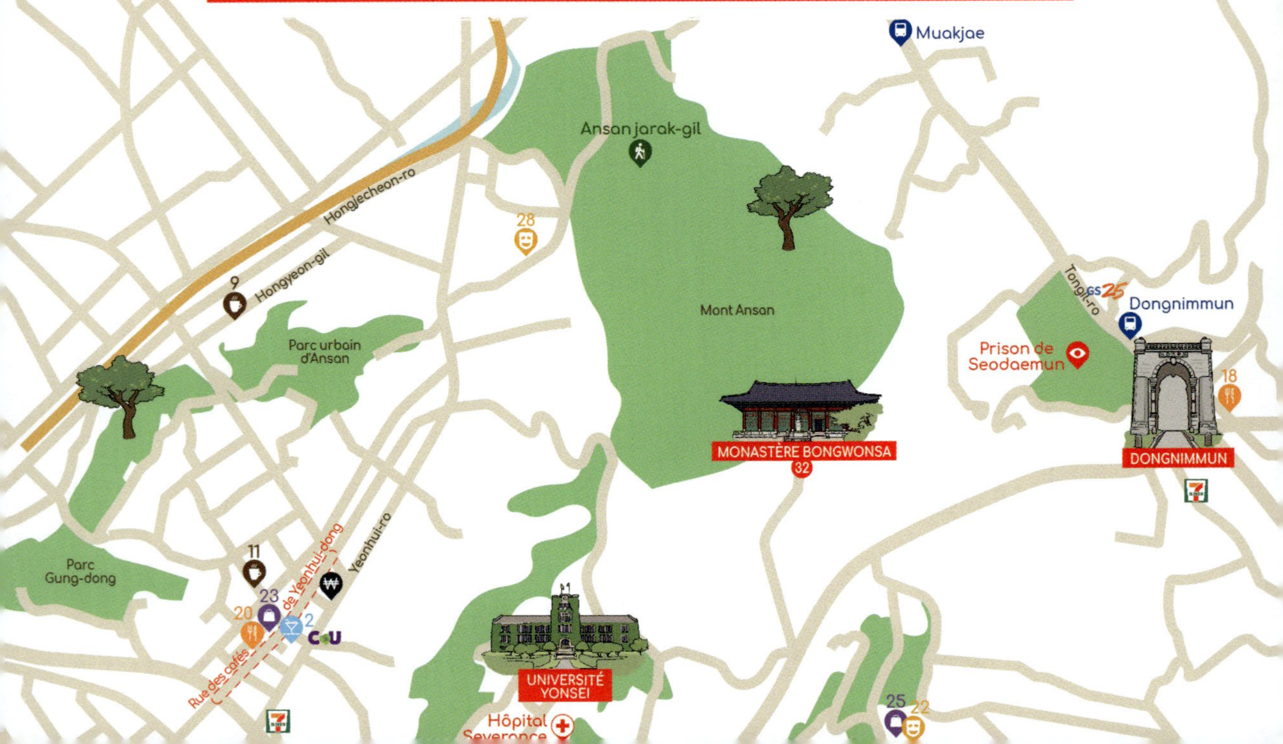

GYEONGUI LINE FOREST PARK
UNIVERSITÉ FÉMININE EWHA
Sinchon
Seongsan-ro
Rue piétonne de Sinchon
Rue commerçante d'Ewha
Hongik University
Sinchon-ro
SINCHON PLAYBUS
Ewha Women's University
Ahyeon
Marché d'Ahyeon
Gyeongui Line Forest Park
Université Hongik
Wausan-ro
Seogang-ro
Sogang University Station
Université Sogang
Gwangheungchang
Daeheung
Dongmak-ro
Daeheung-ro
Gongdeok
Bugahyeon-ro
Rue / Quartier à visiter
Restaurant
Bar
Café / Salon de thé
À voir
Culturel
Shopping
Activité
Balade
Hôpital
Bus / Métro
Université
Banque

LES ACTIVITÉS ET BONS PLANS

22. Art House Momo
아트하우스모모

Cinéma

🏠 52 Ewhayeodae-gil, Seodaemun-gu
📱 +82 2-363-5333
₩ Lun-jeu 9 000 wons, ven-dim 10 000 wons

Cinéma situé au cœur de l'université féminine d'Ewha, ce centre culturel tire avantage de l'architecture si particulière de Dominique Perrault et propose une salle de cinéma située au niveau -3 accessible depuis le rez-de-chaussée. La salle propose des films grand public ainsi que des projections de films indépendants et des projections uniques dans le cadre des programmes culturels de l'université. Fans d'architecture et cinéphiles, voici votre destination !

23. Centre commercial Saruga
사러가 쇼핑센터

Centre commercial

🏠 23 Yeonhuimat-ro, Seodaemun-gu
📱 +82 2-324-1748
🕓 Tlj. 10h-22h

La marque Saruga se spécialise dans les produits de moyenne et haut de gamme, de traiteurs locaux ou importés. Ce lieu est recommandé notamment pour les produits difficiles à trouver dans les supermarchés traditionnels tels que les herbes, certaines graines et légumineuses, et des produits adaptés à certains régimes (végan, hallal, casher, etc.). Si vous avez le mal du pays, rendez-vous à Saruga, vous y trouverez du fromage, du basilic, du thym, de quoi cuisiner français et retrouver le sourire !

24. Kobi Norae Town
코비노래타운신촌점

Noraebang

🏠 12 Yonsei-ro 4-gil, Seodaemun-gu
📱 +82 2-393-6979
🕓 Tlj. 18h-8h
₩ Karaoké 15 000 wons/h, plats entre 23 000 et 25 000 wons

Vous trouverez à Sinchon de nombreux *noraebang* 노래방 ou karaokés, notamment dans la rue des restaurants qui mène à l'université Yonsei. Ils sont tous assez similaires et proposent une très large sélection de chansons internationales, coréennes, japonaises, et même quelques chansons françaises ! Nous vous proposons ici un *noraebang* où vous pourrez également commander à manger et des boissons, pour un prix très abordable. L'un des meilleurs du quartier !

25. Kyobo Ewha
교보문고 이화여대점

Librairie

52 Ewhayeodae-gil,Seodaemun-gu
+82 2-393-1641
Lun-ven 9h-19h, sam 10h-17h
À la recherche de livres pour travailler votre coréen, ou pour remplumer votre bibliothèque ? Rendez-vous à la branche Ewha de la chaîne de librairies Kyobo.

26. Librairie Geulbeot
글벗서점

Livres d'occasion

48 Sinchon-ro, Mapo-gu
+82-2-333-1382
Tlj. 10h30-22h
Ouverte depuis 1979, cette librairie propose une collection importante d'ouvrages étrangers et attire les étudiant·e·s et les résident·e·s étranger·ère·s du quartier.

27. Marché de Dongjin
동진시장

Marché

33 donggyo-ro 46 gil, Mapo-gu
+82 2-325-9559
Jeu 14h-20h30, ven 14h30-20h30, sam-dim 13h-19h
Le marché de Dongjin est le seul marché traditionnel du quartier de Yeonnam-dong. Marché traditionnel le jeudi, Dongjin se transforme en marché de nuit les vendredis à partir de 17h et en marché aux puces le weekend. Vous y trouverez donc de nombreux produits d'artisanat, réalisés par les artistes du quartier !

28. Musée d'Histoire naturelle de Seodaemun
서대문자연사박물관

Musée

1 Yeonhui-ro 32-gil, Seodaemun-gu
+82 2-330-8899
Mar-dim 9h-18h (mar-oct) / 9h-17h (nov-fév), ouvre une heure plus tard le weekend
₩ 19-64 ans 6 000 wons, 13-18 ans 3 000 wons, 7-12 ans 1 000 wons
Établi en 2003, Il s'agit du premier musée d'histoire naturelle de Corée du Sud et le premier musée public du pays. Idéal pour les visites familiales, ce lieu propose beaucoup de visites et d'expositions interactives et adaptées aux enfants.

29. Musée et bibliothèque présidentielle Kim Dae-jung
연세대학교 김대중도서관

Musée

5-26 Sinchon-ro 4-gil, Mapo-gu
+82 2-2123-6890
Lun-ven 10h-17h
Cette bibliotheque créée en 2003 est dédiée à la démocratie, la paix et la réduction des inégalités. Elle fut nommée ainsi en hommage au président sud-coréen et prix Nobel de la paix Kim Dae-jung (1998-2003), qui donna plus de 10 000 livres ainsi que l'argent reçu grâce à son prix, à l'université Yonsei. Vous y trouverez, outre une impressionnante collection de livres et d'articles, plusieurs expositions dédiées à Kim Dae-jung et à la construction de la démocratie et de la paix en Corée du Sud.

30. Queen Live Hall
퀸라이브홀

Salle de concert

🏠 13 Sinchonyeok-ro, Seodaemun-gu
📱 +82 2-313-7777
Salle de concert très fréquentée du quartier aux univers musicaux variés. N'oubliez pas de suivre leur actualité pour découvrir des groupes et artistes de la scène coréenne contemporaine hip hop, jazz et rock. Un *must-go* !

31. Strike Pang
스트라이크팡 신촌점

Salle d'arcade

🏠 23 Myeongmul-gil, Seodaemun-gu
📱 +82 2-1688-0603
🕓 Tlj. 12h-5h
₩ 1 000 wons - 3 000 wons
Strike Pang est le lieu idéal pour vous relaxer et vous libérer de votre stress ! Cette salle d'arcade du quartier vous propose un ensemble de jeux de sports (basketball, fléchettes, course). Choisissez votre jeu, achetez un ticket à l'entrée et commencez à jouer au milieu du brouhaha et des applaudissements des autres joueur·euse·s ! Pour les fans de K-*drama*, il s'agit d'un des lieux de tournage de la série médicale *Doctors*.

32. Temple Bongwonsa
봉원사

Temple

🏠 120 Bongwonsa-gil, Seodaemun-gu
📱 +82 2-392-3007~8
🕓 Selon les évènements du temple
Entrée libre

Situé dans les hauteurs montagneuses derrière l'université Yonsei, Bongwonsa est un temple millénaire, centre spirituel de l'ordre Taego 태고종, second ordre le plus influent du bouddhisme zen coréen. Le chemin pour y parvenir vous éloigne peu à peu de l'agitation urbaine et des grands buildings pour vous mener dans les quartiers en hauteur de la capitale. Le 6 juin chaque année a lieu le *yeongsanjae* 영산제, une cérémonie traditionnelle bouddhiste, inscrite au patrimoine culturel du pays, réalisée pour célébrer la paix et prier pour la réunification du Nord et du Sud de la péninsule.

11. Hongdae et Sangsu

Le quartier de Hongdae tire son nom de la prestigieuse université d'arts Hongik Daehakgyo 홍익대학교. Dans les années 1990, les faibles loyers permettent aux artistes d'installer leurs ateliers aux alentours de l'Université. Les lieux de rencontres des artistes *underground* se sont peu à peu étendus au nord vers Yeonnam-dong et Mangwon-dong et au sud vers Sangsu. Si ces lieux de création sont aujourd'hui devenus des cafés, Hongdae est toujours connu pour ses fresques de rue, ses groupes de musique indépendants qui se produisent dans les clubs et parcs du quartier, et reste un haut lieu de la vie estudiantine séoulite.
À la tombée de la nuit et les weekends, venez profiter de l'ambiance musicale, découvrir des bars et prendre un bain de foule dans les rues bondées !

Entre Hongik, Yeaonnam-dong et Sogang, le nouveau **parc Gyeongui Forest Line** a été aménagé sur une ancienne voie ferrée qui a été enterrée. C'est une coulée verte de pelouses, d'arbres et de ruisseaux. C'est devenu en saison un incontournable pour venir s'y asseoir entre amis et boire un verre (une boutique près du métro Hongik propose une incroyable sélection d'alcools, dont des bières et du vin, et de snacks à emporter). Les ruelles aux alentours regorgent de restaurants et de bars branchés.

C'est aussi le haut lieu du clubbing. Pour vous accompagner dans ce quartier incontournable, nous vous proposons les itinéraires de deux influenceurs, **Togen** **(p. 207)** et **Ophélie** **(p. 211)** !

PRENDRE UN VERRE

1. Alecrew
에일크루

Bar à bières ₩

7 Wausan-ro 37-gil, Mapo-gu
+82-507-1425-8663
Lun-jeu 17h-minuit, ven 17h-1h, sam 15h-1h, dim 14h-minuit
www.instagram.com/alecrew_taphouse/

Bar à bières branché au décor industriel qui sert de nombreuses bières belges et allemandes et de très bonnes pizzas maison.

2. Brown Soul Seoul

Boîte de nuit ₩₩

21 Yanghwa-ro 6-gil, Mapo-gu (sous-sol)
+82 2-3141-2330
Mer et dim 21h-5h, jeu-sam 21h-6h
www.instagram.com/brownsoulseoul/?hl=fr

Excellente boîte de nuit du quartier de Hongdae qui diffuse beaucoup de musique hip-hop, R&B et funk, et programme parfois des artistes de hip-hop coréen·ne·s célèbres. Le cocktail signature du bar est le Brown Shot, parfumé à la cerise.

3. Club Bbang
클럽 빵

Live Music Bar ₩

12 Wausan-ro 29-gil, Mapo-gu
+82 2-6081-1089
Mer-dim 18h-23h

Bar et salle de concert installé dans le quartier depuis 1994, ce lieu est incontournable pour tous les amateur·trice·s de musique *underground*.

4. Claret
클라레

Bar à vin ₩

49 Dokmak-ro 7-gil, Mapo-gu
0507-1415-1985
Tlj. 18h-22h

Petit bar à vin du quartier de Sangsu, ce lieu tendance et très fréquenté par la jeunesse branchée du quartier a notamment été le lieu de tournage des *drama* à succès *Terius Behind Me* (2018); *I'm Not A Robot* (2017-18); *Backflow* (2017-18). Ambiance sophistiquée, carte plutôt complète et canapés en cuir stylés confortables. Que demander de plus ?

5. DGBD
DGBD드럭

Bar / salle de concert ₩

23 Jandari-ro, Mapo-gu
+82 2-322-3792
Tlj. 20h-23h

Ce club, salle de concert légendaire, est le lieu de naissance du punk coréen ou Joseon Punk. Il a vu débuter de grands groupes de K-indie comme Crying Nut ou The Rock Tigers. Aujourd'hui encore, vous y entendrez des artistes très talentueux·euses pour un prix d'entrée de 10 000 wons seulement.

6. Goodneck
굿넥

Bar sportif ₩

10 Donggyo-ro 39-gil, Mapo-gu (sous-sol)
+82 10-9089-3271
Tlj. 14h-1h

Le lieu de rendez-vous de tous les fans de football. Ce bar est dédié TOTALEMENT à Cristiano Ronaldo et au club Manchester United, comme le montre la décoration à base d'écharpes du club, de couvertures de magazines et de photographies du célèbre joueur portugais. Si vous cherchez un lieu pour regarder un match et boire un verre entre ami·e·s, c'est ici !

7. Gopchang Jeongol
곱창전골

Bar et salle de concert ₩

8 Wausan-ro 29-gil, Mapo-gu
+82 2-3143-2284
Tlj. 19h-4h

Bar spécialisé dans les classiques pop et rock des années 1960 à 1980. La clientèle est variée et vient chaque semaine pour profiter de la musique et de l'ambiance rétro et décontractée du bar. Vous pouvez y commander un "gopchang special", menu composé de *chijimi* 치지미, pancake coréen, et de *bokbunjaju* 복분자주, alcool à base de framboises noires. Il y a un salon "speak-easy" secret, et les soirées dans ce bar peuvent être endiablées : c'est un lieu culte !

8. Retro Game Bar
레트로게임바

Bar à jeux ₩

7 Jandari-ro, Mapo-gu (2e étage)
+82 70-7528-5517
Lun-jeu 19h-2h, ven-sam 19h-5h, dim 18h-2h

Un bar dédié aux jeux vidéos et jeux de sociétés. Que vous soyez seul·e ou à plusieurs, c'est un endroit parfait pour passer la nuit à tester des jeux rétros !

Le petit + : grand écran disponible pour regarder les matchs de sport ou d'E-sport, ou pour jouer entre copain·pine·s, et événements *gaming* organisés toutes les semaines.

9. Seoul Brewery Hapjeong
서울브루어리

Bar à bières ₩

10 Tojeong-ro 3an-gil, Mapo-gu
+82 70-7756-0915
Lun-ven 18h-minuit, sam 13h-minuit, dim 13h-23h
www.instagram.com/seoulbrewery/

Nouvelle brasserie locale du quartier résidentiel de Hapjeong. Au programme, une ambiance jeune et branchée et d'excellentes bières.

10. Whale Pub
웨일펍 수제맥주

Bar à bières ₩

72 Dongmak-ro, Mapo-gu
+82 2-323-9790
Lun-Ven 17h-2h, Sam 15h-2h, dim 15h-1h
www.instagram.com/whalepub/

Super bar du quartier de Sangsu. Le concept : un bateau pirate. Les murs en bois sont décorés pour donner l'impression d'être dans une cale de bateau. Les bières et les cocktails sont excellents, l'ambiance jeune et conviviale.

11. Stary Night
별밤

Bar à vinyles ₩

39 Eoulmadang-ro, Mapo-gu (sous-sol)
+82 2-337-1886
Mar-dim 19h-3h

LP-Bar à vinyles, ambiance grunge, bières pas chères et atmosphère étudiante. Combo garanti pour une soirée réussie dans le quartier branché de Sangsu-dong. Pour les fans de *K-drama* : ce bar a accueilli les tournages des séries *My Fellow Citizens!* (2019) et *Ping Pong Ball* (2017).

LES PETITES PAUSES !

12. Amenohi Coffee
아메노히커피점

Café ₩

🏠 168 Wausan-ro, Mapo-gu
📱 +82 70-4202-5347
🕓 Ven-sam 13h-21h, dim-lun 13h-20h
🔗 www.instagram.com/amenohicoffee/
Café et pâtisserie du quartier au décor *cosy* et épuré qui sert d'EXCELLENTS gâteaux au matcha !

13. Beans Brothers
빈브라더스 합정점

Café ₩

🏠 35-1 Tojeong-ro, Mapo-gu
📱 +82 2-6012-2001
🕓 Tlj. 11h-22h
🔗 www.instagram.com/bean_brothers/
Grand café branché du quartier de Hapjeong à l'ambiance industrielle insolite. On y trouve toujours de la place.

14. Café Behind
카페비하인드

Café ₩

🏠 18 Eoulmadang-ro 5-gil, Mapo-gu
📱 +82 2-3141-7212
🕓 Tlj. 11h-23h (22h le dimanche)
Café très confortable pour travailler, qui sert d'excellents *French toast*, notamment le *peanut butter banana* qui est à tomber !

15. Café IMI
카페이미

Café pâtisserie ₩

🏠 7 Donggyo-ro 25-gil, Mapo-gu
📱 +82 2-6368-5228
🕓 Tlj. 12h-21h
🔗 www.instagram.com/imi.coffee/
Café du quartier de Hongdae qui sert des pâtisseries à l'esthétique très travaillée, aussi délicieuses les unes que les autres.

16. Jebi Dabang
제비다방

Café ₩

🏠 24 Wausan-ro, Mapo-gu
📱 +82 2-325-1969
🕓 Tlj. 10h-2h
Coup de ♥ : Jebi Dabang est connu pour son rôle central dans la scène musicale *indie* locale. Café cosy en journée, le lieu se transforme en bar et salle de concert après 18h, avec des sessions *gig* gratuites du mardi au samedi. Centre culturel, intellectuel et artistique hautement recommandé pour tou·te·s les fans de musique et de culture *underground* !

17. Yri Café
이리카페

Café ₩

🏠 27 Wausan-ro 3-gil, Mapo-gu
📱 +82 2-323-7861
🕓 Lun-jeu 10h-1h, Ven-sam 10h-2h, Dim 10h-minuit
Café vintage : mobilier dépareillé, gramophone et musique de fond. Idéal pour travailler ou faire une pause après une journée de shopping dans le quartier de Hongdae.

18. Tora B
토라비

Café pâtisserie ₩₩

🏠 24 Wausan-ro 29ba-gil, Mapo-gu
📱 +82 2-6408-8038
🕓 Lun-sam 13h-22h
🔗 www.instagram.com/tora___b/
Petit café mignon et accueillant comme on en fait beaucoup dans le quartier de Hongdae. Celui-ci a la particularité d'offrir un cadre charmant avec sa déco travaillée et cosy et sa petite terrasse

au soleil. Et les gâteaux sont à tomber ! Pour les fans de *K-drama* : ce café a accueilli les équipes du drama *In Seoul* (2019).

SE RESTAURER

19. Cook and Book
쿡앤북

Cuisine végane ₩₩

61 Seongji 3-gil, Mapo-gu (demi sous-sol)
+82 2-325-1028
Jeu-lun 12h-20h (fermé les mardi et mercredi)
www.instagram.com/cookandbook_cafe/

Café cosy et restaurant végan situé dans une petite rue à quelques minutes de la station Hapjeong dans les nouveaux quartiers résidentiels branchés de Mapo. Tout y est délicieux et le *staff* est très accueillant.

20. Drunken Vegan
드렁큰비건

Cuisine végane ₩

13 Wausan-ro 30-gil, Mapo-gu
+82 70-7543-8101
Mer-dim 17h-22h
www.instagram.com/drunkenvegan101/

Pub gastronomique végan branché proche de l'université Hongik. On y trouve des lasagnes véganes à tomber ainsi qu'une bonne sélection d'alcools. À noter que le lieu est également un sex-shop, le café étant engagé dans la promotion des droits des femmes et des droits LGBTQI+.

21. L'Impasse 81
랑빠스81

Cuisine française ₩₩

17-1 Donggyo-ro 30-gil, Mapo-gu
+82 70-7779-8181
Tlj. 12h-14h30 / 17h-23h
Voir la description p. 81

22. Ok Dongsik
옥동식

Cuisine coréenne ₩

44-10 Yanghwa-ro 7-gil, Mapo-gu
+82 10-5571-9915
Lun-ven 11h-15h/ 17h-22h, sam-dim 11h-21h
www.instagram.com/okdongsik/

Ok Dongsik est un *hot spot* gastronomique recommandé par le guide Michelin qui sert un plat coréen traditionnel : le *gomkuk* 곰국, soupe à base de viande de porc noir marinée. Le restaurant est aménagé à la japonaise : les client·e·s sont assis·e·s autour du comptoir et peuvent observer le chef cuisinier à l'œuvre. Pensez à venir tôt pour ne pas trop faire la queue.

23. Samgeori Pocha
삼거리포차

Cuisine coréenne ₩₩

70 Wausan-ro, Mapo-gu
+82 2-3144-6748
Tlj. 18h30-5h

Restaurant local très populaire auprès des jeunes étudiant·e·s et diplômé·e·s. À l'intérieur rétro, il est idéal pour prendre un verre et faire une des fameuses associations d'alcool et de snacks coréens, notamment des *tteokbokki*, qui y sont fameux.

24. Sim Seun Tang
심슨탕

Cuisine coréenne ₩

30 Yanghwa-ro 16-gil, Mapo-gu (1er étage)
+82 2-323-8310
Lun-sam 11h30-23h
www.instagram.com/shimsontang/

Lieu spécialisé dans le *simseuntang*, soupe militaire inventée pendant la guerre de Corée, il est géré par les chanteurs Shim Tae-yoon et Hwang Bo, et fréquenté par de nombreuses personnalités du *show business*, dont les autographes ornent les murs du restaurant. La soupe y est délicieuse et le service est très rapide.

25. Delicatessen
델리카테슨

Cuisine contemporaine ₩₩

🏠 19 Tojeong-ro 3-gil, Mapo-gu

☐ +82 2-323-3141

🕓 Lun-ven 17-23h, sam 15h-23h, dim 17h-22h (fermé le mardi)

Lieu de rendez-vous des fans de pizzas, célébré pour sa pâte à pizza inégalée et son ambiance jeune et branchée. On y trouve également d'excellentes bières artisanales. La pizza du mois est toujours réalisée en collaboration avec des artistes et personnalités du quartier. Le propriétaire est un amateur de photographie et de vidéo, il lui arrive donc de prendre des vidéos des client·e·s !

26. Slunch Factory
슬런치 팩토리

Cuisine fusion ₩₩

🏠 38 Wausan-ro 3-gil, Mapo-gu

☐ +82 2-6367-9870

🕓 Tlj. 11h-22h

Excellent restaurant de cuisine fusion qui propose de nombreuses options véganes, dans un beau décor boisé.

27. Yec'hed Mat
야마뜨

Restaurant français

🏠 25-10 Eoulmadang-ro 5-gil, Mapo-gu

☐ +82 2-3144-6845

🕓 Mar-sam 18h30-2h

Voir la description p. 79

HÔTELS ET CHAMBRES D'HÔTES

28. Sleeping Strawberry Guesthouse
잠자는 딸기

Guesthouse

🏠 24 Wausan-ro 38-gil, Mapo-gu,

☐ +82 70-7913-7486

🔗 https://www.sleepingstrawberry.com/

₩ 30 000 wons (dortoir de 4 lits) - 50 000 wons (chambre double) - 200 000 wons (maison complète)

Cette *guesthouse* est décrite par les propriétaires comme une petite maison végane et végétarienne destinée aux femmes. Très bien située, elle est très proche des universités de Hongdae, Yonsei et Ewha ainsi que des transports et des principales rues commerçantes du quartier. La gérante est une voyageuse très engagée sur les questions écologiques. Elle parle anglais couramment, et connaît également quelques mots de français !

BONS PLANS ET ACTIVITÉS ALTERNATIVES

29. 1984

Café librairie

🏠 194 Donggyo-ro, Mapo-gu

☐ +82 2-325-1984

🕓 Tlj. 10h-minuit

🔗 www.re1984.com
www.instagram.com/1984store/

Librairie fondée en 1951 et gérée de père en fils, 1984 a été rebaptisée ainsi en l'honneur du roman dystopique de George Orwell et en référence à l'année de naissance du propriétaire actuel, Jeon Yong-hun. Plus qu'une librairie, il s'agit également d'un café et d'un espace culturel, où sont organisé des lectures publiques, spectacles et conférences. Pour 12 000 wons, vous

LES CONSEILS DE LA RÉDACTION

LES RELATIONS INTIMES

Au cours de votre voyage vous aurez peut-être envie de vous essayer à la drague ! Le temps d'un voyage ou pour toute une vie, vous pourrez avoir l'occasion de flirter avec des Coréen·ne·s ou des personnes de passage. Pour éviter les mésaventures et les malentendus, gardez en tête que la barrière de la langue et les différences culturelles font que certaines paroles ou gestes qui vous semblent normaux peuvent être ressentis comme inappropriés. Ainsi, la bise n'est pas une pratique commune même entre ami·e·s et le fait de s'embrasser dans la rue peut être mal vu. Certaines personnes seront réticentes aux démonstrations d'attention trop hâtives qui pourraient être ressenties comme des agressions. Comme dans toute bonne relation intime, vérifiez bien le consentement de vos interlocuteur·ice·s : un simple hochement de tête peut ne pas suffire ! La justice coréenne est très stricte au sujet des accusations de harcèlement ou d'agression de la part des ressortissant·e·s étranger·ère·s, ne risquez donc pas votre visa (ou pire) pour un manque de communication.

Par ailleurs, puisque vous êtes dans un pays nouveau, nous vous recommandons bien évidemment la prudence quant à vos interactions avec des inconnu·e·s et à votre consommation d'alcool en soirée ! Soyez également vigilant·e·s avec les rencontres sur Internet ou via des applications et privilégiez les lieux publics avec des ami·e·s à proximité. Plusieurs cas de viols de Françaises ont été reportés ces dernières années.

Concernant votre protection et l'accès à la contraception, des préservatifs sont disponibles dans toutes les épiceries de proximité du pays, ouvertes 24h sur 24h. Pour la pilule contraceptive (피임약 ou *piimyak*), il est recommandé de demander une ordonnance spéciale à votre médecin pour les départs de longue durée. Elle est disponible en pharmacie, mais les dosages ainsi que la couverture santé peuvent être différents. Pour tout problème médical et/ou gynécologique, référez-vous à notre liste de professionnels de santé.

Enfin, sachez que l'avortement est légal en Corée du Sud depuis 2021, n'hésitez pas à contacter des professionnels de santé et demandez de l'aide pour un suivi médical et psychologique si nécessaire.

USAGE ET TRAFIC DE DROGUE

L'usage et le trafic de drogues, sous toutes leurs formes, sont **strictement interdits** en Corée du Sud.

Le consommateur, qui est systématiquement placé en détention provisoire, encourt une peine pouvant aller jusqu'à 5 ans d'emprisonnement. Quant au trafiquant, il risque la perpétuité. Lorsque le délinquant est d'origine étrangère, la sanction pénale est, le plus souvent, suivie d'une mesure d'expulsion.
Ne vous faites envoyer sous aucun prétexte de la drogue par voie postale : la police vous livrerait le colis pour vous emmener immédiatement.

Attention : certaines substances autorisées en France ne le sont pas en Corée et sont considérées comme des drogues (ex : Poppers). De plus, certains médicaments couramment prescrits en France ne sont pas autorisés en Corée.

Renseignez-vous auprès d'un médecin coréen en cas d'expédition par la poste de médicaments depuis la France, et dans tous les cas consultez le site des douanes coréennes régulièrement : www.english.customs.go.kr

De même, ne quittez jamais votre verre des yeux lors de vos virées nocturnes ou de rendez-vous galants : **les agressions suite à ingestion de GHB sont de plus en plus fréquentes.**

COMPORTEMENTS DANGEREUX

EN CAS DE BAGARRE

La population estudiantine peut parfois s'échauffer. En cas de bagarre, il est primordial que vous n'interveniez pas : interpellez les passants, contactez la police. En prenant part aux coups, vous risquez environ 2000 € d'amende et une impossibilité de quitter le territoire pendant la procédure de jugement.

RÉSEAUX SOCIAUX

Le numérique et les réseaux sociaux sont au cœur de la vie des Coréens. Il convient de surveiller votre attitude sur Internet : le *revenge porn* vous conduira au tribunal, et des commentaires sur des points sensibles de la politique coréenne (extérieure ou intérieure) peuvent avoir des conséquences sur votre droit au séjour.

DÉLATION

La délation est encouragée par le gouvernement coréen et ne doit pas être ignorée. Si vous donnez des cours de français sans avoir de visa de travail dans un café, le propriétaire peut vous dénoncer. Si vous accueillez des amis pour une fête alors que des mesures sanitaires sont imposées à la population, le gardien de votre immeuble peut vous dénoncer. Si vous prenez une photographie de passager·ère·s dans le métro, un·e passager·ère pourtant absent·e de votre photographie peut vous dénoncer. Soyez vigilant·e·s !

HONGDAE HAPJEONG / SANGSU

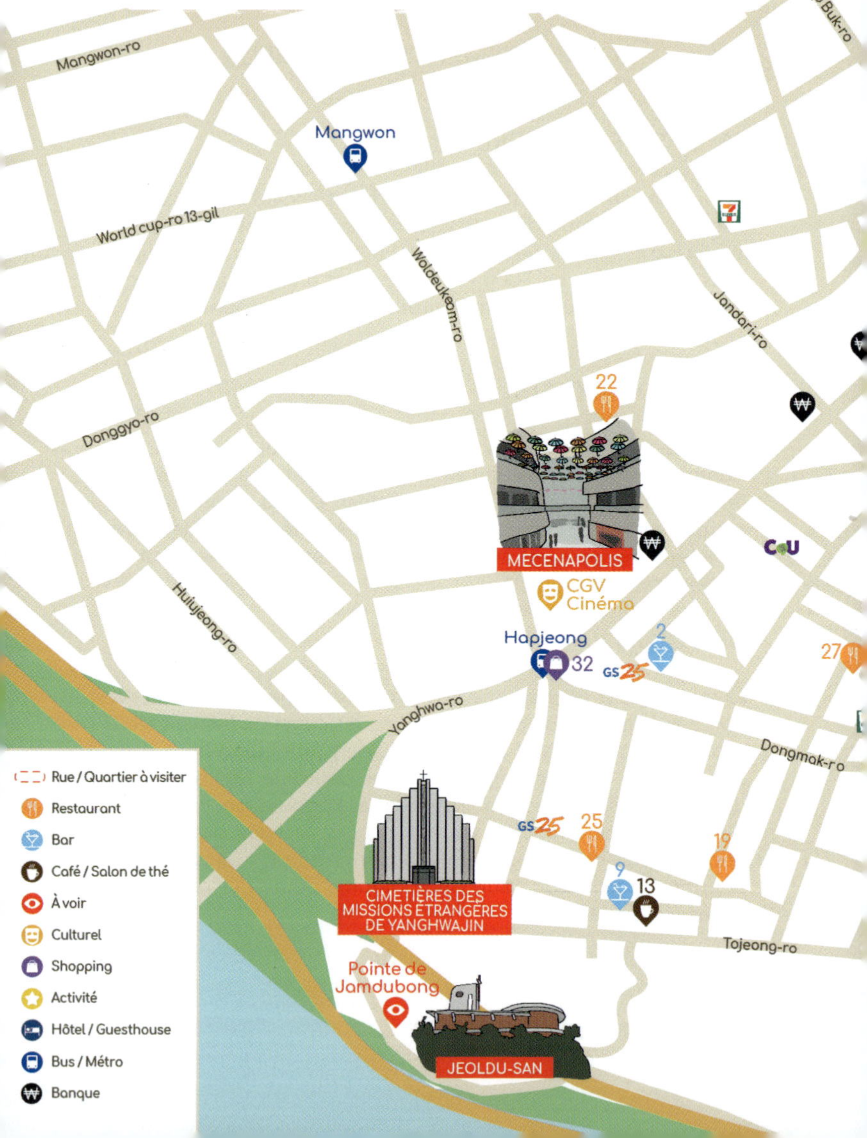

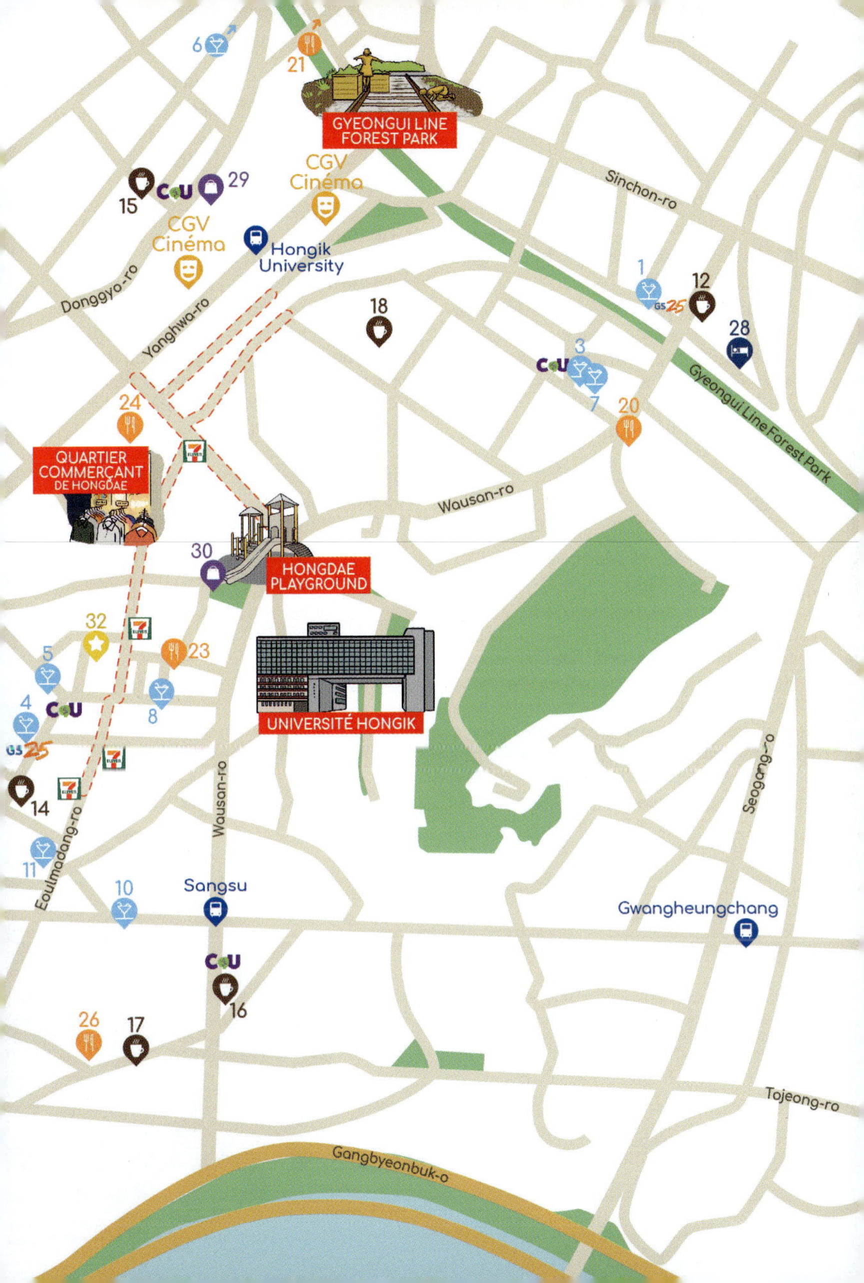

GYEONGUI LINE FOREST PARK
QUARTIER COMMERÇANT DE HONGDAE
HONGDAE PLAYGROUND
UNIVERSITÉ HONGIK
CGV Cinéma
CGV Cinéma
Hongik University
Sangsu
Gwangheungchang
Sinchon-ro
Donggyo-ro
Yanghwa-ro
Gyeongui Line Forest Park
Wausan-ro
Wausan-ro
Eoulmadang-ro
Seogang-ro
Tojeong-ro
Gangbyeonbuk-o
1
3
4
5
6
7
8
10
11
12
14
15
16
17
18
20
21
23
24
26
28
29
30
32

pourrez acheter une copie en coréen de *1984* de George Orwell ainsi qu'une boisson.

30. Hongdae Free Market
홍대 프리마켓

Shopping

19-3 Wausan-ro 21-gil, Mapo-gu
+82 2-325-8553
Mars-nov tous les samedis 13h-18h
Marché de créateur·trice·s et d'artisan·e·s qui se rassemblent pour vendre leurs œuvres. Ce marché est très fréquenté par les jeunes du quartier, notamment par les couples.

31. Mecenapolis
메세나폴리스

Shopping

45 Yanghwa-ro, Mapo-gu
+82 2-334-8181
Lun-ven 12h-20H, sam 13h-19H
Mecenapolis est un nouveau centre commercial situé près de la station Hapjeong. Vous y trouverez de nombreuses boutiques de vêtements ainsi que des boutiques de créateur·trice·s. Il est fréquenté par les salarié·e·s des entreprises alentours le midi et très apprécié pour son design épuré très agréable. Il y a aussi un complexe de salles de cinéma dans les étages.

32. Su Noraebang - Luxury Hongdae
수 노래방 럭셔리 홍대점

Noraebang

67 Eoulmadang-ro, Mapo-gu
+82 70-4405-9971
https://www.skysu.com/blank-1
Tlj. 24h/24
Contrairement à beaucoup de *noraebang* de la ville, ce karaoké de luxe n'est pas situé en sous-sol, mais en hauteur sur plusieurs étages. Les décors y sont très kitsch et on y trouve de nombreuses salles aux formats et ambiances variées. Vous trouverez juste à côté le Luxury « rétro » spécialisé dans les décors vintage (micros d'époque, murs en brique et néons, voir itinéraire de Jake, n°6).

TOGEN

@togen

TOGEN

@togentv

La Corée n'était pas une évidence pour Togen. C'est en travaillant dans une radio qu'il a découvert la K-pop grâce à ses auditeurs. En quête de dépaysement, il est parti s'installer en Corée après avoir été invité par le gouvernement pour visiter et faire découvrir le pays à ses auditeurs.

Cinq ans plus tard, Togen a plusieurs cordes à son arc. Après avoir fait des études en Corée, qui lui ont permis de décrocher un visa d'entrepreneur, il travaille aujourd'hui au lancement d'une start-up de commercialisation de vêtements.

La chaîne YouTube et le compte Instagram de Togen sont de véritables mines d'or ! En effet, après de multiples galères dans sa vie quotidienne à Séoul, il a décidé de donner des conseils aux Français qui souhaitent s'installer au Pays du Matin calme. Téléphonie, logement, société coréenne, *drama*... Tout y est !

Le quartier de Hongdae est un quartier si vivant qu'il est possible de s'y perdre. Il fourmille d'animation, de groupes de musique de rue et d'artistes qui enchanteront vos nuits. Suivez Togen dans ce joyeux brouhaha et découvrez les meilleurs endroits pour vivre Hongdae *by night* !

UNE SOIRÉE AVEC TOGEN À HONGDAE

Togen vous a préparé un itinéraire à commencer en fin d'après-midi, pour profiter de l'effervescence du quartier de Hongdae jusqu'au bout de la nuit !

1. Trick Eye Museum
트릭아이뮤지엄 서울

₩

20 Hongik-ro 3-gil, Mapo-gu - sous-sol (-2)
+82 2-3144-6300
Tlj. 9h-21h (dernière entrée 20h)
« Un musée très surprenant où l'on peut prendre des photos 'trompe-l'œil' ! Ce musée est aussi lié au musée du sexe qui est très marrant à faire également. »

2. Kakao Friends Flagship Store
카카오프렌즈샵

₩₩

162 Yanghwa-ro, Mapo-gu
+82 2-6010-0104
Tlj. 10h30-22h
« Je suis très fan des personnages de l'application de messagerie Kakaotalk, du coup, avoir plein de vêtements et accessoires à leur effigie est un plaisir ! »
Le petit + : le café Kakao Friends au dernier étage du magasin !

3. Monster Pizza
몬스터 피자

₩

73 Wausan-ro, Mapo-gu
+82 2-334-0322
Tlj. 17h-4h30
« Les meilleures pizzas de tout Hongdae ! Très bonnes et pas chères du tout ! »

4. Playground
플레이그라운드 - 홍대

₩

14 Wausan-ro 21-gil, Mapo-gu - 3e étage
+82 2-337-0774
Lun-jeu 18h-minuit, ven 18h-2h, sam 15h-2h, dim 18h-22h
« Ambiance très sympa pour rencontrer et discuter avec des Coréens. Leur page Facebook propose des soirées thématiques pour chaque langue tous les jours ! »
Facebook : @HongdaePlayground

5. Thursday party
썰스데이파티

₩

19-12 Wausan-ro 21-gil, Mapo-gu
+82 2-324-6621
Dim-jeu 19h-3h30, ven-sam 19h-5h
« Un pub où je vais depuis 5 ans, ambiance conviviale et staff sympa ! Je rencontre beaucoup de Français là-bas. »

6. Karaoké Su
수노래연습장 홍대 본점

₩

37 Wausan-ro 21-gil, Mapo-gu
+82 70-4405-9971
Tlj. 24h/24.
« Le plus célèbre des karaokés coréens, c'est sympa d'y aller après une soirée arrosée ! »

7. NB 1 & 2
클럽NB

₩₩

76-1 Wausan-ro, Mapo-gu
+82 2-326-1716
Tlj. 21h-7h

« Le club de référence à Hongdae, style électro-hip-hop et pas trop cher pour la qualité proposée ! »

Le petit + : l'entrée (10 000 **wons** en semaine, 15 000 **wons** le weekend) vous donne accès à NB1 et NB2 (d'un côté et de l'autre de la rue).

LES CONSEILS DE LA RÉDACTION

LA K-POP

La K-pop est un centre d'attraction majeur pour beaucoup de visiteur.euse.s étranger·ère·s. Aussi, la ville de Séoul a mis en place des parcours et des attractions spéciales pour satisfaire la curiosité des fans, comme la "K-pop road" dans le très populaire quartier de Gangnam.

Si vous voulez aller plus loin, et assister aux concerts de vos stars préférées, les blogueuses de **Korean Coffee Break** vous conseillent ces deux sites internet :

Interpark :

Yes24 :

Vous y trouverez des places pour les concerts des stars les plus populaires de la pop culture coréenne, mais également des places pour des comédies musicales, et pour d'autres spectacles qui ont lieu à Séoul.
Si vous n'avez pas de place pensez à vous rendre, avant le concert, devant l'entrée. Des revendeurs proposent souvent des tarifs très avantageux, et vous pourrez repartir avec des *goodies* de vos stars préférées...

Itinéraire TOGEN

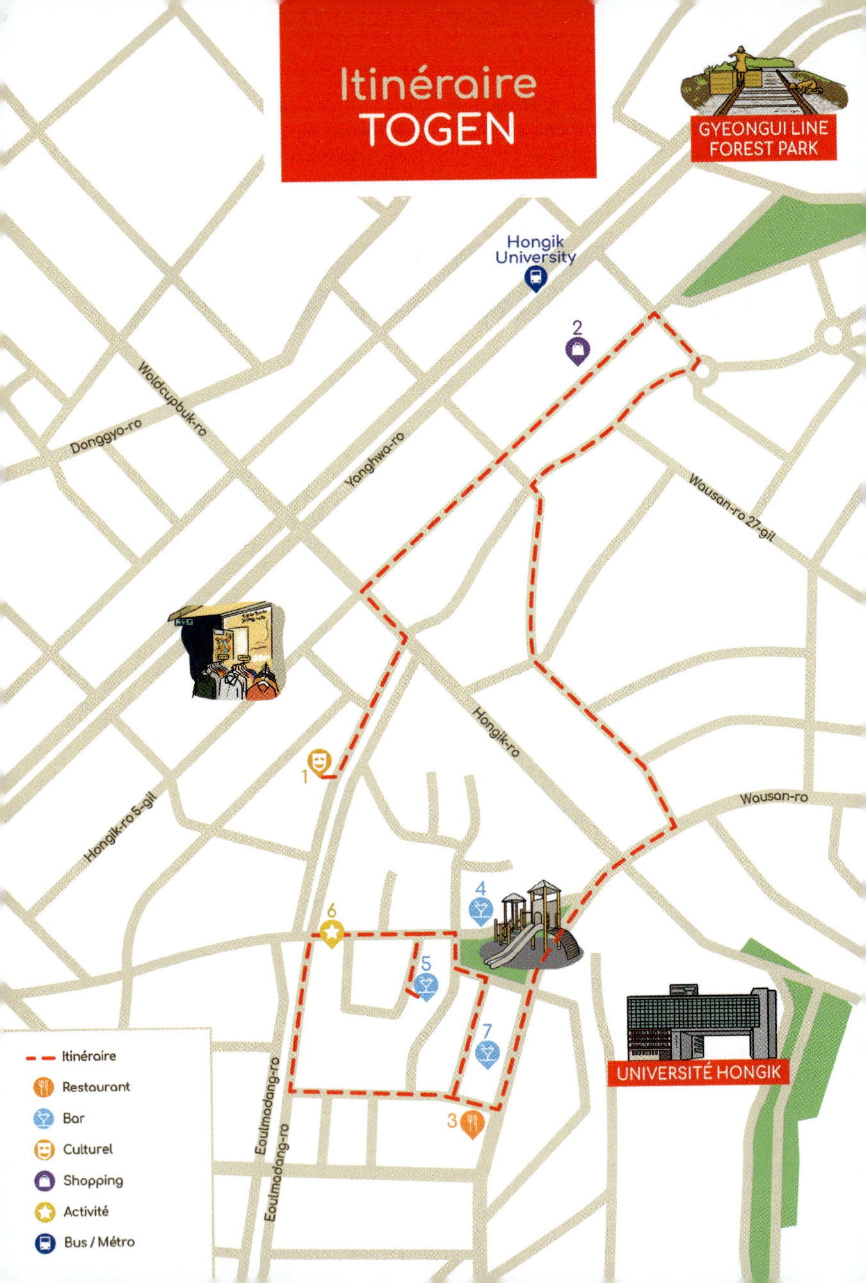

OPHÉLIE SURCOUF

https://asiandramas.fr

@opheliesurcouf

Asiandramas & Nikilann

Après avoir découvert la Corée il y a plus de dix ans à travers des *drama*, Ophélie a commencé à partager ses impressions sur des séries coréennes via un blog : asiandramas.fr. Pendant de longues années, avec une amie, elle a alimenté ce blog d'analyses et de conseils sur les séries coréennes.
Si elle a moins de temps aujourd'hui à consacrer à son blog, elle a à cœur de discuter des *drama* sur sa page Facebook. Fans de feuilletons coréens, vous vous devez d'aller y faire un tour !

Car Ophélie est une vraie touche-à-tout ! Elle habite en Corée depuis maintenant plus d'un an, et écrit des piges pour de nombreux magazines, dont *Asia Times* et *Slate*. Sa fine connaissance de la société coréenne lui a permis d'écrire le premier numéro de *K-Society*, un magazine qui analyse la société coréenne à travers les *drama*.
Mais surtout, Ophélie a publié un livre sur la *hallyu*, *Pourquoi la Corée ?*, paru à l'Atelier des Cahiers en octobre 2021.

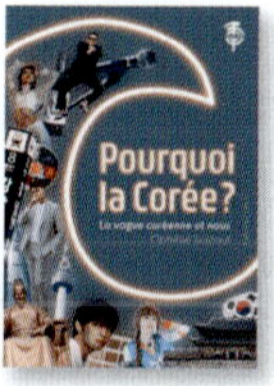

Ophélie aime aussi la Corée pour ses barbecues, ses magasins ouverts toute la nuit, sa sécurité, et sa vie sociale toujours trépidante. Elle vous propose ici un itinéraire dans Hongdae, où elle a travaillé pendant quelques temps, et où elle a accumulé de nombreux bons plans loin de l'effervescence du quartier !

UNE JOURNÉE AVEC OPHÉLIE À HONGDAE

1. Sim Sin Free Healing Cafe
심신프리

₩

3e étage, 98-1 Eoulmadang-ro, Seogyo-dong
+82 70-5118-5357
Tlj. 10h-23h
« L'endroit le moins cher où vous faire masser dans Séoul ! 10 000 wons pour 30 minutes dans une chaise massante et un thé ou un café… Parfait, non ? »

2. Happy Day Spa
해피데이스파

₩

114 Yanghwa-ro, Mapo-gu, Seogyo-dong
+83 2-322-3399
Tlj. 24h/24
« Il est toujours important de connaître le meilleur bain public du quartier. Plus d'excuse pour ne pas tester, maintenant vous le connaissez ! »

3. Cafe de One Piece
홍대 카페 드 원피스

₩

101 Yanghwa-ro, Mapo-gu, Seoul
+82 2-322-2176
Tlj. 11h-21h (dernière commande 20h)
www.instagram.com/play_one_piece/
« Les prix sont bas, la nourriture est bonne et ce café à thème est parfait pour une pause avec des ami·e·s geeks. »
Le petit + : Si vos ami·e·s geeks ne sont pas à Séoul, une boutique vous permettra de leur ramener un souvenir !

4. 934 King's cross
934 킹스 크로스

₩₩

24 Yanghwa-ro 16-gil, Seogyo-dong, Mapo-gu
Café : lun-ven 12h-21h, sam-dim 11h-21. Bar : lun-ven 19h30-5h30, sam-dim 18h30-4h30
« C'est le paradis des fans de Harry Potter. Parfait pour les geeks ! Si vous n'avez pas envie de vous arrêter

Itinéraire OPHÉLIE

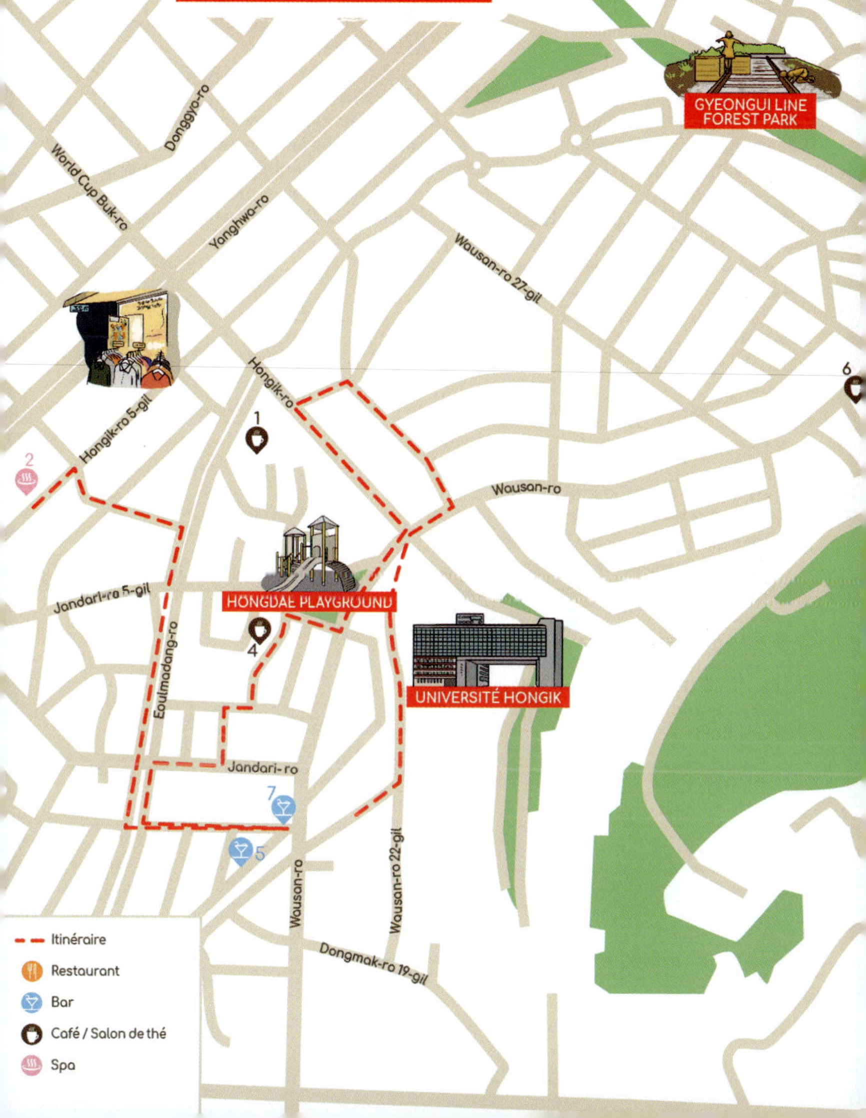

prendre un café, essayez tout de même de passer devant, le détour en vaut la peine ! »

5. Meerkat Cafe
미어캣카페

₩₩

🏠 3e étage, 146 Wausan-ro 21-gil, Mapo-gu
+82 0507-1324-0269
Tlj. 12h-21h30
www.instagram.com/tableacafe/
« Un des *animal cafe* les plus cools du quartier, bien que les prix aient récemment augmenté.
Un petit conseil : rendez-vous dans ce café vers 17h pour assister au repas des suricates. »

6. Suzie Q
수지큐

₩

🏠 10 Wausan-ro 15-gil, Mapo-gu
+ 82 2-338-9929
Dim-jeu 17h-1h, ven-sam 17h-2h
« Plusieurs bars à vinyles ont ouvert à Séoul ces derniers temps. Les responsables de ce bar sont adorables et vous joueront presque toutes les musiques que vous souhaitez. Ils ont plus de 10 000 vinyles ! Et en plus, les consommations ne sont pas chères du tout… Foncez ! »

7. Club Evans
클럽에반스

₩

🏠 2e étage, 63 Wausan-ro, Mapo-gu
+82 2-337-8361
Dim-jeu 19h30-minuit, ven-sam 19h30-1h
« Le Club Evans est un bar à jazz qui propose des *jam session* tous les lundi et mardi. L'entrée, qui donne droit à une réduction sur le premier verre, est à 10 000 wons (sauf événement particulier). »

12. Hapjeong, Mapo-gu Office, Mangwon et le parc Hangang

Vous voici dans un quartier résidentiel typiquement coréen ! **Mapo-gu** est un ancien arrondissement industriel désormais composé en grande partie d'immeubles résidentiels en pleine gentrification. Vous y trouverez de nombreux quartiers (*-dong*), notamment autour de **Mangwon-dong** 망원동, des petites ruelles charmantes où cohabitent bistrots branchés et vieux bouis-bouis en activité depuis des années. Contrairement à Hongdae, peu de touristes s'aventurent dans ce quartier encore assez préservé, ce qui permet de pouvoir s'y balader tranquillement. Arpentez-le et découvrez le **marché local de Mangwon** pour trouver quelque chose à grignoter avant de passer la soirée sur les bords du **fleuve Han** !

Plus à l'est, traversez le ruisseau aux rives aménagées qui mène aux nouveaux quartiers autour de **Digital Media City** et **Sangam-dong**. Longtemps en marge de la ville, on y trouve maintenant des buildings designs et de nombreux parcs écologiques, d'anciennes usines et des zones industrielles rénovées. C'est le cas du **World Cup Stadium**, construit à l'occasion de la Coupe du monde organisée à Séoul en 2002 et du parc associé. Vous pouvez notamment vous rendre au **parc Haneul**, point culminant de ce grand espace vert et image de la régénération urbaine de Séoul. Pour une vue imprenable sur le quartier, rendez-vous à l'observatoire du **parc Noeul**, qui donne sur le fleuve Han et les parcs des alentours.

LES PETITES PAUSES !

1. Bohemian Pepper Coffee
보헤미안박이추커피 상암점

Café ₩

🏠 267 Seongam-ro, Mapo-gu
📱 +82 2-372-6688
🕓 Lun-ven 8h-22h, sam-dim 9h-22h
Café proche du Digital Media Center, réputé pour son atmosphère paisible et sa sélection de grains premium.

2. Coffee Shop Tokyo
커피가게동경

Café ₩

🏠 21 Mangwon-ro 6-gil, Mapo-gu (1er étage)
📱 +82 70-4845-0619
🕓 Mar-sam 13h-22h
La porte grise en fer marquée du simple signe OPEN ne laisse pas imaginer que se cache à l'étage l'un des cafés les plus fréquentés du quartier. Spécialisé dans les grains premium importés du Brésil, d'Éthiopie ou du Venezuela, ce lieu, célèbre pour son Almond Mocha Java et son café viennois, sert des cafés d'une très grande qualité. On le surnomme ainsi « le lieu où boire un café avant de mourir ».

3. Deep Blue Lake
딥블루레이크

Café ₩

🏠 11 Poeun-ro 6-gil, Mapo-gu
📱 +82 2-323-8532
🕓 Tlj. 11h-21h30
Maison sur trois étages, très reconnaissable de l'extérieur car entièrement peinte en bleu. Vous y trouverez de très bons cafés et desserts pour un prix abordable.

4. Oneului Wiro
오늘의 위로

Café ₩₩

🏠 29 Bangullae-ro 7-gil, Mapo-gu
📱 +82 2-322-5203
🕓 Mer-sam 13h-20h
🔗 www.instagram.com/today_comfort/
Café cosy proche de la station Mapo-gu Office qui sert d'excellentes boissons et pâtisseries maison, y compris des cannelés, des madeleines et des tartes, idéales pour celles·ceux qui auraient le mal du pays.

5. Park Nam Coffee
박남커피

Café ₩

🏠 69 Poeun-ro, Mapo-gu
📱 +82 10-7454-2727
🕓 Mar-mer 11h30-22h, jeu-sam 11h30-minuit, dim 11h30-20h

Café minimaliste au décor singulier : il est établi dans un bâtiment un temps laissé à l'abandon, les murs en béton apparent n'ont pas tous été recouverts. Au contraire, le barista et propriétaire du café a préféré garder la structure du lieu et a lui-même décoré le café avec ses peintures et œuvres d'art. Le tout donne une ambiance industrielle branchée très agréable et les cafés sont à un prix très abordable, ce qui fait de ce lieu l'un des *hot spot* du quartier.

6. Sally Cheong
샐리청

Cafés et desserts ₩

🏠 21 Worldcup-ro 23-gil, Mapo-gu
📱 +82 10-4542-7191
🕓 Mer-sam 13h-21h

Sally Cheong est un petit café proche du marché de Mangwon. En plus de l'ambiance, ce café est très apprécié pour ses boissons et snacks faits maison, notamment le muesli à base de yaourt et de fruits frais du marché : un délice !

7. Sally in the Flower
샐리인더플라워

Café ₩

🏠 37 Seongmisan-ro 2-gil, Mapo-gu
📱 +82 2-6014-4624
🕓 Mer-dim 13h30-19h
🔗 www.instagram.com/sallyintheflower/

Salon de thé cosy à la décoration florale apaisante. Les pâtisseries, glaces artisanales et boissons sont délicieuses. La petite terrasse décorée est également ouverte à la clientèle.

8. Social Club Seoul
소셜클럽서울카페

Café / Salon de thé ₩

🏠 32 Poeun-ro 8-gil, Mapo-gu
📱 +82 2-333-3405
🕓 Tlj. 10h-22h

Nouveau café conceptuel branché du quartier de Mangwon, logé dans une ancienne boutique à l'abandon. On y trouve des chandeliers et des grandes tables sur lesquelles sont servis les cafés les plus décadents : vanille, crème, chocolat, rien n'est hors limite. La maison est également connue pour ses macarons géants à tomber.

SE RESTAURER

9. Blu Cucina
블루쿠치나

Cuisine italienne ₩₩

🏠 18 Worldcup-ro 19-gil, Mapo-gu
📱 +82 2-6015-5741
🕓 Lun-sam 11h30-15h / 17h-21h

Bistrot italien qui tire son nom de son décor : les murs de la cuisine ouverte sont recouverts de faïence bleu foncé qui, associée aux meubles et décors boisés et aux lumières tamisées, donne un caractère très convivial à l'ensemble du restaurant. Vous pourrez notamment y commander un set à partager de pâtes et risotto pour seulement 16 000 wons. Un régal !

10. Crazy Katsu
크레이지카츠

Cuisine japonaise ₩₩

🏠 44 Poeun-ro 2na-gil, Mapo-gu
📱 +82 70-8621-7219
🕓 Tlj. 11h-15h / 17h-21h
🔗 www.instagram.com/crazyforkatsu/

De l'extérieur, Crazy Katsu ressemble aux autres nombreux petits bistrots branchés du quartier. Une fois à l'intérieur, vous ne serez pas déçu. En plus d'un décor convivial et agréable, vous y trouverez des spécialités japonaises bon marché, notamment le set signature, le *crazy katsu*, un menu de porc pané à partager.

11. Domabaem Sikdang
도마뱀식당

Cuisine japonaise ₩₩

🏠 75 Huiujeong-ro 20-gil, Mapo-gu
📱 +82 2-6498-3317
🕓 Mer-dim 12h-21h30
🔗 www.instagram.com/gecko_table/

Petit bistrot cosy du quartier spécialisé dans les plats à base de curry. Pensez à réserver si vous venez à plus de quatre !

12. From Hanoi
프롬 하노이

Cuisine vietnamienne ₩₩

🏠 20 Poeun-ro 8-gil, Mapo-gu
📱 +82 2-337-0301
🕓 Lun-sam 11h-15h / 17h-21h

Petit bistrot vietnamien branché proche de la station Mangwon qui sert d'excellents *phở*. Vous le reconnaîtrez à sa devanture peinte en jaune !

13. Ildeung Sikdang
일등식당

Cuisine coréenne ₩

🏠 82 Bangullae-ro, Mapo-gu
📱 +82 2-333-0361
🕓 Mar-dim 7h30-15h, 16h-21h

Restaurant coréen proche de la station Mapo-gu Office qui sert un plat unique, le *ppyeo haejangkuk* 뼈 해장국, un bouillon de porc à base de *doenjang* 된장, pâte de soja fermenté, et de chou. Ce plat est réputé pour ses vertus apaisantes après une soirée un peu arrosée !

14. Seogang Kkeopdegi
서강껍데기

Cuisine coréenne ₩

🏠 36 Worldcup-ro, Mapo-gu
📱 +82 2-337-5541
🕓 Tlj. 16h-4h

Meilleur restaurant de *kkeopdegi* (couenne de porc) de la ville. Ce lieu est également un des restaurants préférés du groupe légendaire Big Bang. Un lieu à visiter pour les fans.

BONS PLANS ET ACTIVITÉS ALTERNATIVES

15. Cinémathèque KOFA

Cinéma

🏠 400 Worldcupbuk-ro, Mapo-gu
📱 +82 2-3153-2051
🔗 https://eng.koreafilm.or.kr/main
🕓 Mar-dim selon les horaires de diffusion

Cinémathèque de la Korea Film Archive qui propose des projections spéciales de films coréens et internationaux, classiques et contemporains, ainsi que des conférences et expositions sur l'histoire du cinéma en Corée du Sud. C'est un incontournable pour les fans de cinéma coréen.

Le petit + : si vous n'avez pas le temps de vous y rendre pour visionner vos classiques sur place, visitez leur **chaîne YouTube Korea Film**, des dizaines de chefs-d'œuvre coréens sous-titrés gratuits !

16. Marché de Mangwon
망원시장

Marché

🏠 14 Poeun-ro 8-gil, Mapo-gu
📱 +82 2-335-3591
🕓 Tlj. 8h-22h

Le marché local de Mangwon est un marché typique coréen, où vous trouverez de nombreuses échoppes de fruits et légumes, mais également de nombreux traiteurs et des stands de *street food*. Peu fréquenté par les étranger·ère·s, il illustre bien l'ambiance du quartier, entre cuisine traditionnelle et restaurants gentrifiés. Si vous souhaitez acheter vos ingrédients et votre kimchi pour pas cher, rendez-vous au marché de Mangwon !

17. MBC World

MBC World 방송테마파크

Parc d'attraction

🏠 267 Seongam-ro, Mapo-gu
📱 +82 2-789-3705
🔗 http://mbcworld.imbc.com/
🕓 Tlj. 10h-18h
₩ 19-64 ans 18 000 wons, 13-18 ans 13 000 wons, -12 ans 9 000 wons

Premier parc à thème de Corée géré par la chaîne de diffusion MBC. Vous avez l'opportunité d'y devenir un des personnages d'un *drama* populaire de la chaîne ou bien d'une émission de télé et de profiter d'une variété de programmes et d'activités qui vous feront évoluer dans l'univers de vos personnalités coréennes favorites : théâtre hologramme, danse K-pop, réalité virtuelle etc. Au quatrième étage du bâtiment, vous pourrez même essayer des costumes de *drama* historiques comme *Daejanggeum* et *Gi Hwang Hoo* dans des décors authentiques. Le septième étage est consacré aux journaux télévisés et aux émissions d'actualité, où vous pourrez découvrir le fonctionnement des *news* en Corée. Si vous êtes fan de K-pop et K-*drama*, c'est une destination à ne pas rater !

MANGWON
MAPO-GU OFFICE

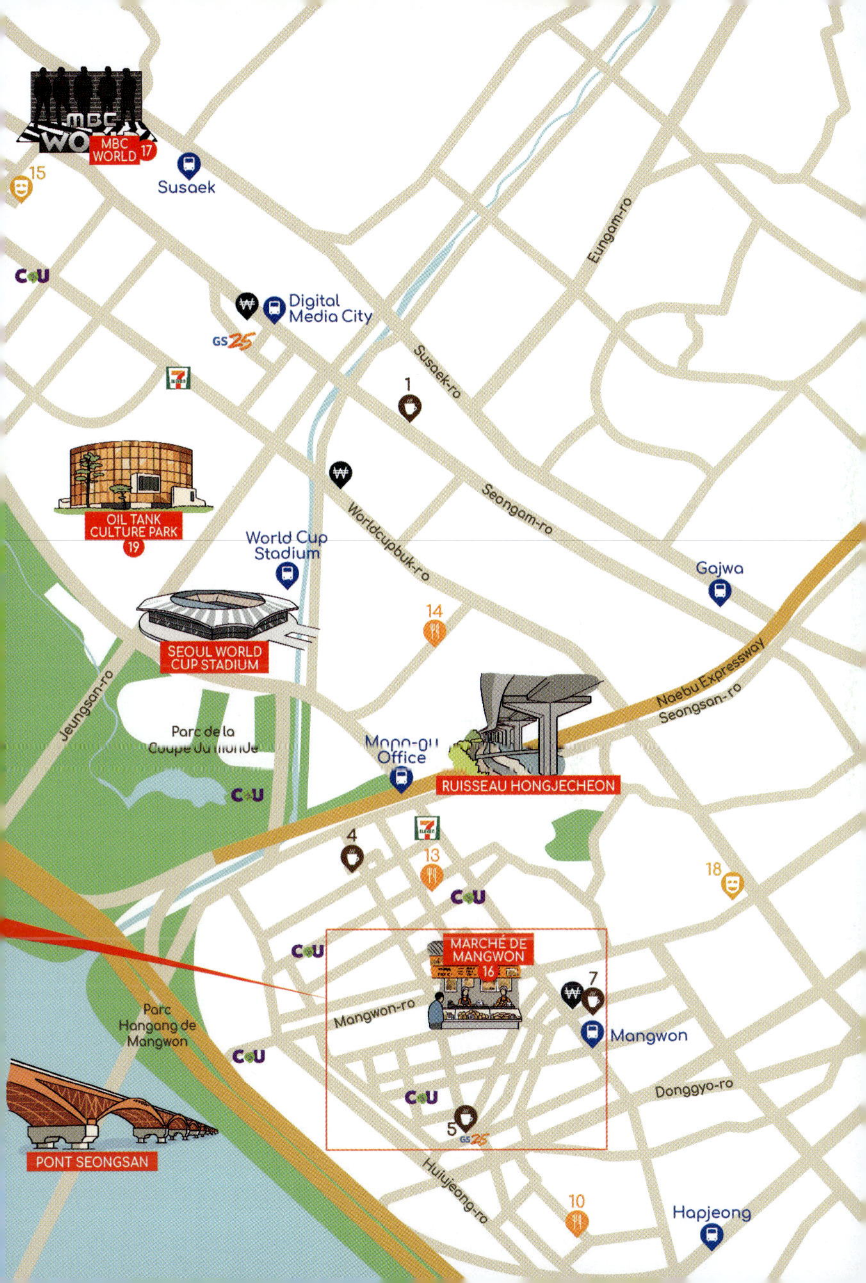

MBC WORLD 17
15
Susaek
Eungam-ro
Digital Media City
Susaek-ro
1
Seongam-ro
Worldcupbuk-ro
OIL TANK CULTURE PARK 19
World Cup Stadium
Gajwa
14
SEOUL WORLD CUP STADIUM
Jeungsan-ro
Noebu Expressway
Seongsan-ro
Parc de la Coupe du monde
Mapo-gu Office
RUISSEAU HONGJECHEON
4
13
18
MARCHÉ DE MANGWON 16
7
Mangwon-ro
Parc Hangang de Mangwon
Mangwon
Donggyo-ro
5
PONT SEONGSAN
Huiujeong-ro
10
Hapjeong

18. Musée de la guerre et des droits des femmes
전쟁과 여성인권 박물관

Musée

🏠 20 Worldcupbuk-ro 11-gil, Mapo-gu
📱 +82 2-392-5252
🔗 http://www.womenandwarmuseum.net/contents/main/main.asp
🕓 Mar-sam 11h-18h
₩ Adultes 3 000 wons, jeunes 2 000 wons, enfants, handicapés et seniors 1 000 wons

Ce musée, consacré aux « femmes de réconfort », est l'un des plus marquants de la ville. Si vous vous intéressez à l'histoire contemporaine du pays et/ou aux questions des droits des femmes en Corée, vous devez absolument vous y rendre. Il offre des témoignages poignants et retrace en détail l'émergence du système de mise en esclavage de milliers de femmes, lors de la période coloniale japonaise (1910-1945). Ce sujet est aujourd'hui encore un enjeu politique fort entre la péninsule coréenne et le Japon.

En savoir plus : lire le manga *Les Mauvaises herbes* (Keum Suk Gendry-Kim, Delcourt, 2018).

19. Oil Tank Culture Park
문화비축기지

Parc

🏠 87 Jeungsan-ro, Mapo-gu
📱 +82 2-376-8410
🕓 Tlj. 24h/24h
🔗 https://www.bamdokkaebi.org/culturetank-introduce

Ancien réservoir de fuel de Mapo-gu, ce lieu a été transformé en centre culturel et réserve écologique après une concertation participative des habitant·e·s, remportant en 2014 le prix international du design. Les cinq réservoirs ont été transformés en salles d'exposition, salles de spectacle et tiers lieux culturels, à visiter absolument. Ce fut d'ailleurs le lieu de tournage de la série fantastique *Hwayugi* (2018).

Bon plan : les trois premiers weekends de mai, il y a un marché de saison participatif sur le thème de l'environnement, pendant lequel ont lieu de nombreux événements et échanges citoyens. Il est possible de participer aux pique-niques géants, qui se déroulent dans une ambiance très conviviale.

13. Gangnam, Jamsil, Ttukseom et Seoul Forest

Qui ne connaît pas le désormais fameux quartier de **Gangnam** 강남 ? Popularisé par le chanteur Psy, ce quartier est l'un des plus riches de Séoul. Il s'est développé lorsque la ville de Séoul a décidé de réhabiliter la zone marécageuse et agricole au sud du fleuve Han dans les années 1970. Il s'agit d'un des plus grands centres d'affaire de la ville et de nombreuses tours design habillent le paysage du quartier, dont la célèbre **Lotte Tower** vers Jamsil. Le quartier n'est pas uniquement un quartier d'affaire : on y trouve également de nombreux *hakwon,* des instituts privés d'aide aux études (scolaires ou académiques), car les familles habitant ici sont particulièrement sensibles au succès scolaire de leurs enfants : beaucoup s'installent d'ailleurs là à cause des excellents lycées qui s'y trouvent. Et en nombre aussi, les instituts de chirurgie esthétique ! Car l'apparence compte beaucoup à Gangnam.

Gangnam est surtout l'un des hauts lieux du show-business coréen, avec des rues célèbres comme **Garosu-gil** 가로수길 ou Apgujoong, où les célébrités et la haute société coréennes se rendent pour tester les derniers bars, boutiques et restaurants à la mode. Vous pouvez notamment vous rendre à la **Hallyu K-Star Road**, non loin du **parc Dosan**, l'équivalent du Sunset Boulevard à Los Angeles, qui rassemble des lieux fréquentés par les stars de la *hallyu.* Plus à l'est, dirigez-vous vers le temple Bongeunsa pour une pause au vert, ou découvrez le centre commercial géant Coex Mall, où se croisent touristes internationaux et Coréen·ne·s aisé·e·s.

PRENDRE UN VERRE

1. Alice Cheongdam
앨리스 청담

Bar à coktails ₩₩

🏠 47 Dosan-daero 55-gil, Gangnam-gu
📱 +82 2-511-8420
🕓 Tlj. 19h-3h
🔗 www.instagram.com/alice_cheongdam/

Bar lounge qui sert des cocktails et snacks maison originaux. Commandez notamment le « Alice Boutique » à base de gin tonic, jus de pamplemousse et azote liquide, auréolé d'un nuage de fumée et servi dans un verre en forme d'éléphant. L'intérieur ressemble à un manoir occidental avec des sofas en cuir capitonné et des murs lambrissés, pour une atmosphère sophistiquée qui fait du bar un lieu très prisé du quartier.

2. Art Monster
아트몬스터 강남점

Pub ₩

🏠 28-3 Teheran-ro 1-gil, Gangnam-gu
📱 +82-2-562-5863
🕓 Lun-sam 15h-1h, dim 15h-23h

Situé dans une ruelle illuminée par des néons avec des sinogrammes, ce bar donne l'impression d'avoir été téléporté dans une rue branchée de Hong Kong. Art Monster est la première brasserie à proposer des bières artisanales en libre-service et un des lieux les plus populaires de la vie nocturne à Gangnam.

3. Brasserie Goose Island
구스아일랜드브루하우스

Pub ₩₩

🏠 118 Yeoksam-ro, Gangnam-gu
📱 +82 2-6205-1785
🕓 Lun-jeu 11h30-minuit, ven-sam 11h30-1h, dim 11h30-22h

Pub branché qui sert une large gamme de bières de la marque Goose Island, très célèbre en Corée. La carte est très fournie en bières, cocktails et snacks. L'atmosphère est jeune et conviviale.

4. Club Octagon
옥타곤 클럽

Club ₩₩₩

🏠 645 Nonhyeon-ro, Gangnam-gu
📱 +82 10-9031-0808
🕓 Mer-dim 23h-7h
🔗 www.instagram.com/octagonseoul/?hl=fr

Un des clubs les plus connus de Séoul, cette boîte de nuit hip-hop gigantesque est composée de quatre bars, plusieurs salles privées, une très grande salle de danse et des équipements sonores à la pointe de la technologie. L'entrée est à 30 000 wons et inclut un cocktail gratuit. Testez notamment les cocktails maison Red Octagon et Pink Octagon.

5. Le Chamber
르챔버

Bar à cocktails ₩₩₩

🏠 42 Dosan-daero 55-gil, Gangnam-gu
📱 +82 2-6337-2014
🕓 Lun-jeu 19h-3h, ven-sam 19h-4h, dim 19h-2h

Bar très huppé du quartier ultra-chic de Cheongdam, Le Chamber est l'un des lieux les plus raffinés de Séoul. Les propriétaires, Eom Do-hwan, Lim Jae-jin et Park Sung-min, sont des barmans étoilés et très réputés à l'international. Avec une entrée en forme de bibliothèque et un intérieur digne d'un décor de film, ce lounge est le lieu de rendez-vous de la jeunesse dorée de la capitale.

6. Mikkeller Bar Seoul
미켈러바코리아

Pub gastronomique ₩₩

🏠 33 Dosan-daero 17-gil, Gangnam-gu
📱 +82 70-4231-4723
🕓 Lun-ven 17h-minuit, sam 14h-minuit, dim 14h-23h

Brasserie branchée qui sert d'excellentes bières artisanales pression, dans un décor épuré et convivial. Vous pourrez également y déguster des planches apéritives et plats maison, notamment un délicieux burger !

7. SAHM
샴

Bar à cocktails ₩₩

🏠 5-6 Apgujeong-ro 46-gil, Gangnam-gu
📱 +82 70-4125-6413
🕓 Lun-jeu 19h-3h, ven-sam 19h-4h, dim 20h-2h
🔗 www.instagram.com/bar_sahm/

Proche d'Apgujeong, ce petit bar branché sert des cocktails et des whiskys dans un décor tamisé et sophistiqué, qui n'a rien à envier aux grands lounges de la capitale. L'ambiance intimiste et l'atmosphère sophistiquée en font un des incontournables du quartier depuis sa création en 2010.

LES PETITES PAUSES !

8. Alver Coffee
알베르

Café ₩

🏠 34 Gangnam-daero 102-gil, Gangnam-gu
📱 +82 2-566-6181
🕓 Tlj. 11h-23h
🔗 www.instagram.com/alver_coffee/

Café tendance du quartier de Yeoksam-dong, logé dans une salle gigantesque aux murs en briques. Les tables sont surplombées d'un lustre imposant qui éclaire la pièce d'un lumière douce, diffusant une atmosphère agréable. Il s'agit du lieu de tournage de plusieurs séries et émissions de télévision, notamment le *drama* à succès *Jealousy Incarnate* (2016).

9. Ikovox Coffee
이코복스커피

Café ₩

🏠 37 Apgujeong-ro 10-gil, Gangnam-gu
📱 +82 2-545-2010
🕓 Tlj. 9h-23h

Café populaire proche d'Apgujeong apprécié pour sa grande diversité de grains premium et sa terrasse. L'*affogato* y est particulièrement réputé.

10. Perhaps
퍼햅스

Café ₩

🏠 29 Baekjegobun-ro 29-gil, Songpa-gu
📱 +82 70-4147-9811
🕓 Mar-dim 12h-21h
🔗 www.instagram.com/perhaps_coffee/

Coffee shop indépendant cosy caché dans une petite allée du quartier résidentiel de Jamsil. L'intérieur vintage décoré par la gérante est très joli et toutes les pâtisseries sont faites maison par ses soins. Une gemme dans le quartier !

SE RESTAURER

11. Byeokdol Happy Food

벽돌해피푸드 압구정점

Cuisine chinoise ₩

🏠 36 Dosan-daero 51-gil, Gangnam-gu

+82 2-514-0200

Lun-jeu 12h-15h / 17h-minuit, ven-sam 12h-15h / 17h-3h

www.instagram.com/bycdol_happy_food/

Restaurant très célèbre auprès des jeunes du quartier, ce lieu branché aux murs de briques et tables en îlots donne l'impression d'être dans un *dinner* de Chinatown à New York. La cuisine est excellente et l'ambiance conviviale et branchée.

12. Chick Peace

칙피스

Cuisine libanaise ₩

🏠 69 Gangnam-daero 152-gil, Gangnam-gu

+82 2-6956-6780

Tlj. 11h30-21h

Restaurant végétarien d'inspiration libanaise qui vend du houmous, des *shawarma*, des burgers aux falafels, etc. Les sandwichs sont délicieux, et les prix très raisonnables !

13. Chun Sikdang

춘식당

Cuisine coréenne ₩₩₩

🏠 17 Dosan-daero 23-gil, Gangnam-gu

+82 2-511-4022

Lun-Sam 11h30-14h30, 17h-22h

Restaurant coréen huppé proche de Garosugil spécialisé dans la cuisine coréenne gastronomique dans un cadre chic et branché. Le service est parfait et la cuisine d'une rare qualité !

14. Gaemijib

개미집

Cuisine coréenne ₩₩₩

🏠 110 Apgujeong-ro, Gangnam-gu

+ 82 2-541-5955

Tlj. 16h-minuit

Pub gastronomique réputé, spécialisé dans la cuisine de la région du Jeolla-do. On y sert des plats typiques tels que le bouillon de poulpe épicé ainsi que des plats fusion comme la galette au kimchi et à la mozzarella. On y trouve également une excellente sélection de *soju* 소주 et de *makgeolli* 막걸리 de première qualité.

15. Kwonsuksu

권숙수

Cuisine coréenne ₩₩₩₩

🏠 37 Apgujeong-ro 80-gil, Gangnam-gu

+82 2-542-6268

Lun-sam 12h-15h / 18h-22h30

Ce restaurant gastronomique recommandé par le guide Michelin 2019 est géré par le chef Kwon Woo-joong qui se spécialise dans l'art culinaire coréen traditionnel. *Suksu* signifie « cuisine professionnelle » en coréen ancien. On retrouve dans la qualité des plats la passion du chef qui cherche à toujours innover dans la préparation des ingrédients traditionnels. Un *must-go* !

16. Sixième Jour
씨젬므주르

Cuisine italienne ₩

🏠 25 Baekjegobun-ro 41-gil, Song-pa-gu
📱 +82 70-4179-4142
🕓 Lun-sam 11h-15h / 17h-20h
🔗 www.instagram.com/sixieme_jour/

Excellent restaurant de cuisine italienne et végétarienne du quartier de Jamsil qui sert notamment d'excellents plats de pâtes et risottos à des prix très abordables.

17. Villa de Spicy
빌라 드 스파이시 가로수길점

Cuisine coréenne ₩

🏠 14-3 Garosu-gil, gangnam-gu
📱 +82 2-518-1973
🕓 Tlj. 11h-15h / 17h-22h
🔗 www.instagram.com/villadespicy/

Restaurant original qui revisite un classique de la *street food* coréenne, les *tteokbokki* 떡볶이. Non seulement vous pourrez y déguster différentes variétés, sauces et niveaux d'épices dans un cadre branché, mais vous pourrez également profiter de l'espace shopping qui vend des vêtements et accessoires de mode, pour associer les deux passions des créateurs : la *street food* et la mode !

BONS PLANS ET ACTIVITÉS ALTERNATIVES

18. Bongeunsa
봉은사

Temple

🏠 531 Bongeunsa-ro, Gangnam-gu
📱 +82 2-3218-4800
🕓 Variable selon les cérémonies

Construit en 794 sous le Silla (un des trois royaumes de Corée), Bongeunsa est l'un des monastères les plus emblématiques de Séoul. On y trouve par ailleurs plusieurs trésors nationaux historiques et culturels, tels que la statue de 28 mètres du Maitreya représentant le Bouddha du futur, reconnaissable à sa position debout et faisant face au centre commercial COEX et au quartier des affaires de Gangnam. Vous pouvez également participer à des programmes culturels tels que les *Temple Stay*, les initiations à la méditation ou à la cuisine bouddhiste traditionnelle. Pensez à vous y rendre la première semaine de mai pendant le festival des Lanternes de lotus qui célèbre l'anniversaire de Bouddha. Si vous souhaitez assister à la cérémonie des percussions, venez autour de 4h du matin ou de 18h (horaires variables selon les saisons).

19. Choi Ina Books
최인아책방

Librairie

🏠 521 Seolleung-ro, Gangnam-gu
📱 +82 2-2088-7330
🕓 Tlj. 12h-19h
🔗 www.instagram.com/inabooks/

Choi Ina Books est une librairie et un espace culturel qui propose une collection de plus de 5 000 ouvrages et catalogues. On peut y assister à des réunions, conférences et concerts privés et profiter du coin café installé pour

bouquiner tranquillement entre les étagères.

20. Parc Dosan
도산공원

Parc

🏠 20 Dosan-daero 45-gil, Gangnam-gu
📱 Tlj. 24/24h

Parc construit en l'honneur de l'homme politique et militant indépendantiste, Ahn Chang-ho, qui a rédigé de nombreux écrits sous l'occupation japonaise (1905-1945) en faveur de la libération de la Corée sous le pseudonyme Dosan. Un mémorial lui est dédié à l'intérieur du parc, où vous pourrez trouver des statues à son effigie ainsi que des précisions sur ses écrits et sa vie. Le parc est connu sous le nom de Central Park à Gangnam et est très célèbre auprès des jeunes marié·e·s. C'est également le lieu de tournage de nombreuses séries et émissions dont les shows à succès *Infinite Challenge* et *Running Park*. C'est un petit îlot de verdure dans un quartier qui en manque, et le point de départ pour explorer Cheongdam-dong et Apgujeong.

21. Kukkiwon
국기원

Centre sportif

🏠 32 Teheran-ro 7-gil, Gangnam-gu
📱 +82 2-567-1058
🕓 Lun-ven 9h-11h30 / 13h-17h30

Créé en 1972, Kukkiwon est le siège mondial du taekwondo, sport national traditionnel encore très populaire en Corée. Vous pouvez y assister à des représentations et compétitions sportives et participer à des programmes d'initiation et de cours de taekwondo par des professionnels.

22. Little Farmers
리틀파머스

Shopping

🏠 240 Olympic-ro, Songpa-gu
Centre commercial Lotte (2e étage)
📱 +82 2-2143-1817
🔗 http://www.littlefarmers.co.kr/
🕓 Tlj. 10h30-20h

Maroquinerie qui vend des chaussures et sacs écologiques, dont certains à base de produits recyclés, notamment à base de papier journal. On y trouve également des livres et des CD de musique coréenne indépendante.

23. Seonjeongneung
선정릉

Sanctuaire

🏠 1 Seolleung-ro 100-gil, Gangnam-gu
📱 +82 2-568-1291
🕓 Mar-dim 6h-21h (mars-oct), 6h30-17h30 (nov-jan), 6h-18h (fév)
₩ 19-64 ans 1 000 wons, 7-18 ans 500 wons

Seonjeongneung est un ensemble de sanctuaires et tombes royales de Seolleung et de Jeongneung, du roi Seongjong (1469-1494), de sa femme, la reine Jeonghyeon (1462-1530), et du roi Jungjong (1506-1544). Vous y trouverez, en plus des lieux de cultes et des tombes elles-mêmes, de nombreux sentiers de promenade et des espaces verts isolés du reste de la ville, un paysage assez rare dans le quartier ultra-urbanisé de Gangnam.

24. Seoul Forest
서울숲

Parc

🏠 273 Ttukseom-ro, Seongdong-gu
📱 +82 2-460-2905
🔗 http://seoulforest.or.kr/english

Située proche du ruisseau de Jungnangcheon et de la rivière Han, la Forêt de Séoul est un ancien terrain de course hippique transformé en parc municipal en 2005. L'espace est divisé en quatre zones, un parc culturel et artistique, un parc éducatif, une forêt écologique et des bords de rivière aménagés. C'est le lieu idéal pour un après-midi dans la nature. Beaucoup de Séoulites s'y rendent pour y pique-niquer et faire du sport.

HÔTELS ET GUESTHOUSES

25. Big John's Place
빅존스플레이스

Guesthouse

🏠 31-1 Gangnam-daero 110-gil, Gangnam-gu
📱 +82 10-3114-9132
🔗 www.bigjohnsplace.net/
₩ 40 000 - 140 000 wons

Située au cœur de Gangnam, cette *guesthouse* toute équipée et à l'emplacement idéal est parfaite pour un séjour à Séoul. Vous pourrez même y profiter du barbecue et du jacuzzi extérieur pour un prix de 100 000 wons pour cinq personnes (de 12h à 17h ou de 19h à 23h) !

GANGNAM et ses alentours

Rue / Quartier à visiter
Restaurant
Bar
Café / Salon de thé
Shopping
Hôtel / Guesthouse
Balade
Bus / Métro
Espace vert
Banque

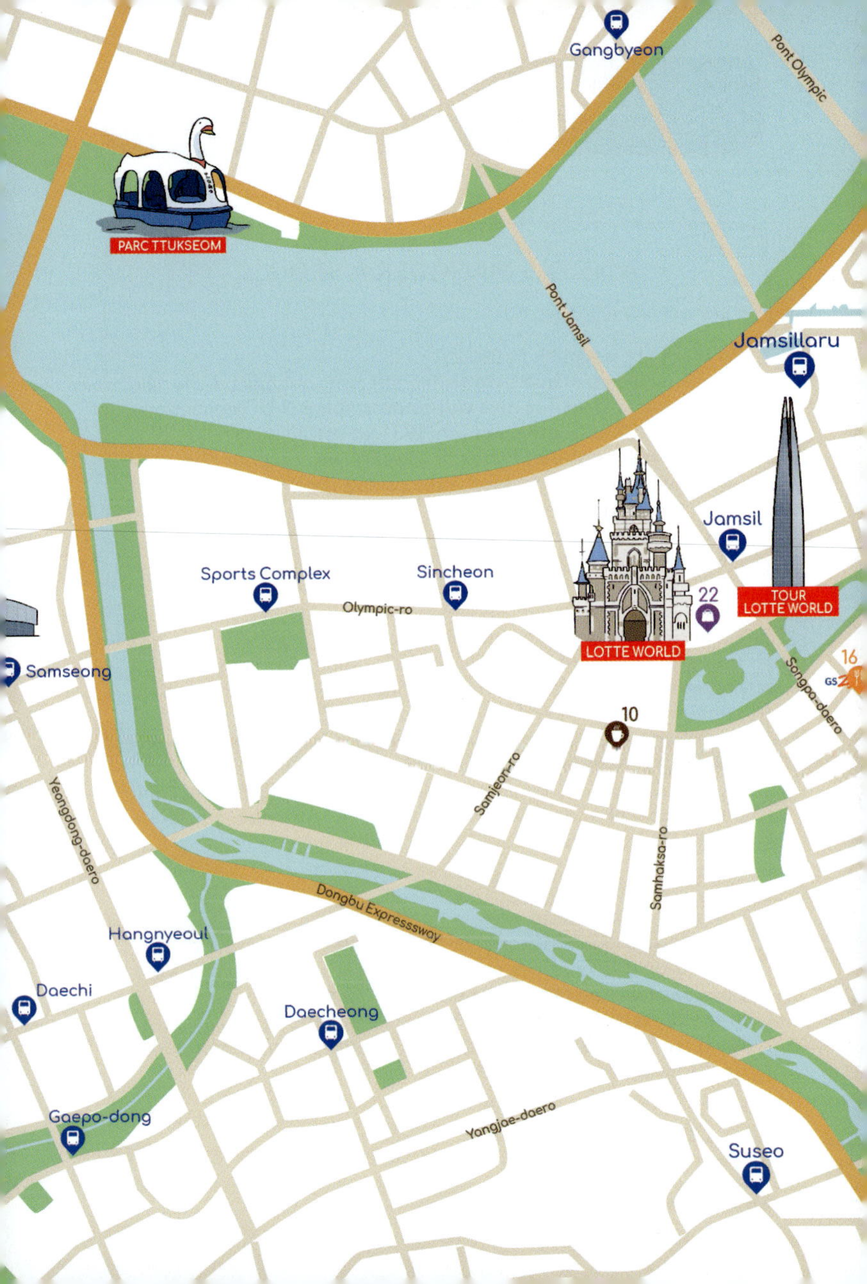

Gangbyeon
Pont Olympic
PARC TTUKSEOM
Pont Jamsil
Jamsillaru
Jamsil
Sports Complex
Sincheon
Olympic-ro
22
TOUR
LOTTE WORLD
LOTTE WORLD
Samseong
16
GS
Songpa-daero
10
Samjeon-ro
Yeongdong-daero
Samhaksa-ro
Dongbu Expresssway
Hangnyeoul
Daechi
Daecheong
Gaepo-dong
Yongjae-daero
Suseo

À NE PAS MANQUER À SÉOUL...

En mars : LE MARATHON DE SÉOUL.
Quelle meilleure manière de visiter différents quartiers d'une ville que de courir dans ses rues vidées de voitures ? Le premier marathon de Séoul a été couru en 1931 et est aujourd'hui le plus vieux marathon d'Asie. Partez de Gwanghwamun pour découvrir Séoul en courant, et finissez votre course dans l'impressionnant stade Olympique !
Une course de 10 km est également prévue le même jour.
Inscriptions (en anglais) : https://www.seoul-marathon.kr/

En avril : LA FLORAISON DES CERISIERS.
Toute aussi impressionnante qu'au Japon, la floraison des pruniers et des cerisiers permet de profiter des premiers jours du printemps dans une ambiance très joyeuse. Essayez d'arriver tôt !
Où ? Partout en Corée. À Séoul, vous pourrez admirer les cerisiers de Yeouido (National Assembly Station, ligne 9), Seokchon lake (Jamsil Station, ligne 2 et 8), Seoul Forest (Seoul Forest, ligne Bundangseon) et de bien d'autres endroits ! Attention aux fortes affluences le weekend.

LE FESTIVAL DES LANTERNES.
À ne pas manquer, à l'approche de l'anniversaire de Bouddha : la procession des lanternes entre Gwanghwamun et Jogyesa. Vous pourrez même en faire partie en vous inscrivant gratuitement sur le site du Yeon Deung Hoe http://www.llf.or.kr/eng/ (en anglais).
Où ? Le long de l'avenue Jongno, métro Dongdaemun, Jongno-3ga, Jongno-5ga ou Jonggak.

14. Seocho-gu, Bangbae-dong et Seorae Maeul

Seocho-gu est un quartier chic à l'ouest de Gangnam. On y trouve des zones résidentielles huppées comme le village français de **Seorae Maeul** 서래마을 centré autour du **Lycée français de Séoul**, célèbre pour ses restaurants, ses pâtisseries sophistiquées et son **Parc Montmartre**. Il s'agit également d'une région administrative importante où sont établies notamment la Cour suprême de Corée du Sud et la Bibliothèque nationale de Corée.

Hormis ses lieux de rendez-vous branchés, vous y trouverez de nombreux endroits pour vous balader, le long du fleuve Han, vers les îles artificielles de **Some Sevit**, ou le pont **Banpo**, ses illuminations et son marché nocturne.

Pour une promenade romantique, rendez-vous vers la rue appelée **« rue des amoureux »** qui longe le ruisseau de **Yangjecheon** et arrêtez-vous dans l'un des cafés et bars à vins à l'atmosphère idyllique qui animent le quartier.

PRENDRE UN VERRE

1. Ark Pub
아크펍

Pub ₩

🏠 29 Seocho-daero 74-gil, Seocho-gu
📱 +82 2-3472-2977
🕓 Lun-ven 11h-1h, sam 17h-1h
Brasserie branchée installée dans une petite rue isolée du bruit de la ville, mais à quelques pas de la station Gangnam. Le décor est industriel et moderne, avec des néons sur les murs. On y trouve une variété de bières et de snacks pour satisfaire tous les goûts. Asseyez-vous sur la terrasse et profitez de l'ambiance conviviale d'un des bars montants du quartier.

2. Craftbros Taphouse
크래프트브로스 탭하우스 & 바틀샵

Pub gastronomique ₩

🏠 18 Sapyeong-daero 22-gil, Seocho-gu
📱 +82 2-537-7451
🕓 Lun-ven 17h-1h, sam-dim 15h-1h
Petit bar de Banpo à la très jolie façade de briques et à la décoration originale, qui propose une bonne sélection de bières coréennes et étrangères, dont la très locale Gangnam Pale Ale. Restez également pour le menu, où vous aurez notamment le choix entre planche de charcuterie et couscous marocain !
Le petit + : le bar fait également office de boutique où vous pouvez vous procurer de nombreuses bières artisanales !

3. Devil's Door
데블스도어 센트럴시티점

Pub ₩₩

🏠 205 Sapyeong-daero, Seocho-gu
📱 +82 2-6282-4466
🕓 Lun-jeu 11h30-minuit, ven-sam 11h30-1h, dim 11h30-23h
Pub gastronomique d'inspiration américaine. On y sert des pizzas et burgers maison accompagnés de bières artisanales pression de très bonne qualité.

4. Diva Janus
디바야누스

Club de jazz ₩

🏠 9-8 Seocho-daero 54-gil, Seocho-gu
📱 +82 2-523-3934
🕓 Tlj. 20h30-23h
Club de jazz en activité depuis plus de quarante ans, il s'agit d'un incontournable de la scène musicale à Séoul, fondé à Daehak-ro par la célèbre chanteuse de jazz Park Sung-yeon. Fermé pendant plusieurs années, il a été rouvert par Malo et Hong Se-jon, figures de référence du jazz contemporain en Corée. Pour assister à l'une des performances hebdomadaires de Malo, venez le mercredi soir à 20h30. Les sessions *jam* sont organisées tous les dimanches soir !

Sans oublier le **Moulin Sorae** présenté p. 81 !

LES PETITES PAUSES !

5. Café Mamas
카페마마스 강남역점

Café ₩

🏠 138 Seoun-ro, Seocho-gu
📱 +82 2-584-1260
🕓 Tlj. 10h30-21h
Réputé pour ses brunchs, ce café cosy propose un ensemble de boissons et snacks délicieux, dans une atmosphère calme et posée, assez rare pour les cafés autour de Gangnam.

6. Konggan 21
공간21

Café ₩₩₩

🏠 42 Seocho-daero 46-gil, Seocho-gu
📱 +82 2-523-0021
🕓 Tlj. 9h-21h

Petit espace spécialisé dans le travail du café, vous y trouverez de nombreuses machines à café et ustensiles traditionnels, qui donnent à ce lieu une atmosphère très particulière. Les grains de cafés premium sont importés d'Ethiopie, du Panama, du Brésil, etc. Si vous êtes fan de café, rendez-vous à Konggan 21 !

7. Les Prémices
레스 프레미스

Pâtisserie ₩₩

🏠 36 Nambusunhwan-ro 337-gil, Seocho-gu
📱 +82 2-571-3127
🕓 Mar-dim 12h-20h30

Ce salon de thé-pâtisserie, célèbre dans le quartier de Nambu Bus Terminal, sert de nombreuses variétés de délicieux macarons, *pound cakes* et cookies.

8. Parlor M
팔러엠

Desserts ₩₩

🏠 77 Sapyeong-daero 28-gil, Seocho-gu
📱 +82 2-6407-1277
🕓 Mar-dim 10h-21h

Café spécialisé dans les yaourts faits maison. Vous pouvez choisir une des bases suivantes : sans graisse, allégé ou crémeux. Vous avez ensuite le choix entre plusieurs *toppings* : fruits, chocolat, noix, avocat, etc.

9. Tieris
티에리스

Salon de thé ₩₩

🏠 9-1 Nambusunhwan-ro 287-gil, Seocho-gu
📱 +82 10-2537-2998
🕓 Mer-lun 12h30-22h

Ce petit salon de thé indépendant proche de la station Sadang ressemble à une boutique de thé japonaise, avec ses meubles en bois de pin, ses étagères remplies de vaisselle et de boîtes de thé, et ses tentures le long du comptoir. Le menu propose une très importante sélection de thés de saison, thés au lait, thés parfumés, tisanes d'herbes, etc. Restez également pour les succulentes pâtisseries et snacks vendus pour accompagner votre boisson.

SE RESTAURER

10. Apple House
애플하우스

Cuisine coréenne ₩

🏠 50 Sinbanpo-ro, Seocho-gu
📱 +82 2-595-1629
🕓 Tlj 10h-21h30

Ce restaurant populaire est très apprécié pour ses *tteokbokki* 떡볶이 et *ramyeon* 라면 bon marché. Nous vous conseillons également les raviolis maison frits dans une sauce *gochujang* 고추장, pâte de piment fermenté, qui sont inoubliables.

11. Dito
디토

Cuisine italienne ₩

🏠 94 Myeongdal-ro, Seocho-gu
📱 +82 2-3471-7021
🕓 Mar-ven 13h-15h, 17h-22h, sam-dim , 11h50-15h, 17h-21h30
🔗 www.instagram.com/dito_seocho/

Ce bistrot branché sert de délicieuses spécialités italiennes dans un décor moderne et épuré. Le restaurant apparaît dans les séries à succès *The Secret Life of My Secretary* (2019) et *My ID Is Gangnam Beauty* (2018).

12. Food Does Matter
푸드더즈매터

Cuisine végane ₩

🏠 10 Sorae-ro 1-gil, Seocho-gu
+82 507-1440-3323
Lun-jeu 10h-21h, ven-sam 10h-22h
www.instagram.com/food_does_matter/

Nouveau restaurant de cuisine végane du quartier de Seorae Maeul. Vous y trouverez des tacos, burgers ou bruschettas véganes ainsi que de nombreuses boissons *healthy* (*kombucha*, thés maison, etc.).

13. July
줄라이

Cuisine française ₩₩₩

🏠 164 Donggwang-ro, Seocho-gu
+82 2-534-9544
Mar-sam 12h-15h / 18h-22h

July est un restaurant français recommandé par le guide Michelin et géré par le chef Oh Se-deuk, célèbre en Corée pour sa participation à de nombreuses émissions de cuisine. Vous pourrez y déguster d'excellentes recettes françaises.

14. Marusim
마루심

Cuisine japonaise ₩₩

🏠 10 Gomurae-ro 10-gil, Seocho-gu
+82 2-592-8998
Tlj. 11h-15h / 17h-22h (en continu le weekend)

Restaurant japonais raffiné qui sert le meilleur *hitsumabushi* de la ville, plat traditionnel de riz recouvert d'anguille grillée. Le service et la présentation sont remarquables !

15. Menya Hanabi
멘야하나비 신사점

Cuisine japonaise ₩

🏠 18-1 Gangnam-daero 101an-gil, Seocho-gu
+82 70-8847-7788
Mar-ven 11h30-21h, sam-dim 11h-21h (fermé le deuxième mardi du mois)
www.instagram.com/menya_hanabi/?hl=ko

Ce petit restaurant de *ramen* japonais est très apprécié pour ses délicieuses *maze soba*, nouilles de sarrasin accompagnées de viande, légumes et œufs mollets. Attendez-vous à faire la queue pour entrer, ce lieu est une destination très tendance dans le quartier !

16. Minami
미나미

Cuisine japonaise ₩₩

🏠 31-2 Seocho-daero 58-gil, Seocho-gu
+82 2-522-0373
Mer-dim 11h30-14h30 / 17h30-20h30
www.instagram.com/soba_minami/

Ce restaurant recommandé par le guide Michelin propose plus de vingt variétés de *soba*, idéal pour découvrir des recettes originales et moins faciles à trouver dans les autres restaurants spécialisés dans les nouilles de sarrasin.

17. Sigol Yachae Tuenjang
시골야채된장

Cuisine coréenne ₩

🏠 11 Gangnam-daero 69-gil, Seocho-gu
📱 +82 2-3482-7626
🕓 Tlj. 6h-23h
Restaurant local spécialisé dans les recettes à base de *doenjang* 된장, pâte de soja fermenté, dont un excellent 시골야채된장비빔밥, *bibimbab* à base de légumes de saison et *doenjang*, un régal !

18. Seoho Gimbab
서호김밥

Cuisine coréenne ₩

🏠 141-1 Bangbaejungang-ro, Seocho-gu
📱 +82 2-594-4434
🕓 Mar-dim 10h30-14h30 / 16h30-20h30
Ouvert en 1992, ce restaurant convivial et populaire est parfait pour les grandes faims et les petits budgets : vous y trouverez les meilleurs *gimbab* 김밥 du quartier, pour un prix imbattable.

19. Soigne
스와니예

Cuisine fusion ₩₩₩₩

🏠 46 Banpo-daero 39-gil, Seocho-gu
📱 +82 2-3477-9386
🕓 Tlj. 12h-15h / 18h-22h30
🔗 www.instagram.com/soigneseoul/
Soigné est un restaurant gastronomique du quartier français de Seorae Maeul. Son chef coréen Lee Jun cherche à mettre au centre de ses plats la beauté et l'harmonie entre les ingrédients utilisés. Véritable expérience culinaire, ce restaurant est un incontournable pour tou·te·s les amateur·trice·s de grande gastronomie.

BONS PLANS ET ACTIVITÉS ALTERNATIVES

20. Centre national Gugak
국립국악원

Salle de spectacle

🏠 2364 Nambusunhwan-ro, Seocho-gu
📱 +82 2-580-3300
🔗 http://www.gugak.go.kr
🕓 Selon les spectacles
Le Centre national Gugak a été développé dans le but de promouvoir et développer la culture et les arts traditionnels coréens, notamment à travers la danse et la musique. De nombreux spectacles de danse et de musique traditionnelles y sont organisés chaque semaine, ainsi que des programmes éducatifs. Vous pourrez notamment y assister au cours de danse et de musique *gugak*, qui initie les étranger·ère·s à cet art sur un programme de douze semaines, avec une représentation à la fin de la formation. N'hésitez pas à consulter leur site pour assister à des spectacles ou y faire une expérience culturelle !

21. Heonilleung
헌인릉

Sanctuaire

🏠 36-10 Hoenilleung-ro, Seocho-gu
📱 +82 2-445-0347
🕓 Mar-dim, fév-mai, sept-oct 9h-18h / juin-août 9h-18h30 / nov-jan 9h-17h30
₩ 19-64 ans 800 wons ; 7-18 ans 400 wons
Heonilleung est un sanctuaire assez peu fréquenté par les touristes, où vous pourrez visiter les tombes royales Heollung du roi Taejong (1367-1422) et de son épouse la reine Wongyeong (1365-1420), et Illeung, les tombes du roi Sunjo (1790-1834) et de sa femme la reine Sunwon (1789-1857). Vous pour-

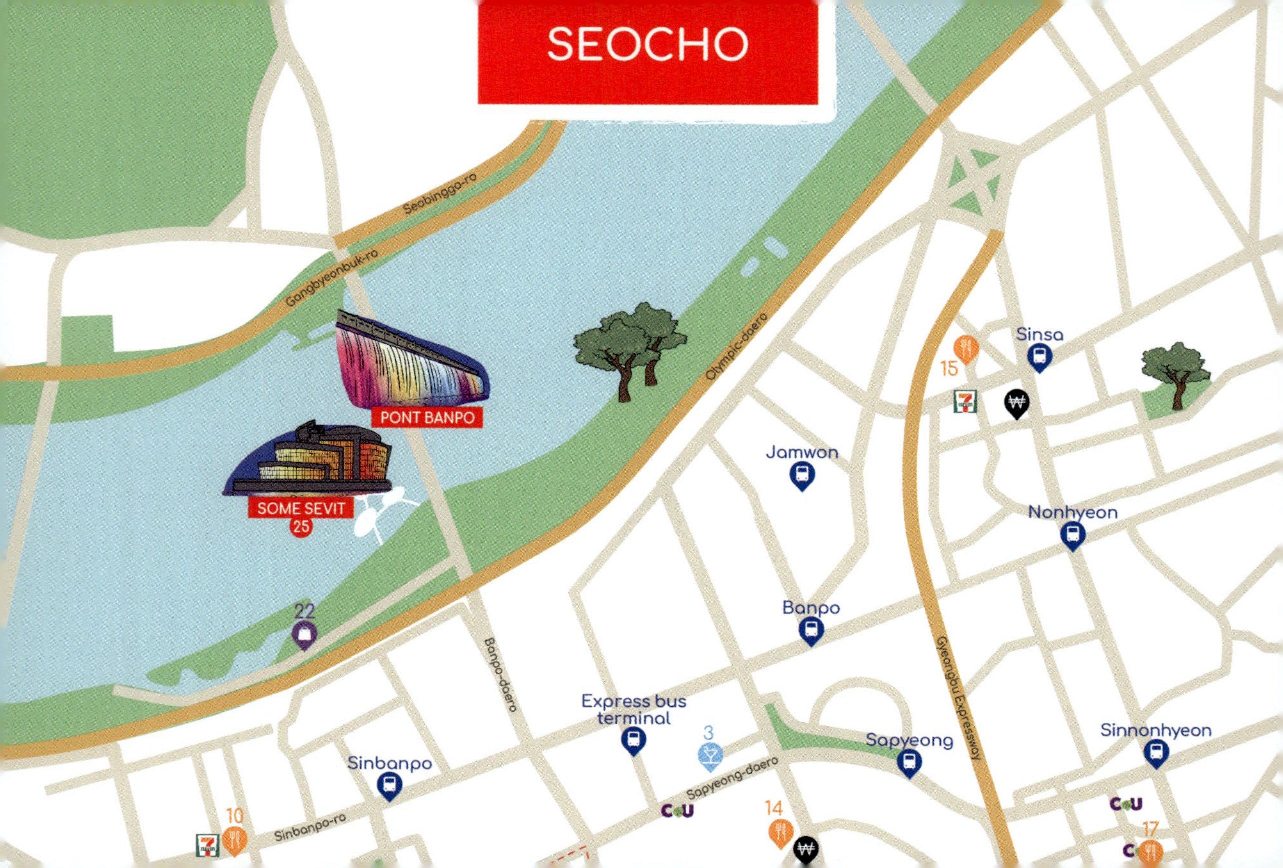
SEOCHO
Seobinggo-ro
Gangbyeonbuk-ro
Olympic-daero
PONT BANPO
SOME SEVIT
25
22
Banpo-daero
Sinsa
15
Jamwon
Nonhyeon
Banpo
Gyeongbu Expressway
Express bus terminal
3
Sapyeong
Sinnonhyeon
Sinbanpo
Sapyeong-daero
Sinbanpo-ro
10
14
17

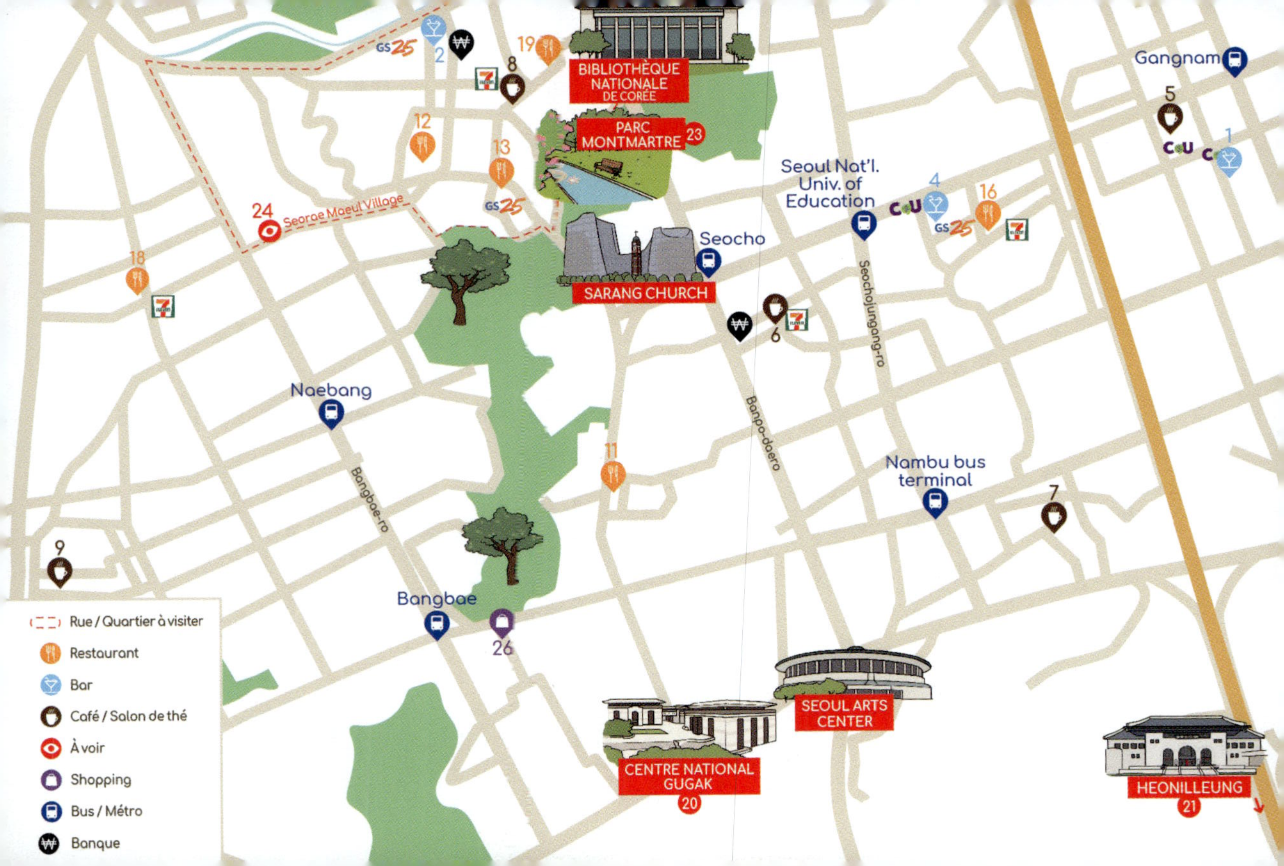

BIBLIOTHÈQUE NATIONALE DE CORÉE
PARC MONTMARTRE 23
SARANG CHURCH
Seocho
Seoul Nat'l. Univ. of Education
Gangnam
Seochojungang-ro
Banpo-daero
Nambu bus terminal
Naebang
Bangbae-ro
Bangbae
24 Seorae Maeul Village
CENTRE NATIONAL GUGAK 20
SEOUL ARTS CENTER
HEONILLEUNG 21
1
2
4
5
6
7
8
9
11
12
13
16
18
19
26
Rue / Quartier à visiter
Restaurant
Bar
Café / Salon de thé
À voir
Shopping
Bus / Métro
Banque

rez assister chaque vendredi à la cérémonie des gardiens des tombes royales.

22. Marché nocturne de Banpo
반포낭만달빛마켓

Marché de nuit

🏠 40 Sinbanpo-ro 11-gil, Seocho-gu
🕓 Ven-sam 18h-23h
🔗 https://www.bamdokkaebi.org/bp-introduce

Ce marché nocturne est surnommé le marché romantique de Banpo, car la vue de nuit sur la rivière Han et les berges aménagées est particulièrement poétique. Ce marché artistique a lieu tous les vendredis et samedis et propose des événements et spectacles pour accompagner votre soirée entre les différents stands de *street food.*

23. Parc Montmartre
몽마르트 공원

Parc

🏠 59 Banpo-daero 37-gil, Seocho-gu
📱 +82 2-2155-6860
🕓 Tlj. 24h/24

Ancienne forêt d'acacias sauvages, le parc Montmartre a été réaménagé en 2000 dans le cadre du projet de développement urbain de Seocho-gu. Le parc doit son nom à sa proximité avec le quartier français de Seorae Maeul. C'est un excellent lieu pour se balader et pique-niquer tout en admirant la ville.

24. Seorae Village (Maeul)
서래마을

Quartier

🔗 http://global.seoul.go.kr/index.do?site_code=2401

Seorae Maeul est le nom donné au quartier français de Seocho-gu, qui rassemble de nombreux Français, étudiant·e·s, expatrié·e·s, diplomates, etc. C'est là que réside plus de 40 % de la communauté française de Séoul, notamment en raison de la proximité du Lycée français de Séoul, au bout de l'avenue Seorae-ro. Ainsi, la signalisation y est traduite en français et on y trouve plusieurs restaurants, boutiques et cafés français. Si vous avez le mal du pays ou souhaitez participer à des activités, n'hésitez pas à vous y rendre, et pourquoi pas visiter le Seorae Global Village Center qui organise notamment des événements pour faciliter l'intégration des étranger·ère·s en Corée.

25. Some Sevit
세빛섬

Espace culturel

🏠 683 Olympic-daero, Seocho-gu
📱 +82 1566-3433
🕓 Tlj. 9h-23h

Some Sevit est un espace culturel flottant, installé le long des berges de la rivière Han. Il est composé de quatre îles artificielles, nommées Some Gavi, Some Chaevit, Some Solvit et Some Yevit, où l'on trouve des restaurants huppés, buffets, salles d'exposition, de spectacle ou encore espaces de réception pour mariages ou conférences. Ce lieu est populaire pour ses illuminations nocturnes qui habillent le paysage du fleuve Han et en fait un lieu de tournage de *drama* et de films très apprécié.

26. Rm360
룸360

Shopping

🏠 8 Hyoryeong-ro 36-gil, Seocho-gu
📱 +82 2-3474-0360
🕓 Mer-dim 13h-20h

Petite boutique de CD et vinyles proche de la station Bangbae, gérée par le collectif d'artistes 360sounds. Vous y trouverez l'une des meilleures sélections musicales de la ville, depuis la musique soul, funk et disco des années 1960 jusqu'aux nouveaux sons indépendants du moment.

15. Yeouido, Yeongdeungpo et Seoul National University

Le district de Yeongdeungpo est célèbre pour le quartier financier de **Yeouido** 여의도, également appelé le Manhattan de Séoul. On y trouve en effet les grandes instances politiques et financières du pays, telles que l'**Assemblée nationale de Corée**, le siège de la puissante chaîne multimédia **KBS** ou le célèbre **63 building**, un des plus grands bâtiments de la ville et symbole de la croissance économique du pays dans les années 1980.

Yeouido est aujourd'hui très apprécié par les Séoulites pour les différents espaces de détente qu'il abrite, notamment les berges aménagées du **Parc Yeouido Hangang**, et le romantique **Parc de Yeouido**. C'est également une zone commerciale très fréquentée avec le fameux **marché aux poissons de Noryangjin**, ainsi que le très moderne centre commercial **Time Square**, qui finit de placer Yeouido au cœur de l'activité économique de la ville.

Plus au sud, autour du quartier de **Mullae-dong**, on va des anciennes zones industrielles en pleine gentrification jusqu'aux rues branchées qui mènent à la célèbre université **Seoul National University**.

PRENDRE UN VERRE

1. Beer Post Bar
비어포스트 바

Bar à bières ₩₩

🏠 15 Dorim-ro 131-gil, Yeongdeungpo-gu

📱 +82 2-2068-6277

🕓 Lun-jeu-dim 16h-minuit, ven-sam 16h-1h

Beer Post est un magazine local coréen très prisé par les amateur·trice·s de bières, qui a son bar/boutique dédié dans le quartier de Mullae-dong. L'ambiance est jeune et conviviale et vous pourrez y siroter tranquillement une des bières locales du moment, tout en feuilletant les magazines exposés sur les étagères.

2. Beervana
비어바나

Bar à bières ₩₩

🏠 5-1 Dorim-ro 129-gil, Yeongdeungpo-gu

📱 +82 2-2634-6277

🕓 Lun-sam 13h-1h, dim 13h-minuit

🔗 www.instagram.com/beervana_brewery_seoul/

Coup de ❤ : ancienne usine métallurgique du quartier industriel de Mullae-dong, ce bar s'étend sur trois étages dans un décor vintage qui ravira les chasseur·sseuse·s de bars *trendy*. Venez profiter notamment du superbe *rooftop* aménagé et de sa vue imprenable sur le quartier, où vous pourrez vous prélasser tout en dégustant une des bières artisanales vendues dans les étages inférieurs !

3. Bronx
브롱스 동여의도점

Bar à bières ₩

🏠 17 Yeouidaebang-ro 65-gil, Yeongdeungpo-gu (sous-sol)

📱 +82 2-761-3361

🕓 Lun-jeu 17h-2h, ven 17h-3h, sam 17h30-1h

Bar sympathique au décor industriel qui propose une sélection de bières artisanales coréennes ou importées ainsi que de très bons snacks classiques tels que la pizza ou les *chicken wings*.

Le petit + : Bronx est une chaîne de pubs à Séoul qui a l'avantage de proposer des prix imbattables. Venez notamment pendant l'*Happy Hour* pour profiter d'une bière à 2 500 wons !

4. E Mok Gu B
이목구비

Bar à bières ₩

🏠 19 Yeongsin-ro 32-gil, Yeongdeungpo-gu

📱 +82 2-2679-5520

🕓 Lun-ven 18h-2h, sam-dim 16h-2h

Petite brasserie locale du quartier, ce bar est à visiter au moins une fois pour sa décoration très urbaine (tags, néons, mobilier industriel). Les bières sont excellentes et on y sert de nombreux snacks inoubliables : des *jjajangmyeon* 짜장면 maison, et surtout un cake de marshmallows grillés à tomber !

5. GBN Live House
GBN 라이브 하우스

Salle de concert ₩

🏠 418 Dorim-ro, Yeongdeungpo-gu

📱 +82 10-9182-0749

🕓 Selon les concerts

Salle de concert incontournable de la scène punk-rock coréenne, ce bar du quartier de Mullae-dong est à visiter absolument si vous êtes fan de musique métal ! L'ambiance est déchaînée et bonne enfant, et vous y découvrirez des artistes fantastiques.

6. Morning Pub
모닝펍

Bar ₩

🏠 17 Yeouidaebang-ro 65-gil, Yeongdeungpo-gu
📱 +82 2-784-3060
🕓 Lun-jeu 10h-1h, ven 10h-3h, sam-dim 18h-minuit
Café branché la journée et bar bondé la nuit, proche des quartiers animés et des berges de Yeouido, le Morning Pub sert des bières classiques comme la Goose Island et la Indica IPA.

7. Old Mullae
올드문래

Bar ₩

🏠 433-6 Dorim-ro, Yeongdeungpo-gu
📱 +82 2-6326-4336
🕓 Lun-mer 10h-1h, jeu-sam 10h-2h, dim 12h-23h
Brasserie tendance du quartier de Mullae-dong, ce bar offre des bières artisanales de très bonne qualité dans un décor idyllique : anciens bâtiments de bois de l'époque coloniale rénovés et ouverts sur un petit extérieur, qui donne au lieu une ambiance naturelle très régénératrice.

8. Tenuto Malt Bar
테누토

Bar à cocktails ₩₩

🏠 37 Gukjegeumyung-ro 2-gil, Yeongdeungpo-gu (2e étage)
📱 +82 2-785-0066
🕓 Lun-sam 18h-1h
Ce lounge chic et branché sert d'excellents cocktails et whiskys. Le décor vintage et les lumières tamisées, associés à la vue sur les buildings modernes du quartier d'affaire de Yeouido, sont dignes d'un film hollywoodien. Ce bar est d'ailleurs le lieu de tournage des *drama Touch Your Heart* (2019) et *Hide and Seek* (2018).
Le petit + : on y sert également un délicieux tiramisu fait maison !

9. Vinyl House
비닐하우스

Pub gastronomique ₩₩

🏠 13-8 Dorim-ro 128ga-gil, Yeongdeungpo-gu
📱 +82 2-322-2514
🕓 Mar-jeu 18h-minuit, ven 18h-2h, sam 13h-2h, dim 13h-23h
🔗 www.instagram.com/vinyl__house/
Pub gastronomique branché situé dans un entrepôt réaménagé du quartier de Mullae-dong. On y trouve une excellente sélection d'alcools et de très bons plats de cuisine fusion.

LES PETITES PAUSES !

10. Café Drape
카페드레이프

Café ₩

🏠 146 Yangsan-ro, Yeongdeungpo-gu
📱 +82 2-6014-0608
🕓 Tlj. 11h-22h
Ce café, construit pour faciliter l'harmonie entre l'homme et la nature, a été décoré et conçu comme un jardin intérieur. Les places assises sont donc situées sur des petites parcelles de copeaux de bois et reliées entre elles par des chemins de palettes de bois. Les tables et le comptoir sont construits à partir de pierres brutes et de plantes, qui donnent l'impression que le tout émerge du sol et ne fait qu'un avec le bâtiment. À voir absolument !

11. Coffee Libre
커피리브레 타임스퀘어점

Café ₩

🏠 15 Yeongjung-ro, Yeongdeungpo-gu
📱 +82 2-2635-0615
🕓 Tlj. 10h30-22h
Branche de Yeouido de la chaîne Coffee Libre, ce café est situé dans une grande maison en briques et béton réaménagée. On y sert un café délicieux et abordable, à deux pas du centre commercial Time Square.

12. Haneul Yuri
하늘유리

Café ₩

🏠 248 Yeongdeungpo-ro, Yeongdeungpo-gu
📱 +82 70-8712-3002
🕓 Mar-sam 12h-minuit, dim 12h-23h
Café atypique situé aux 1er et 2e étages d'un petit immeuble du quartier de Yeongdeungpo. L'intérieur est constitué de petits îlots dépareillés et de petits châteaux miniatures qui donnent une atmosphère très enfantine et onirique au lieu ! En plus d'une décoration très originale, on y sert d'excellents gâteaux et boissons, dont un délicieux cheesecake !

13. Jubean Coffee
주빈커피 여의도마에스터점

Café ₩

🏠 127 Uisadang-daero, Yeongdeungpo-gu
📱 +82 2-782-7967
🕓 Lun-ven 10h-22h, sam 12h-21h
Coffee shop agréable proche de la station Yeouido ; on y sert d'excellents cafés dont les grains sont importés d'Amérique du Sud, dans un décor charmant.

14. La Crescenta
라크라센타

Café ₩

🏠 92-5 Mullae-ro, Yeongdeungpo-gu
📱 +82 2-2676-6202
🕓 Lun-jeu 8h-23h, ven 8h-minuit, sam 9h-minuit, dim 9h-23h
Ancien entrepôt réaménagé en *coffee shop*, ce bistrot au design industriel propose une variété de cafés abordables, un excellent menu pour le brunch (pain perdu, pancake, croque-monsieur) et une carte pour le dîner (pâtes, pizzas, salades).

15. Season Coffee and Bakeshop
시즌커피앤베이크 샵

Café ₩

🏠 12-1 Yangsan-ro 9-gil, Yeongdeungpo-gu
📱 +82 2-2676-7161
🕓 Tlj. 8h-22h
Ce café est établi dans une vieille maison rénovée du quartier de Yangpyeong. Entrez par la cour intérieure et découvrez la petite cuisine et la boulangerie du café avant de pénétrer dans la salle à manger. La décoration est constituée d'un vrai bric-à-brac (gramophones, vieilles photos, plantes grasses et dessins d'enfants) qui donne au lieu l'air d'être toujours habité. L'ambiance est familiale et les pâtisseries sont succulentes.

SE RESTAURER

16. 37 Grill
콘래드서울 37그릴앤바

Cuisine occidentale ₩₩₩₩

🏠 10 Gukjegeumyung-ro, Yeongdeungpo-gu (36e étage)
📱 +82 2-6137-7110
🕓 Lun-ven 11h-14h30 / 18h-22h30, sam-dim 11h-22h30

Comme son nom l'indique, ce restaurant huppé est spécialisé dans les plats de viande au grill ; il est situé au 37e étage (36e selon la notation française) de l'hôtel Conrad de Yeouido. L'atmosphère est chic et les plats sont raffinés et délicieux.
Le petit + : la vue inégalable sur la ville de Séoul et le fleuve Han.

17. Bon Voyage
본보야지

Cuisine italienne ₩₩

🏠 7 Gukjegeumyung-ro 2-gil, Yeongdeungpo-gu (1er étage)
☐ +82 2-782-8889
🕓 Tlj. 11h30-15h / 17h-23h
Bistrot italien branché, qui propose des plats traditionnels tels que les pâtes, la pizza, les *croquettas*, dans une ambiance moderne et sophistiquée, le tout pour des prix tout à fait raisonnables ! Ce restaurant apparaît dans le *drama Touch Your Heart* (2019).

18. Daldongne
복고포차달동네 문래역점

Cuisine coréenne ₩₩

🏠 34 Dangsan-ro, Yeongdeungpo-gu
☐ +82 2-2676-9911
🕓 Tlj. 17h-3h
Coup de ♥ : petit boui-boui rétro assez réputé dans le quartier de Mullae-dong, dont la carte est très fournie. On y sert une multitude de plats typiques coréens, dans un décor vintage agréable et convivial.

19. Everest
에베레스트 레스토랑

Cuisine népalaise ₩

🏠 838-1 Gyeongin-ro, Yeongdeungpo-gu
☐ +82 2-3667-8848
🕓 Lun-ven 11h-22h30
Ce restaurant sert d'excellentes spécialités népalaises, comme de la viande au curry ou tandoori, ou des *tukpa*, délicieuses soupes de nouilles. Et même si le lieu ne paie pas de mine, un réel effort a été fait pour ajouter des éléments typiquement népalais, comme des peintures ou des artefacts religieux. Il est également possible d'y assister à des réunions, conférences et projections sur la culture népalaise.

20. Hwanggane Kkomjanggun
황가네 꼼장군 영등포점

Cuisine coréenne ₩

🏠 5 Yeongjung-ro 10-gil, Yeongdeungpo-gu
☐ +82 2-2671-6218
🕓 Lun-sam 11h-2h, dim 11h-minuit
Ce restaurant spécialisé dans de délicieux plats à base d'anguille grillée est tenu par Kang Cheol-mun, le père de Kang Min-hyun, membre du groupe de K-pop CNBLUE et acteur des séries à succès *The Heirs* et *Hospital Ship*. Le lieu est un véritable autel au chanteur et réunit tou·te·s ses fans dans une ambiance bon enfant.

21. Nang Pung
낭풍

Cuisine coréenne ₩

🏠 9 Dangsan-ro 47-gil, Yeongdeungpo-gu
☐ +82 2-2631-8025
🕓 Lun-sam 11h-23h, dim 17h-22h
Petit restaurant incontournable du quartier qui sert des *kimchi jjigae* 김치 찌개, soupes de kimchi et tofu ou viande, inoubliables ! Amateur·trice·s d'épices et de plats coréens populaires ? C'est votre lieu de rendez-vous !

YEOUIDO YEONGDEUNGPO

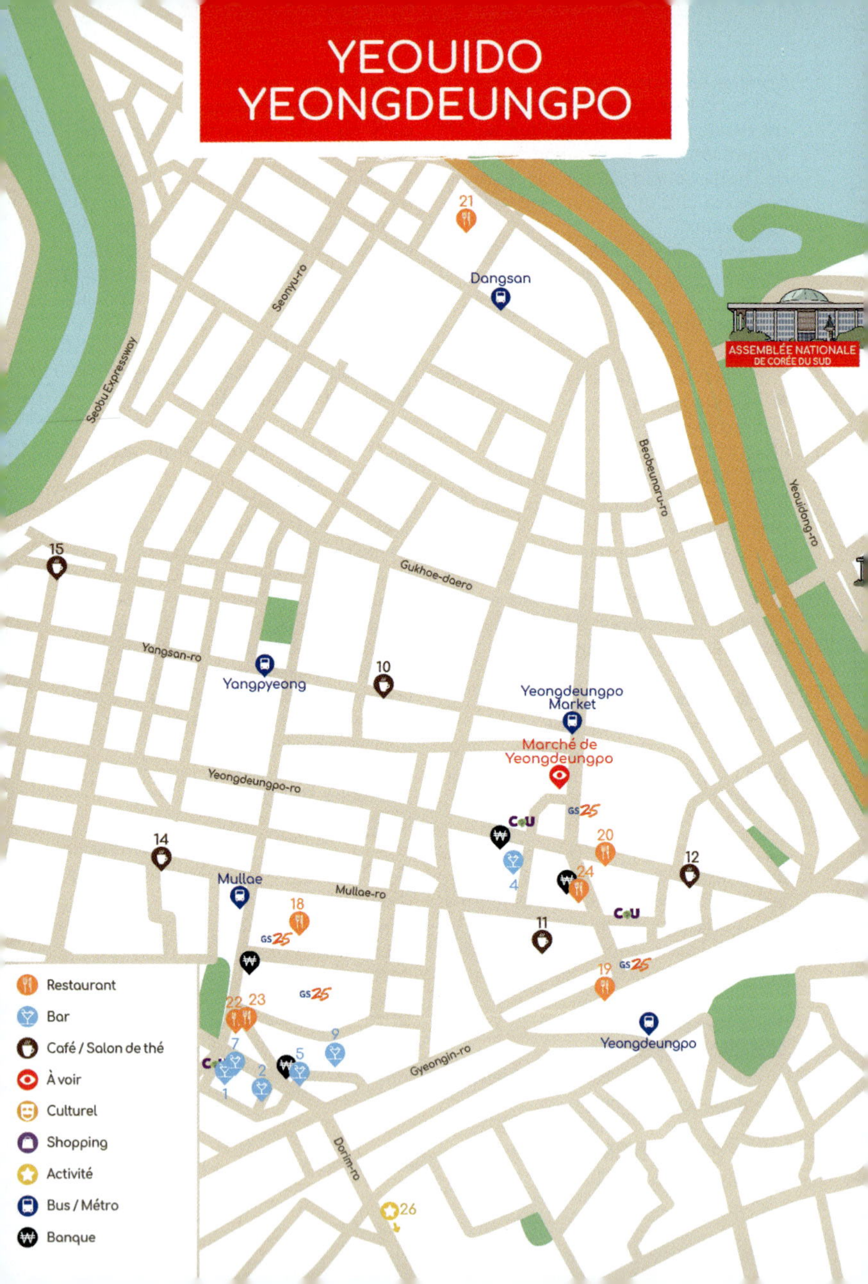

Seogang Bridge
Mapo Bridge
Yeouiseo-ro
28
Gukhoe-daero
National Assembly
KBS
GS25
Yeouigongwon-ro
CU
PARC HANGANG DE YEOUIDO
Yeouinaru
27
CROISIÈRES ELAND
Yeouidong-ro
Yeoui-daero
16
17
Gukjegeumyung-ro
Wonhyo Bridge
PARC DE YEOUIDO
8
Yeouido
25
Yeouidaebang-ro
13
Uisadang-daero
3
6
CU
GS25
63 BUILDING
Saetgang
Singil
Olympic-daero
Nodeul-ro
MARCHÉ DE NORYANGJIN
Daebang
Yeongdeungpo-ro
CU

22. Shimpyo Mallang
쉼표말랑

Cuisine coréenne ₩

🏠 438-7 Dorim-ro, Yeongdeungpo-gu
📱 +82 10-4645-2639
🕓 Mar-mer 11h30-17h30, jeu-ven 11h30-15h30 / 17h30-21h30
🔗 www.instagram.com/comma_mallang/

Café-restaurant cosy qui sert des plats de cuisine fusion dans un décor mignon et intimiste. Idéal pour les amateur·trice·s de plats instagrammables !

23. Side 3
사이드3

Cuisine italienne ₩

🏠 436-11 Dorim-ro, Yeongdeungpo-gu
📱 +82 10-9389-9662
🕓 Tlj. 11h30-15h / 17h-22h (fermé le mercredi)
🔗 www.instagram.com/side3mullae/

Bistrot moderne qui sert, entre autres, d'excellents plats de pâtes à des prix très abordables. La décoration est très sympa, notamment les figurines de la série animée *Gundam* qui ornent les étagères et la vitrine.

24. Songjukjang
송죽장

Cuisine chinoise ₩

🏠 203 Mullae-ro, Yeongdeungpo-gu
📱 +82 2-2631-9184
🕓 Tlj. 11h-22h

En activité depuis 40 ans, ce restaurant chinois est une institution du quartier. Vous pourrez notamment y déguster des *jjajangmyeon* 짜장면 à tomber tout en admirant les fresques traditionnelles sur les murs.

25. Yeouido Ttaro Gukbap
여의도 유성따로국밥

Cuisine coréenne ₩

🏠 28 Yeouidaebang-ro 69-gil, Yeongdeungpo-gu
📱 +82 2-782-0047
🕓 Tlj. 24h/24

Restaurant local spécialisé dans le *ttaro gukbab* 따로 국밥, plat traditionnel populaire en Corée composé de soupe et de riz. Le kimchi 김치 est excellent, l'ambiance animée et les prix très abordables : on n'y est jamais déçu !

BONS PLANS ET ACTIVITÉS ALTERNATIVES

26. Green Game Land
그린게임랜드

Salle d'arcade

🏠 198 Dorim-ro, Yeongdeungpo-gu
🕓 Tlj. 24h/24

Salle d'arcade du quartier de Daerim-dong, Green Game Land ou Green Arcade est notamment connue chez les fans du jeu de combat *Tekken*, dont elle propose plusieurs bornes de jeu. Ce lieu apparaît d'ailleurs dans la série *Drinking Solo* (2016).

27. Yeouido World Night Market
여의도한강공원 물빛광장

Shopping

🏠 Yeouidong-ro, Yeongdeungpo-gu
🔗 https://www.bamdokkaebi.org/yyd-introduce
🕓 Ven-sam 18h-23h

Marché de nuit organisé tous les weekends au niveau des berges aménagées du fleuve Han, ce marché international accueille des vendeurs et échoppes du monde entier. Vous pourrez ainsi y déguster des spécialités de la *street food* de nombreux pays du monde tout en admirant le paysage nocturne de la rivière.

28. Youngsan Art Hall
영산아트홀

Culture

101 Yeouigongwon-ro, Yeong-deungpo-gu

+82 2-6181-5260

http://www.youngsanarthall.com/rb/

Selon les représentations

Salle de concert de Yeouido construite en 1999, ce lieu fut, entre autres, le premier à accueillir un orgue autrichien dans le pays. Vous pourrez y assister à de nombreuses représentations et à des concerts de musique classique, et profiter d'une excellente acoustique dans un décor magnifique !

AMÉLIE CHOI

Blog : www.ameliedit.fr

@Amelienari

Amelie Nari

@Amelienari

Shinnari en Corée

Amélie est venue à la Corée à travers une chanson coréenne (*Yeojainik-ka* de Kiss), qui lui a donné un déclic pour la langue il y a une dizaine d'années. Elle a alors fait des recherches sur ce pays, regardé des vidéos sur YouTube et écouté des émissions de radio. Elle y découvre Ida Daussy (présente aussi dans ce guide) et apprend le coréen toute seule, car elle travaillait alors comme secrétaire médicale à Paris. Sur un site d'échange linguistique, elle rencontre sa première amie coréenne avec qui elle sera en colocation quand elle arrive à Séoul.

Depuis, la Corée devient sa passion. Son entourage devient coréen. En mars 2011, elle s'inscrit à l'université Sookmyung et rencontre six mois plus tard le Coréen qui deviendra son mari. Elle décide de rester, tout d'abord pour approfondir son apprentissage de la langue : l'aventure coréenne commence !

Elle avait lancé un blog un mois avant son arrivée en Corée (sinnari.com), qui fut très populaire, mais qui est désormais fermé. Elle aime partager des informations utiles, pas uniquement sur sa vie. Puis elle ouvre une page Facebook, *Shinnari en Corée*. Elle y écrit des textes plutôt longs, aussi décide-t-elle de passer à l'image : elle lance sa chaîne YouTube, où elle publie une vidéo par semaine.

Elle y est moins active depuis sa grossesse et se tourne vers un nouveau blog écrit, qu'elle qualifie de « lécoute » = lecture et écoute, où elle lit son propre texte sous forme de podcast (ameliedit.fr).

Elle travaille à KBS World Radio au service français, où elle transmet son amour de la francophonie comme reporter pour différentes émissions. Elle y présente l'émission de 50 mn *Entre nous* ainsi que *Seoulscope*.

De son séjour, elle dit qu'elle n'a pas idéalisé la Corée. Ici, dit-elle, il y a de tout, et c'est ce qui lui convient : elle est un peu vieille France, elle aime la technologie, mais aussi l'ancien – elle aime la Corée parce qu'il y a les deux.

Ses conseils : ne pas hésiter à se perdre. Et surtout, lever les yeux !

Elle nous propose ici un itinéraire dans le quartier de Sillim. Pourquoi ? C'est comme un village dans la ville, on ne s'y ennuie pas, et on y trouve aussi la nature !

UNE JOURNÉE AVEC AMÉLIE À SILLIM-DONG

1. Better Than Waffle
배러댄와플

₩

48 Sillim-dong 7-gil, Gwanak-gu
+82 2-6448-2225
Tlj. 11h-23h

« Better Than Waffle est une chaîne, mais cette boutique de Sillim est exceptionnelle... Je suis une grande fan de gaufres noyées sous une montagne de crème fouettée... Et il s'avère que la plus proche de chez moi est en fait la meilleure des boutiques de la chaîne (par là, j'entends la plus fournie en ingrédients) ! Elle a ouvert en 2019 et le propriétaire me connaît désormais très bien, il sait que je viens toujours pour un waffle Nutella-crème fouettée...
La petite terrasse devant la baie vitrée est idéale pour savourer sa gaufre et sa boisson, en observant l'activité de la rue. »

2. Marché Sinwon
신원시장

₩

1467-14 Sillim-dong, Gwanak-gu
+82 2-854-5453
Tlj. 9h-22h (fermé 2e mardi du mois)

« Le marché traditionnel Sinwon est l'un de mes endroits préférés pour acheter des fruits et légumes, bien plus abordables et de meilleure qualité qu'en supermarché. On y trouve aussi de nombreux poissonniers et bouchers, et des petits restaurants servant toutes sortes de poissons présentés dans leurs aquariums très bien entretenus.
Les parfums de la Corée sont là : les vendeurs d'herbes médicinales, d'écorce, de ginseng, de pâte et poudre de piment, de graines... Et aussi les petits plats d'accompagnement (*banchan*), les gâteaux de riz (*tteok*). Avec un tel marché, il est possible d'acheter des snacks qui feront office de repas comme des *tteokbokki*, des brochettes de pâtes de poisson, des fritures de crevettes, patates douces, boudins, etc. Le poulet frit ne manque évidemment pas à l'appel...
Autre point important, en été, le marché couvert reste frais grâce à l'installation de brumisateurs au dessus des boutiques tout le long de la rue. »

3. Podo Mall
포도몰

₩₩

330 Sillim-ro, Gwanak-gu
+82 2-881-8000
Lun-ven 11h-22h, sam-dim 11h-22h30

« Cette grande tour de verre de 17 étages répondra aux besoins des férus de shopping. Sur 12 étages, Podo Mall propose une très grande variété de boutiques (Uniqlo, Lush, Loyd, NBA, Le Coq sportif, etc.), ainsi qu'un cinéma Lotte et des cafés, un coiffeur, un centre culturel, bref, de quoi passer un super moment. Immense parking en sous-sol sur 5 étages (gratuit sur présentation d'un ticket de caisse). Et n'oublions pas les restaurants qui répondront à tous les goûts (japonais, coréen, chinois, etc.). Une salle de jeux est également présente afin de se défouler au basket ou en conduisant une fausse voiture de course. »

4. Rivière Dorim
도림천

Gratuit

🏠 Sillim station (sorties 4 et 5)
🕓 Tlj. 24h/24
« Très agréable pour les sorties seul ou en famille/amis, ou pour un pique-nique. Installations idéales pour les enfants (transformation du cours d'eau en piscine ouverte l'été et en patinoire l'hiver), des terrains de basket, de tennis, de badminton et d'étirements sont aussi présents.
Les berges sont entretenues et l'accès handicapé/poussette/vélo est aussi bien pensé. Il y a une petite scène installée pour des spectacles réguliers organisés par la mairie de Gwanak. Certains murs sous les ponts sont peints et représentent une bibliothèque, des poissons, des personnes... Et des bancs sont, bien sûr, à disposition pour se reposer en regardant passer les canards, les hérons et les poissons. »

5. Rue culturelle de Sillim
신림문화의 거리

Gratuit

🏠 Sillimdong-gil, Gwanak-gu
🕓 Tlj. 24h/24
« Il y a bien des années, cette rue avait un véritable esprit culturel, d'où son nom. Désormais, c'est surtout une rue qui nous donne faim, une rue où chaque restaurant nous ouvre un peu plus l'appétit à mesure qu'on la traverse. Idéale pour les sorties en soirée, en couple ou entre amis. Nous ne rencontrons aucun problème mon mari et moi avec notre fille, même si ce n'est pas a priori l'idéal pour y emmener dîner ses enfants en soirée. Si le chérubin est calme (restaurants souvent très fréquentés et où l'alcool coule à flot), sortir en famille est facile. Préférence pour le barbecue *Seorae galmaegi* (서래갈매기), viande de hampe de porc, très tendre et savoureuse. »

6. Ttosuni Sundae
또순이원조순대

₩

🏠 14 Sillim-ro 59-gil Gwanak-gu
📱 +82 2-884-7565
🕓 Tlj. 24h/24
« Le rose bonbon est la couleur fétiche de ce restaurant qui est le plus connu parmi les restaurants de cette spécialité culinaire, une sorte de boudin aux légumes. Situé en plein "Sundae town", c'est l'endroit idéal pour se réunir en grands groupes aussi bien qu'en famille ou en couple. Les enfants sont les bienvenus et les prix très abordables. Le restaurant est immense et le service rapide. »

7. Woori Seolleongtang
우리설렁탕

₩

🏠 190 Sillim-ro, Gwanak-gu
📱 +82 2-886-9317
🕓 Tlj. 24h/24
« Grande fan de cette soupe de bœuf, je suis contente d'avoir près de chez moi un restaurant qui propose ce plat savoureux. La soupe est claire et douce, la viande tendre et délicieuse. On peut choisir de la prendre avec du riz ou des nouilles. Personnellement, je la prends avec des nouilles (*guksu*) et un supplément de nouilles, car oui, j'aime ça. Le plus souvent, je la commande à emporter. La présentation est parfaite, il suffit de tout réchauffer chez soi. »
Itinéraire depuis Sillim station : sortie 3 puis bus 152, 5516 ou 5528 descendre à 신림동주민센터 (3 arrêts) et traverser le pont en face.

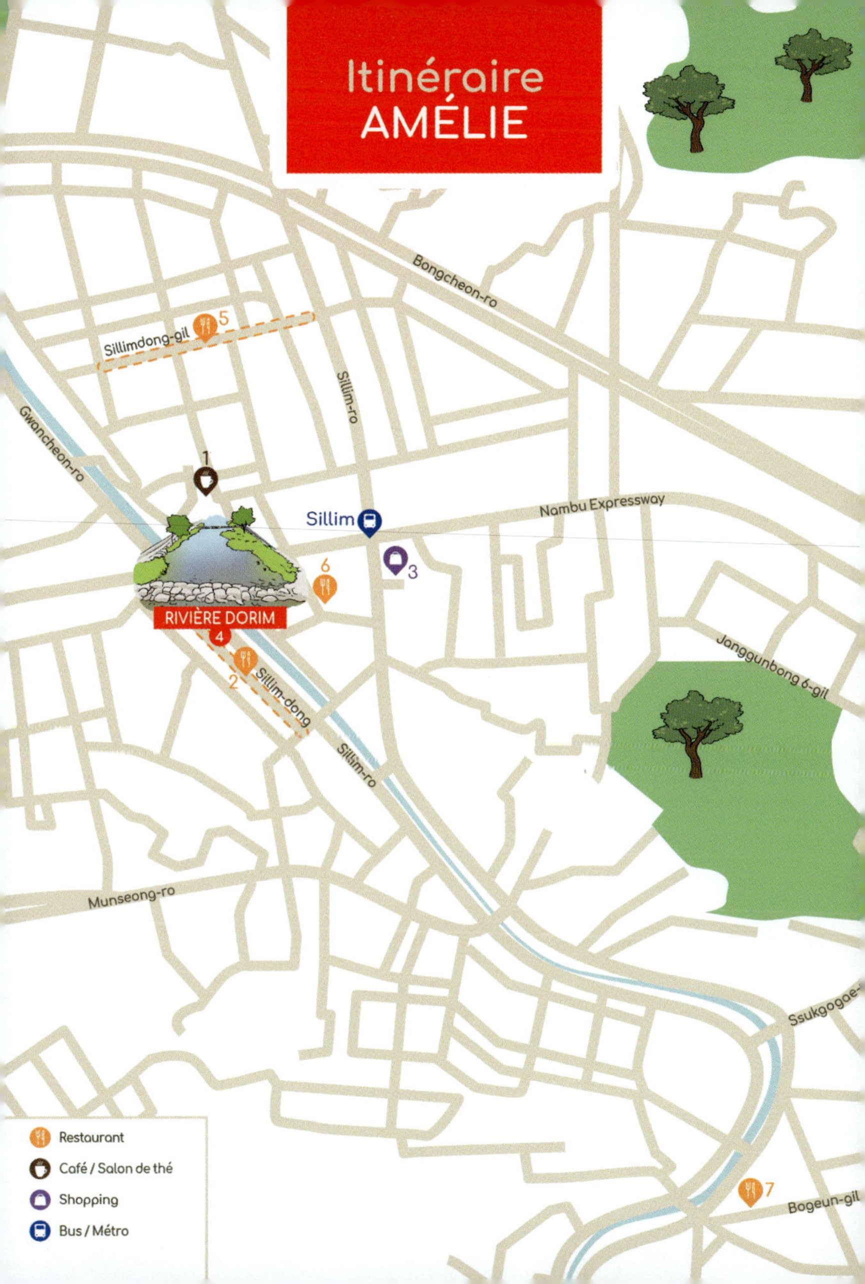

Itinéraire
AMÉLIE
Bongcheon-ro
5
Sillimdong-gil
Sillim-ro
Gwancheon-ro
1
Sillim
Nambu Expressway
6
3
RIVIÈRE DORIM
4
2
Sillim-dong
Sillim-ro
Janggunbong 6-gil
Munseong-ro
Ssukgogae-
7
Bogeun-gil
Restaurant
Café / Salon de thé
Shopping
Bus / Métro

Escapades & activités en province

ESCAPADES D'UN JOUR À

QUE FAIRE À...

Carte générale
CORÉE DU SUD

Escapades

La Corée ne se résume pas à Séoul ! Nous avons fait pour vous une petite sélection d'escapades charmantes, qui peuvent vous servir pour un weekend ou pour des circuits plus longs entre les différentes villes. Si les Coréen·ne·s de province ont tendance à moins bien parler anglais que ceux et celles de Séoul, ils et elles auront très souvent à coeur de vous aider dans vos visites. Discutez-en avec vos hôte·sse·s, ils et elles seront ravis de vous orienter !

SE DÉPLACER EN CORÉE

Il est très simple de voyager entre les différentes villes de Corée.
Les bus intercités seront la solution la moins onéreuse et la plus pratique pour vous rendre dans la plupart des villes que vous souhaitez visiter. Il est également possible de prendre le train avec le pass Korail, réservé aux étrangers, le KTX, équivalent du TGV français, étant un peu cher, mais très pratique.

LES BUS

Les lignes de bus desservent mieux les différentes villes coréennes que le train. Elles sont également moins chères et plus confortables. N'hésitez donc pas à prendre le bus, même pour un trajet « long » !

Pour prendre le bus à Séoul, il existe trois gares :

Le Seoul Express Bus Terminal (station Seoul Express Bus Terminal - 고속터미널, ligne 3 et ligne 9) : la plus grosse gare routière de Corée, elle dessert pratiquement toutes les villes

Nambu Bus terminal (station Nambu Bus Terminal - 남부터미널역, ligne 3) : ce terminal dessert le sud de la Corée

Le terminal Dong Seoul : il dessert l'est de la ville (Gangwon-do), et quelques autres villes principales.

Il est possible de réserver son billet sur https://www.kobus.co.kr/main.do (l'onglet pour changer le site en version anglaise est en haut à droite).
Exemples de prix :

	Séoul	Busan	Daejeon	Daegu	Gangneung
Séoul		23 000 wons	9 600 wons	25 200 wons	14 600 wons
Busan	23 000 wons		15 800 wons	6700 wons	

LES TRAINS

LE PASS KORAIL

Le Pass Korail est réservé aux étrangers visitant la Corée. Il peut être acheté pour deux, trois, quatre ou cinq jours de voyage (consécutifs ou non), et permet de bénéficier au maximum de deux billets de train par personne et par jour.

Les prix sont équivalents pour un pass deux jours et un aller-retour Seoul-Busan, mais deviennent plus intéressants si d'autres voyages sont envisagés dans un court laps de temps.

Le pass peut être acheté sur le site de Korail avec 5 % de réduction par rapport au prix des points de vente physique (à l'aéroport d'Incheon par exemple). Il existe également des réductions enfants (-50 %).

LES ACTIVITÉS

Vous trouverez dans nos escapades de nombreuses activités très différentes à faire en Corée. Depuis les festivals de cinéma jusqu'aux *love museum* et *trick eye museum*, en passant par de belles randonnées et des bains publics tous plus délassants les uns que les autres, nous vous promettons que vous ne vous ennuierez pas !

En plus de nos conseils par ville, voici quelques conseils par activité, pour vous permettre d'avoir une liste - non exhaustive - de bons plans.

N'oubliez pas de visiter notre site pour compléter ces infos. N'hésitez pas à nous faire part de vos meilleures idées (formulaire sur notre site) : https://gomawoguide.weebly.com
Il y a plein de livres à gagner !

Randonnées

La randonnée est l'un des sports favoris des Coréen·ne·s. Vous faire ici une liste des meilleurs endroits où marcher est impossible : il y en a trop ! Depuis Séoul, vous pouvez rejoindre directement les entrées du parc **Bukhansan** par le métro, notamment aux stations Gupabal (ligne 3, puis bus 704), Mangwolsa (ligne 1) ou Dobongsan (ligne 1). Nous vous conseillons également dans ce guide des randonnées sur l'île de Jeju et près de Sokcho.

Attention : pour les habitué·e·s de la randonnée, les parcours proposés dans les parcs sont très balisés et guidés, et vous serez très rarement seul.e.s en pleine montagne.

Le Temple Stay

Un autre moyen de découvrir la nature coréenne est de se ressourcer en s'inscrivant dans un programme de *Temple Stay*, ou séjour en monastère bouddhiste. En plus de bénéficier d'un réel effet détente, ces programmes vous permettront de découvrir les traditions bouddhistes et parfois d'aller vous promener avec des moines dans des sentiers en montagne ou au bord de la mer, d'apprendre à méditer, à faire des lanternes en papier, de partager leur repas… En somme, un weekend original, beau et enrichissant !

Le site officiel des *Temple Stay* (en anglais) **:**
https://eng.templestay.com/

Rafting

Il existe de supers endroits à **Hantangang**, à seulement une heure et demie de Séoul. Pour réserver, voir notamment cette entreprise (site uniquement en coréen http://www.raftingkorea.co.kr/). La zone est proche de la DMZ, qu'il vous sera également possible de visiter, ainsi que ses tunnels d'infiltration. Il y a aussi une source thermale près de Cheorwon accessible à l'hôtel Hantan River Spa Hotel.
Voir http://www.cwg.go.kr/site/english/main.do

Ski nautique

Le lac de **Cheongpyeong**, proche de Séoul, sera un excellent terrain de jeu pour tou·te·s les féru·e·s de ski nautique ! Vous apprécierez son eau rafraîchissante, particulièrement en été.
Pour vous y rendre, prenez la ligne de métro Gyeongchun jusqu'à la station Cheongpyeong.

Ski alpin

Yongpyong ski resort : 28 pistes, 14 remontées mécaniques : Yongpyong est l'endroit le plus populaire en Corée pour faire du ski ! Ouvert 24/24h et 7/7j, essayez d'éviter les weekends pour profiter pleinement des pistes.

Bears Town : Juste à côté de Séoul. 11 pistes de ski, tous niveaux, ouvertes la nuit. Possibilité de prendre des cours de ski. Des navettes sont disponibles selon les saisons depuis les différentes stations de métro de Séoul (voir sur leur site pour réserver).

Aller à la plage

Plusieurs plages sont accessibles depuis Séoul, pour la journée, notamment vers Incheon (plage d'**Eurwangri,** accessible par le bus 306 depuis le terminal 1 de l'aéroport d'Incheon, arrêt Eurwangri Haesuyokjang). Ou encore, dirigez-vous vers l'île de **Muuido** grâce au bus 222 (devant la porte 7 de l'aéroport d'Incheon). Au terminus, achetez un billet aller-retour en ferry pour l'île de Muuido : vous êtes prêt.e.s pour une bonne journée de détente sur une belle plage de sable blanc !
Si vous avez plus de temps, ne manquez pas la plage très populaire de **Haeundae** à Busan (ou l'une des autres plages moins fréquentées de la ville), ou les différentes plages de Jeju (Samyang, Hamo, ou encore Jungmun) et de Sokcho et Gangneung (**Gyeongpodae**), à l'est. Gangneung est à deux heures de Séoul en KTX.

Les Coréen·ne·s n'aimant pas bronzer, vous verrez de nombreuses personnes en tenue intégrale pour se baigner (t-shirt manches longues et pantalon). Le point positif ? Vous trouverez très facilement de bonnes crèmes solaires dans les supermarchés !

Le bon plan : le **festival de la vase (*mud*) de Boryeong**. Avec ses concerts de K-pop et ses attractions dans la vase, profitez des bienfaits des sels minéraux lors de ce festival un peu fou de quatre jours mi-juillet !
http://boryeongmudfestival.com/

Faire du camping

Tout comme pour la randonnée, il existe une véritable culture du camping en Corée du Sud, le territoire offrant un nombre infini de paysages grâce à ses espaces montagneux et à ses plages. Le camping sauvage n'est cependant pas très répandu et les Coréen·ne·s préfèrent rejoindre les espaces de camping bien équipés.

Alors qu'il était auparavant toléré de planter sa tente sur les bords du fleuve Han, des arrêtés limitent désormais l'usage des tentes entre 9h et 19h. Une mesure controversée, car il est parfois imposé aux campeurs de garder en permanence les deux faces de leur tente ouvertes pour éviter les « attitudes inappropriées »... Dormir sur les bords du fleuve Han n'est donc pas un bon plan en dehors des zones officielles !

Nanji camping
난지캠핑장
28 Hangangnanji-ro, Mapo-gu
Pour s'y rendre : métro Dangsan (lignes 2, 9)
puis bus 9707 arrêt « Nanji Hangang Park »
http://www.nanjicamp.com/ab-985
₩ 8 ans et + 3 750 wons, 5-7 ans 2 000 wons, -4 ans gratuit

Situé à Sangam-dong, dans le quartier de Mapo-gu et à côté du Worldcup Park, ce camping est le plus grand de la ville. Il peut accueillir jusqu'à 2 000 personnes et offre plus de 165 emplacements. Il est possible de louer une tente déjà installée ainsi que tous les équipements pour organiser un barbecue (table, grill, etc.), soit pour la soirée, soit pour la nuit ! Il faut compter 15 000 wons pour un emplacement sans tente et 29 000 wons supplémentaires pour louer une tente. Il y a également des *convenience stores* sur place pour acheter de quoi cuisiner. Consultez leur site pour plus d'information et pour réserver ! L'expérience, comme la vue, sont inoubliables.

Vous pourrez aussi tester le **Noeul Park Camping**, un vaste site au bord de la rivière Han, qui propose 120 emplacements dont 100 reliés à l'électricité disposant tous d'un barbecue et d'une table de camping. Les emplacements sont situés au cœur d'un parc relativement bien végétalisé à Séoul même.

Au sud de Séoul, nous vous recommandons le **Seoul Grand Park Campground**. Ce camping propose tous les équipements à la location et il est particulièrement populaire auprès des Coréen·ne·s. Il se trouve à proximité du grand zoo de Séoul, du *Seoul Land Theme Park* et du musée national d'Art contemporain. N'hésitez pas à réserver en avance pour avoir un emplacement : le weekend, le camping est souvent plein !

Les festivals de cinéma

Le Busan International Film Festival : (http://www.biff.kr/eng/) ce festival a lieu en octobre. Il est désormais le rendez-vous incontournable du cinéma asiatique. Les autres régions du monde ne sont cependant pas en reste, avec une programmation internationale variée. Les cérémonies d'ouverture et de clôture seront l'occasion d'apercevoir des stars du cinéma asiatique ! Attention, il faut réserver ses places très à l'avance.

Le Jeonju International Film Festival (mai) **:** ce festival est plus modeste mais ne manque pas d'intérêt ! Dans plusieurs salles de la ville, découvrez les dernières nouveautés du cinéma international. Peu de films sont sous-titrés en anglais, mais ils sont tous programmés en VO.

Le coup de cœur : la dernière cérémonie de clôture que nous avons faite était sous un immense chapiteau, avec concert de K-pop et masques de beauté gratuits à l'entrée… Le *soft power* coréen à l'état pur !

DMZ
La zone démilitarisée

POURQUOI ? La zone démilitarisée (ou DMZ) entre la Corée du Nord et la Corée du Sud est une des attractions touristiques les plus populaires en Corée. Délimitée en 1953 lors de la signature de l'armistice de Panmunjeom, elle sépare la Corée du Nord et la Corée du Sud par une bande de terre de seulement 4 km. Très peu urbanisée, cette zone est devenue un refuge pour de nombreux oiseaux migrateurs et de nombreux félins.

Y ALLER : la visite de la zone démilitarisée doit être effectuée en groupes guidés. De nombreuses visites sont proposées par diverses agences de voyages. Si vous logez à l'hôtel, demandez des conseils à votre réceptionniste. Il est conseillé de réserver son voyage à l'avance.

Exemple de tour organisé :
le Panmunjom Travel Center http://www.koreadmztour.com/

Quelques recommandations : n'oubliez pas votre passeport ! Respectez les consignes de vos guides : bien que la visite de cette zone soit très peu risquée, de nombreuses consignes doivent être respectées, notamment dans la prise de photos des zones nord-coréennes ou dans la tenue vestimentaire.

Ganghwa-do (île, Gyeonggi-do)

POURQUOI ? C'est l'île tristement célèbre que les Français ont mise à sac en 1866 - heureusement, nos relations bilatérales ont pris un meilleur tour par la suite ! Mais vous y trouverez des fortins le long de la côte qui gardent le souvenir des invasions françaises et américaines (comme Gwangseongbo) et bien d'autres sites qui valent le détour, d'autant que c'est vraiment à côté de Séoul !
https://www.ganghwa.go.kr/open_content/english/

Y ALLER : c'est un peu compliqué si vous n'avez pas de voiture car il n'y a pas de train ni de métro. Prendre un bus rouge 2000 à la station de métro Hongik ou Sinshon en direction du sud de l'île (par le pont Choji) ou 3000 en direction du nord et sa capitale Ganghwa-eup. Compter environ 2 heures de trajet.

À VOIR : au sud, vous trouverez près de la petite ville de **Gilsangmyeon** le célèbre monastère bouddhiste **Jeongdeungsa** (fondé en 372) dans la forteresse que les Français n'avaient pas réussi à prendre (voir les curieuses sculptures en forme de singes aux quatre coins de l'avant-toit du pavillon principal). On peut y pratiquer le *Temple Stay*. Dans la ville, **l'église anglicane d'Onsuri** est adorable, avec son architecture coréenne traditionnelle. Si vous y allez, faites un détour par l'incroyable petite **boulangerie Belpan** près de l'arrêt de bus.

Direction l'ouest et la plage de **Dongmak**, la seule de l'île : à éviter au mois d'août ! Vous y trouverez hôtels et restaurants. Plus loin, le petit port de pêche de **Oepori** où vous pourrez déguster des fruits de mer, mais aussi prendre un bateau vers les îles voisines (dont deux, **Jumundo** et **Boreumdo**, ont de très belles plages de sable blanc) ou passer par le pont Seongmodaegyo, vers l'île voisine de **Seokmodo** (prononcé Seongmodo) où se trouve le temple de **Bomunsa** et sa vue sur la mer. Une station thermale de bains chauds sur la plage y est en développement.

De retour sur Ganghwa, ne manquez pas une balade sur **Manisan**, un des trois monts sacrés de Corée. Au nord de l'île, découvrez les souvenirs de la **cour du royaume de Goryeo** (918-1392) qui chercha refuge dans Ganghwa pendant presque un siècle lors de l'invasion mongole du XIIIe siècle. Vous pourrez y voir la bibliothèque restaurée **Oegyujanggak** dont les Français avaient pillé les précieux livres qui restèrent un contentieux pendant plus de cent ans.

Dans les parages, visitez le **parc des dolmens**, très nombreux sur l'île, où se trouve aussi le musée historique de Ganghwa, et si vous avez une voiture, vous pouvez aussi aller visiter une des rares tombes royales du Goryeo située en Corée du Sud (par exemple, **Hongneung**.)

Plus au nord... le Nord ! Si vous voulez avoir un aperçu de la Corée du Nord, vraiment très proche, allez faire un saut au **Peace Observatory**.

Suwon

POURQUOI ?
La ville de Suwon est une ville surprenante. Conservant intacte son ancienne forteresse, elle est pourtant pleinement ancrée dans son époque puisqu'elle abrite le centre de recherche et développement du fleuron de l'électronique coréen Samsung.
http://www.swcf.or.kr/english/

Y ALLER : cette escapade est très facile d'accès ! Suwon est desservie par plusieurs lignes de métro, dont la principale est la ligne 1 (arrêt Suwon).

À VOIR : l'incontournable visite de Suwon commence par la **forteresse Hwaseong** (http://www.swcf.or.kr/english/?p=31) classée au patrimoine mondial de l'UNESCO depuis 1997. Les murs de la forteresse vous guideront dans votre promenade. De nombreuses expériences sont proposées par l'office de tourisme coréen, telles que l'apprentissage de l'archerie coréenne ou la possibilité de sonner les cloches de la forteresse.

Enfin, ne manquez pas les quartiers aux murs peints de **Haenggung-dong** et de **Ji-dong**. Les fresques peintes sont tout aussi impressionnantes que celles du quartier Hyehwa à Séoul… la foule en moins ! Haenggung-dong est situé à proximité de la porte Hwaseomun de la forteresse Hwaseong, Ji-dong à proximité de la porte Paldalmun.

Vous pourrez également vous rendre au **village folklorique coréen** (http://www.koreanfolk.co.kr/multi/english/) grâce à une navette située juste à l'arrière de la station de métro Suwon. Décor de nombreux *drama*, ce village vous permettra de découvrir l'organisation d'un village coréen et de déguster un *bibimbap* délicieux.

Gongju et Buyeo

POURQUOI ? Gongju et Buyeo sont d'anciennes capitales du royaume de Baekje, il y a plus de 1400 ans. Ces deux villes ne sont pas les plus touristiques de Corée, mais nous vous les recommandons chaudement ! À seulement deux heures de Séoul, vous pourrez découvrir des villes charmantes, qui abritent forteresses, tombeaux et trésors de la Corée ancienne.

Y ALLER : une fois n'est pas coutume, embarquez pour Gongju depuis le Seoul Express Bus Terminal (accessible en métro lignes 3, 7, 9). Des bus partent environ toutes les 40 minutes et mettent 1h30 à rejoindre leur destination.

À VOIR : s'il ne fait pas trop chaud, louez un vélo pour faire le tour de la ville (un service de vélo en libre-service est mis à disposition par la mairie.) Pour consulter les disponibilités des vélos, voir leur site dédié.

Une fois sur votre vélo, retournez vers la gare routière et traversez la rivière par le pont Geumganggyo pour atteindre la forteresse **Gongsanseong**. Ne manquez pas la relève de la garde à 11h et 16h à la porte Geumseoru !

Ensuite, dirigez vous vers les tombes royales de **Songsang-ri**, dont vous pourrez admirer le paysage vallonné, surprenant à chaque saison. Après vous être promené, rendez-vous au **Gongju National Museum** : vous pourrez, au frais (ou au chaud, selon la saison), découvrir les magnifiques trésors du royaume de Baekje.

Si vous restez quelques jours, prolongez votre escapade à **Buyeo**. Après avoir pris le bus 106 depuis la gare routière jusqu'à la station Baekje munhwa danji (백제문화단지), prenez un pique-nique dans un supermarché de proximité et rendez-vous au **Baekje Cultural Land** (http://www.bhm.or.kr/html/en/). Procurez-vous un audioguide à l'entrée pour plonger dans l'ancienne Corée. De nombreuses animations vous permettront de faire des pauses dans votre parcours.

En sortant du parc, montez dans les bus 403 ou 404 qui passent devant l'université jusqu'à l'arrêt Seongwangro-dari (성왕로다리). Vous pourrez alors vous promener dans le magnifique parc de **Busosangseong**, dont les couleurs chatoyantes en automne vous enchanteront. Terminez votre escapade dans la quiétude du **monastère bouddhiste Goransa**, avant de rentrer à Séoul… ou de continuer votre périple vers le sud !

Boseong

Cette escapade vous est proposée par Korean Coffee Break.

POURQUOI ? Boseong est le paradis du thé en Corée ! Des traces de thé sauvage, datant de 300 ans avant notre ère, ont été trouvées sur place. Cependant, il a fallu attendre le Ve siècle pour que la culture du thé vert soit découverte suite à une introduction des pousses par la Chine, puis la colonisation japonaise pour que les plantations actuelles y soient développées.
http://www.boseong.go.kr/english

Aujourd'hui, la ville de Boseong produit 40 % du thé vert de Corée. Laissez vous « ten-thé » par un weekend au vert pendant le festival du thé de Boseong en mai !

Y ALLER : depuis Séoul, vous pouvez prendre le bus au Central City Torminal (station de métro Express Bus Terminal, lignes 3, 7, 9), tous les jours à 15h10, pour une arrivée à 19h50 (prix : 35 500 wons en sept. 2019).
Vous pouvez également prendre le train pour Boseong. La solution la plus rapide consiste à prendre le train Yongsan - Gwangju, puis Gwangju - Boseong.

À VOIR : en arrivant en fin de journée, votre première quête après avoir trouvé votre hôtel sera certainement un endroit où vous restaurer. Boseong étant en quelque sorte la capitale du thé coréen, de nombreux restaurants proposent une cuisine au thé, dont du porc élevé aux feuilles de thé (*nokdon*). Allez faire un tour chez **Sodam** (57, Jungang-o, Boseong-eup - ouvert le soir). Si vous n'arrivez pas par le bus, filez chez **Madame Kim Mi** (김미폐백과 자연애찬 - 42-1 Hyeonchung-ro, Boseong-eup, tél : 061-853-8595- Tlj. sauf mer. 11h30-15h / soir sur réservation) pour déguster ses recettes à base de thé.

Ensuite, rendez-vous aux plantations **Daehan Daewon**, la plus grande exploitation de thé en Corée. Sur place, choisissez un itinéraire parmi les 5 proposés et perdez-vous dans les champs. Korean Koffee Break vous suggère l'itinéraire n°4 :

« *Si vous y allez durant la période des cerisiers, nous vous conseillons d'emprunter le sentier à droite plutôt que d'emprunter les escaliers. Même si ce chemin est un peu plus long, ça vaut le détour !* »

Vous trouverez de nombreux produits en lien avec le thé vert dans les boutiques, mais aussi un **Musée du thé vert** qui organise des ateliers **cérémonie du thé** (à réserver sur place) :

http://www.boseong.go.kr/teaeng/enjoying/etiquette

Si vous passez quelques jours dans la région, profitez-en pour mettre les pieds dans l'eau à la **plage de Yulpo** (율포해수욕장) au sud de la ville (accessible en bus), ou vous ressourcer au **monastère Daewonsa**.

Busan

POURQUOI ? Busan est une ville portuaire, populaire, réputée pour ses plages, ses temples, ses poissons frais et son festival de cinéma. La ville est apparue récemment dans des films américains (*Black Panthers, 2018)*, et cherche à se faire connaître grâce au 7e art.

Y ALLER : le moyen le moins cher pour se rendre à Busan depuis Séoul est d'emprunter le bus express depuis le Seoul Express Bus Terminal (voir la section Escapades) vers Busan (un bus toutes les 30 minutes maximum, 4h de trajet très confortable). Une fois arrivé·e au terminal de bus, vous pouvez immédiatement prendre le métro avec la même carte de transport que celle que vous utilisez à Séoul.
Vous pouvez également prendre le train depuis Seoul Station jusqu'à Busan. Le trajet sera plus court (2h40 pour le KTX), mais un peu plus cher.

À VOIR : à votre arrivée, partez vous promener dans les ruelles colorées du **village culturel de Gamcheon** (arrêt de métro Toseong). À la tombée de la nuit, descendez dans le quartier populaire du port de **Jagalchi**, qui devient très animé en soirée. Les amateur·trice·s de poisson pourront en déguster dans le **marché de Jagalchi**, en les choisissant fraîchement pêchés et vivants dans les étals, et en les faisant préparer dans les nombreux restaurants du marché. Après vous être régalé·e·s, partez visiter le **monastère Beomeosa**.

Si vous n'y restez pas pour un séjour en *Temple Stay*, profitez du temps qu'il vous reste pour visiter la forteresse **Geumjeongsanseong**. Vous pouvez y accéder par un téléphérique (une fabrique de makgeolli du même nom très connue se trouve à l'intérieur de la forteresse).

Au pied de ce mont fortifié, se trouve le quartier Dongnae avec des bains chauds dans les hôtels et dans un très grand établissement, **Heosimcheong Spa** (tél : 051-550-2200), un des plus vastes et plus beaux de Busan - et bon marché !

Si vous préférez rester dans l'ambiance des bords de mer, le monastère **Haedong Yonggungsa** au petit matin sera idéal pour vous. En vous rendant au temple tôt, vous aurez la chance d'éviter la foule. Pour parfaire votre journée balnéaire, faites comme les Coréen·ne·s et grignotez du poulet grillé les pieds dans l'eau (disponible à emporter dans les petits restaurants des ruelles du bord des plages, notamment à la très populaire plage de **Haeundae**).

FAIRE UNE PAUSE

1. Munhwa Gonggam Sujeong
문화공감 수정 - 정란각

Salon de thé

🏠 75 Honggok-ro, Sujeong 1-dong, Dong-gu, Busan
📱 +82 5- 441-0004
🕓 Tlj. 9h-18h

Ancienne maison japonaise construite en 1943, ce salon de thé réaménagé est une perle rare. Vous y dégusterez les meilleurs thés traditionnels dans un décor du pur style de l'île de Kyushu. Vous pourrez également profiter d'une vue magnifique sur le jardin zen attenant à la maison. Un véritable havre de paix.

2. April and May 45
꽃피는 4월 밀익는 5월

Boulangerie

🏠 16, Mangmibeonyoung-ro 70 beon-gil, Suyeong-gu, Busan
📱 +82 10-2355-2772
🕓 Mar-dim 10h30-20h30
🔗 www.instagram.com/april_and_may45/?hl=ko

Super boulangerie végane qui propose également des sandwichs et pains variés (sans gluten, sans sucre ou sans huile), sur place ou à emporter. Parfait pour un petit encas *healthy* ou une pause sucrée au calme. Les gâteaux au sésame noir sont à tomber !

Petite info : envoyez un message au 010 4919 3104 pour réserver un brunch ou commander un gâteau !

3. Salon de thé traditionnel de mon village natal
내고향전통찻집

Salon de thé

🏠 8-4 Seomyeonmunhwa-ro, Busanjin-gu, Busan
📱 +82 51-809-2789

À première vue, ce salon de thé ne paye pas de mine. Pourtant derrière les grandes pancartes et panneaux publicitaires qui ornent l'immeuble, vous trouverez, au première étage, un petit lieu sorti d'un conte coréen. Des étagères remplies de céramique ancienne, des tables et une architecture en bois ancien : tout y est traditionnel. Les thés bien sûr sont délicieux et les gâteaux coréens à tomber. Un régal !

4. Bibibidang
비비비당

Salon de thé

🏠 239-16 Dalmaji-gil, Haeundae-gu, Busan
📱 +82-51-746-0705
🕓 Mar-dim 10h30-22h

Le coup de ♥ : ce salon de thé traditionnel a tout pour plaire : un décor atypique et charmant, des boissons faites maison et des pâtisseries délicieuses... et surtout une vue extraordinaire sur la mer et le mont Wausan qui borde l'océan. Un décor de rêve dans un cadre idyllique.

5. Brown Hands - Baekje
브라운핸즈백제

Café

🏠 16 Jungang-daero 209 beon-gil, Dong-gu, Busan
📱 +82 51-464-0332
🕓 Tlj. 10h-22h

Coffee shop tendance qui offre des boissons peu chères dans un décor industriel *artsy*. Très agréable pour une pause ou une après-midi studieuse. Enregistré au patrimoine de la ville, le bâtiment abritait auparavant la première clinique médicale de Busan, fondée en 1922, avant de devenir tour à tour office de police, consulat, salle de

BUSAN

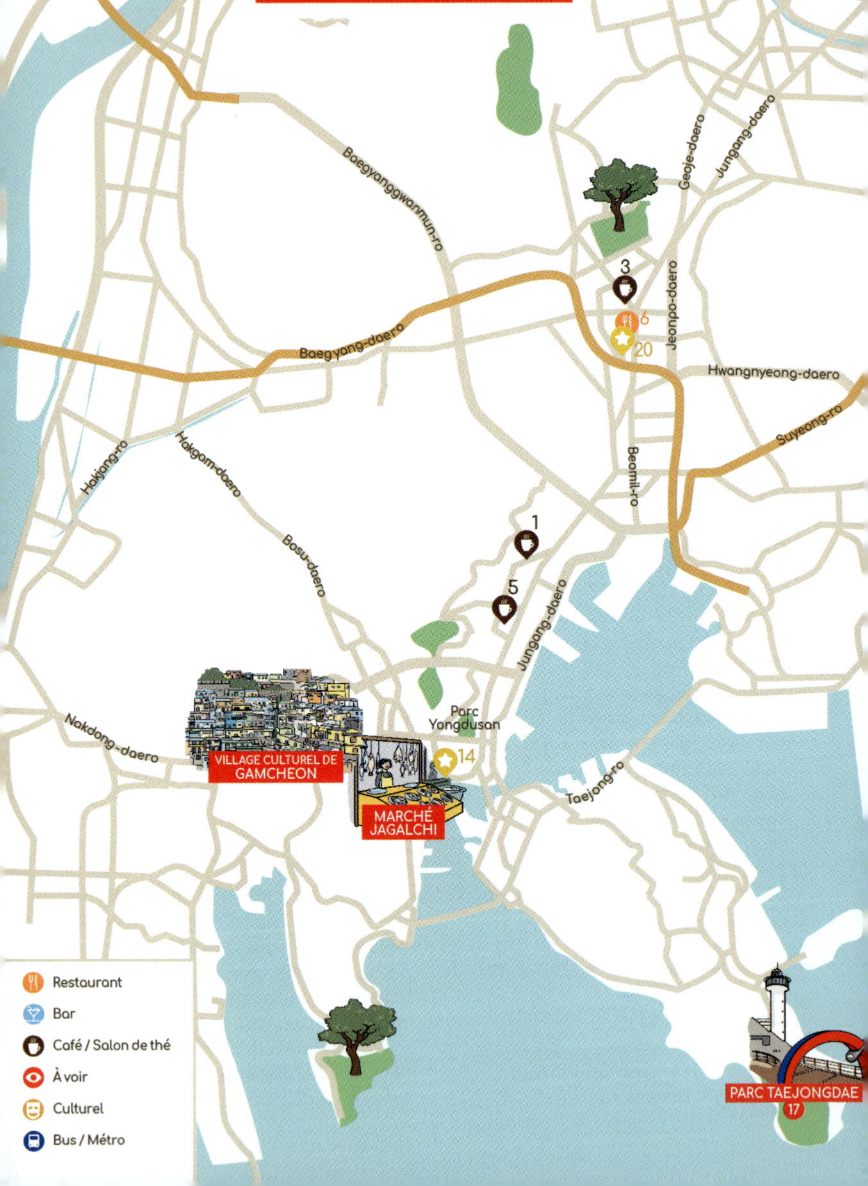
Baegyanggwanmun-ro
Geoje-daero
Jungang-daero
Jeonpo-daero
Baegyang-daero
Hwangnyeong-daero
Suyeong-ro
Beomil-ro
Hakjang-ro
Hakgam-daero
Bosu-daero
Jungang-daero
Parc Yongdusan
Nakdong-daero
VILLAGE CULTUREL DE GAMCHEON
MARCHÉ JAGALCHI
Taejong-ro
PARC TAEJONGDAE
17
3
6
20
1
5
14
Restaurant
Bar
Café / Salon de thé
À voir
Culturel
Bus / Métro

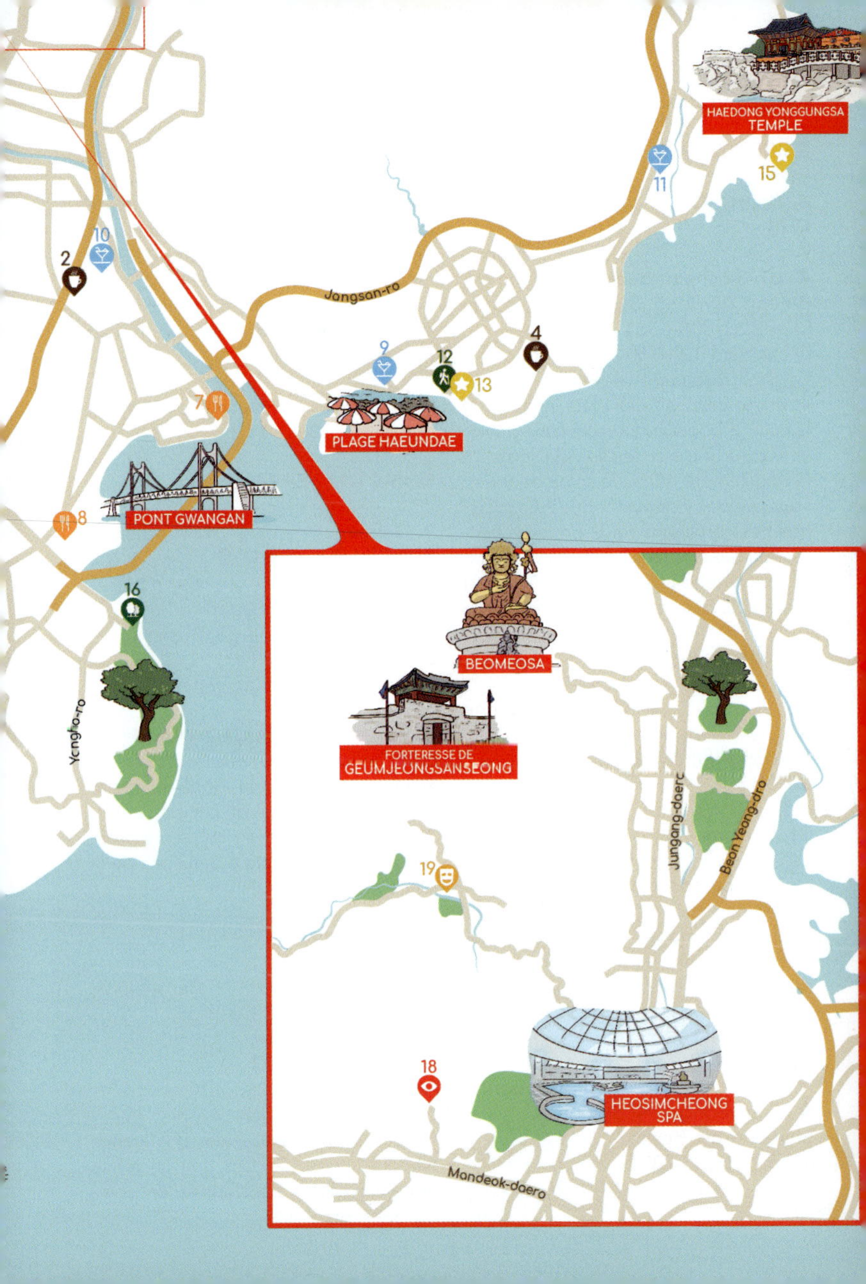
HAEDONG YONGGUNGSA
TEMPLE
11
15
10
2
Jangsan-ro
9
12
13
4
7
PLAGE HAEUNDAE
PONT GWANGAN
8
16
Yongho-ro
BEOMEOSA
FORTERESSE DE
GEUMJEONGSANSEONG
Jungang-daero
Beon Yeong-dro
19
18
HEOSIMCHEONG
SPA
Mandeok-daero

mariage, puis boutique de détail. Idéal pour les amateurs d'art et d'histoire.

SE RESTAURER

6. Dajeon Café
다전

Cuisine coréenne

61 Sincheon-daero 62 beon-gil, Bujeon 2(i)-dong, Busanjin-gu, Busan
+82 51-808-6363
Lun-sam 12h-15h / 17h-21h

Ce petit restaurant végétalien situé au 4e étage propose des plats inspirés de la cuisine bouddhique coréenne (raviolis vapeur, riz aux feuilles de lotus). Il fait également office de salon de thé et vous pourrez y déguster des thés et pâtisseries coréennes traditionnelles ! Attention aux horaires cependant, le restaurant a tendance à fermer tôt, il est préférable d'appeler pour confirmer.

7. Veginarang
베지나랑

Cuisine coréenne

9-32 Gwanganhaebyeon-ro 370, Suyeong-gu, Busan
+82 507-1416-5561
Tlj. 11h30-15h / 17h-21h

Ce restaurant de cuisine bouddhique est un incontournable de Busan. En plus de proposer des mets délicieux, il offre une vue imprenable sur la mer depuis le 9e étage. Les repas sont copieux, bien présentés et la vue est magnifique : que demander de plus !

8. Ecotopia
에코토피아

Cuisine coréenne

28 Suyeong-ro 408 beon-gil, Suyeong-gu, Busan
+82 51-628-2802
Mar-dim 11h-15h / 17h-20h

Éco-café et restaurant très mignon caché au fond d'une petite cour ombragée. Pour manger, on y trouve de nombreux plats classiques (*ramen*, salade, curry, *bibimbab*) avec des ingrédients locaux et issus de l'agriculture biologique. Les options véganes sont possibles pour chaque plat. Pour se reposer, des canapés, livres, et coins tranquilles sont à votre disposition pour siroter un café ou déguster un thé fait maison.

Sans oublier **Les Planches** et **Merciell** présentés p. 80 et 81 !

BOIRE UN VERRE

9. Galmegi Brewing - Haeundae
갈매기브루잉 해운대점

Bar à bières

9 Haeundaehaebyeon-ro 265 beon-gil, Haeundae-gu, Busan
+82 507-1410-8990
Dim-jeu 17h-minuit, ven-sam 17h-1h

Galmegi est la première marque de bière artisanale de Busan. Créée en 2014, cette brasserie possède maintenant six branches et fait partie des incontournables de la ville. Venez profiter d'une bière locale à deux pas de la plage Haeundae !

10. Praha 993
프라하993

Bar à bières

20 Gurak-ro 123 beon-gil, Suyeong-gu, Busan
+82 51-757-2703
Tlj. 11h-22h
https://praha993.kr

Ce bar à bières artisanales d'influence tchèque, construit dans une ancienne usine de câbles transformée en complexe culturel (F1963), est également un incontournable de la ville. Profitez de bières locales et restez pour les burgers à tomber !

11. The Wild Wave Brewing Co.
와일드웨이브

Bar à bières

🏠 106-1 Songjeongjungang-ro 5 beon-gil, Haeundae-gu, Busan
📱 +82 51-702-0839
🕓 Mer-dim 18h-minuit
🔗 www.instagram.com/wildwave.brew/

Comme son nom l'indique, ce bar à bières locales tourne autour du thème de la mer. L'ambiance de surfer résonne bien avec l'air maritime de Busan. Par ailleurs l'établissement est assez engagé dans la préservation des océans et participe à la sensibilisation et au nettoyage des plages.

ACTIVITÉS

12. Busan Green Railway
부산 그린레일웨이

Balade

🏠 Départ de la gare Mipo
📱 +82 51-888-7626
🕓 Tlj. 24h/24

Si vous marchez jusqu'à l'extrémité est de la plage de Haeundae jusqu'au port de Mipo, vous trouverez l'entrée d'un chemin pittoresque qui mène à la plage de Songjeong. Vous pourrez ainsi admirer l'ancienne ligne ferroviaire Donghae-Nambu qui longe la côte et offre une magnifique vue sur la mer. Vous croiserez également le petit train d'époque qui suit lentement les rails pour le plus grand plaisir des passant.e.s.

13. Petit train de Haeundae
해운대 해변열차 투어

Attraction

🏠 Départ de la gare Mipo
📱 +82 51-701-5548
🕓 Tlj. 9h-20h (18h en hiver et 22h en été)
🔗 https://www.bluelinepark.com/eng/booking.do

Vous pouvez également faire le trajet précédent en petit train dans une ambiance rétro puisque la ligne a été relancée depuis 2020. Rejoignez ainsi la station Mipo au niveau de la plage Haeundae pour un trajet de 50 minutes vers la plage de Songjeong. Le billet aller coûte 7 000 wons et l'aller-retour 10 000 wons. Le mieux est de faire le trajet aller à pied et de se reposer en petit train pour le retour ! De nombreux cafés et restaurants bordent la ligne, pas d'inquiétude donc si une pause casse-croûte est nécessaire.

14. BIFF Square
부산BIFF거리

Rue animée

Le festival du film de Busan, créé en 1996, est un incontournable du cinéma international. Engagé dans la production de films asiatiques et le soutien de cinéastes indépendants, c'est un moment idéal pour découvrir la culture cinématographique contemporaine. Aujourd'hui, le festival a son propre *Walk of Fame*, comme à Los Angeles, le BIFF square. On y trouve des plaques métalliques avec les empreintes des artistes qui ont foulé les marches du festival.

Le conseil de la rédac : commencez par le célèbre marché aux poissons de Jagalchi avant de vous diriger vers le BIFF square en début de soirée. Les rues regorgent de restaurants et stands de *street food* qui s'illuminent petit à petit avec la tombée de la nuit.

15. Temple Haedong Yonggung
해동용궁사

Temple bouddhiste

🏠 86, Yonggung-gil, Gijang-gun, Busan
📱 +82 51-722-7744
🕓 Tlj. 5h-coucher du soleil

Construit en 1376, ce temple est célèbre pour son emplacement le long de la mer. Le paysage étincelant, associé à la grande quiétude du lieu, en font une destination exceptionnelle. Pour rejoindre le temple, prenez le bus 181 et marchez jusqu'au temple. Attention, le temple est également célèbre pour ses 108 marches. Prenez donc de bonnes chaussures si vous souhaitez profiter de la vue !

Le petit + : si vous vous sentez courageux.ses, venez aux aurores pour admirer le lever du soleil en compagnie des moines.

16. Parc Igidae
이기대 공원

Parc

🏠 68, Igidaegongwon-ro, Nam-gu, Busan
📱 +82 51-607-6398
🕓 Tlj. 24h/24

Si vous appréciez les balades entre terre et mer, le géo-parc national Igidae-Oryukdo est fait pour vous. Ce parc offre une vue panoramique sur l'océan, grâce à des sentiers côtiers aménagés sur environ 5 km de randonnées. Prévoyez donc de bonnes chaussures. Par ailleurs, pour les amateurs·trices de frissons, n'hésitez pas à emprunter les différents ponts et passerelles qui traversent la presqu'île. Vous pourrez notamment visiter le pont de verre ou *Skywalk* d'Oryukdo à l'extrémité sud de la péninsule, pour voir la mer directement sous vos pieds.

Petit conseil de la rédac : le temple Haedong Yonggung n'étant pas très loin, profitez d'une balade à Igidae pour faire un détour par le temple et compléter votre journée !

17. Parc Taejongdae
태종대

Parc

🏠 24, Jeonmang-ro, Yeongdo-gu, Busan
📱 +82 51-405-8745
🕓 Tlj. 04h-minuit (mars-oct.) ; 05h-minuit (nov.-fév.)

Ce parc est l'une des principales attractions de la ville. Situé sur les falaises de Busan, il offre une vue imprenable sur l'océan et de nombreux chemins de randonnées. Pour une visite bucolique, emprunter le train Danubi, qui vous permettra de découvrir les différentes activités du parc en vingt minutes (le sentier à pied prend environ deux heures) pour un ticket à 3 000 wons.

Le conseil de la rédac : visitez le parc et son temple Taejongsa lors du festival annuel des hortensias organisé entre fin juin et début juillet.

18. Seokbulsa temple
석불사

Temple bouddhiste

🏠 143-79 Mandeokrogae-gil, Buk-gu, Busan
📱 +82 51-332-1690
🕓 Tlj. 7h-16h30

Coup de ♥ : Si vous aimez la randonnée, Soekbulsa est votre destination. Situé dans les hauteurs de la ville, ce temple est moins connu que l'emblématique **Beomeosa**, mais tout aussi magnifique. Il a notamment la particularité d'être construit à même la roche du mont **Geumjeong**. Nous vous recommandons de rejoindre le temple via le téléphérique qui part du parc Geumjeong (8 000 wons aller-retour) puis de marcher à travers les sentiers forestiers qui mènent au temple depuis la montagne (direction *"South Gate of Geumjeongsanseong Fortress"*). Le sentier vous mènera au village Namman qu'il faut traverser avant de rejoindre la route d'arrivée des pèlerins. Dépaysement et sérénité garantis ! Une visite parfaite à combiner avec la visite de la **forteresse Geumjeongsanseong**.

19. Le village culturel de Sanseong
산성마을

Activité culturelle

Non loin de la forteresse de Geumjeongsanseong, le village de Sanseong est connu pour son bulgogi à base de chèvre noire ou *heukyeomso* 흑염소 et surtout son *makgeolli* ancestral, dont la recette reste inchangée depuis 500 ans.

Le petit + : vous pourrez vous aussi participer à la fabrication du *makgeolli* et repartir avec votre production pour 20 000 wons. Réservation sur ce site : http://sanseong.invil.org/index.html (en coréen uniquement).

20. Seomyeon Food Alley
서면1번가

Balade

Métro Seomyeon (lignes 1 et 2), sorties 1 et 7 puis marcher vers le sud

L'allée de Seomyeon est célèbre pour ses stands de *street food* dont les fameuses nouilles froides ou naengmyeon 냉면 et ses raviolis à la vapeur mandu 만두. L'ambiance y est fantastique. Le conseil de la rédac : attention aux restaurants qui n'affichent pas leur prix !

21. Village culturel Gamcheon
부산 감천문화마을

203, Gamnae 2-ro, Saha-gu, Busan

+82 51-204-1444 / +82 70-4485-7405

24/24h

www.gamcheon.or.kr

Quartier de Busan qui accueillit une communauté de réfugiés après la guerre de Corée. Ce quartier pittoresque présente sur les hauteurs d'une colline dominant de loin la mer un cirque de maisons aux couleurs pastel qui lui donne un air de Machu Picchu méditerranéen ! En plus de la vue et des selfies qu'on y peut faire, il y a des restaurants, des cafés, des magasins de *goodies* et des galeries d'artisanat. Sympa pour une après-midi, mais un peu excentré. Il y a des bus depuis Jagalchi, mais on peut aussi aller jusqu'à la station Goejeong (métro ligne 1), et à la sortie 6 prendre le bus Sakha 1 or Sakha 1-1 pour descendre à l'arrêt Gamcheon Elementary School.

Gyeongju

POURQUOI ? Gyeongju est l'ancienne capitale d'un des grands royaumes de l'antiquité coréenne, Silla (57 av. J.-C. – 935 ap. J.-C.). À ce titre, elle fut pendant plusieurs siècles le centre névralgique du pays, habitée par une très large population et siège de toutes les instances gouvernantes du royaume. Les rois s'y sont succédés, bâtissant des monuments splendides (dont une grande partie a malheureusement été détruite) et construisant de magnifiques tombes en tumuli pour abriter leurs dépouilles et leurs trésors.
http://guide.gyeongju.go.kr/deploy/eng/

Y ALLER : en bus depuis les stations Dong Seoul (station de métro Gangbyeon, 4 heures, 25 000 wons) ou Seoul Express Bus Terminal (3h30, 20 600 wons). On peut aussi y aller en train.

À VOIR : nous vous conseillons de commencer par l'attraction de Gyeongju : le **parc Daereungwon** ou **parc des Tumuli**, endroit charmant et très vert, qui abrite plusieurs tombes des anciens rois de Silla. Visitez l'un des superbes tumuli fouillés et ouverts au public, allez y flâner un moment en regardant les locaux faire leur sport, avant de manger une spécialité locale, le *ssambap*, au **Sigol Leaf Wraps & Rice** (tout à côté de l'entrée du parc, 시골쌈밥, tél : 054-771-2764). Puis prenez le bus 500 ou 508 (croisement Gyerim-ro et Taejong-ro) et descendez à l'arrêt Samneung (삼릉) pour faire la randonnée du **mont Namsan** (4 heures - très différent du Namsan séoulite !), qui vous offrira un magnifique point de vue sur la ville. En revenant, reprenez des forces avec un bon barbecue au restaurant **Dosol Maeul** (도솔마을, 8-13 Sonhyoja-gil, Hwangnam-dong, tél : 054-748-9232). Après le coucher du soleil, allez flâner près de l'étang d'Anapji, magnifiquement illuminé.

Le lendemain, prenez de quoi pique-niquer dans un petit supermarché de proximité ainsi que des *hwangnam-ppang*, spécialités sucrées de Gyeongju que vous pourrez trouver à la boulangerie **Choeyeonghwa Bread**. Ensuite, montez dans un des bus 10, 11 ou 700 pour vous rendre au **Bulguksa**, un somptueux monastère bouddhiste en pleine montagne.

Après vous être imprégné·e·s de l'ambiance spirituelle de l'endroit, entamez l'ascension vers l'impressionnante grotte de **Seokguram** et son magnifique Bouddha (aussi possible de le faire en bus, mais le chemin en randonnée a beaucoup de charme). Il est possible au retour de dîner au Hyangjokwon qui sert de la cuisine de monastère bouddhiste.

Enfin, si vous restez une troisième journée, nous vous conseillons une excursion à **Yangdong**, village traditionnel très bien conservé situé à une heure de Gyeongju (bus 202 ou 203, arrêt Yangdong Maeul 양동 마을).

Yangyang et Sokcho

Ces bons plans vous sont proposés par Ida Daussy !

POURQUOI ? Cette région de l'Est est devenue plus populaire depuis les **Jeux olympiques d'hiver de Pyeongchang (2018).** Mais la neige n'est pas la seule qualité de Yangyang ! En quête de dépaysement, de nature et de fruits de mer, allez faire un tour dans cette région pour profiter des magnifiques paysages et des mille activités (parfois insolites !) qu'offre la région.

Y ALLER : nos adresses étant relativement éloignées, le plus pratique est de louer une voiture.
Pas de panique si vous n'en avez pas ! Un bus permet de faire Séoul-Sokcho depuis Dong Seoul Bus Terminal (métro Gangbyeon).

À VOIR, À FAIRE : commencez votre séjour par la **Petite France** (www.pfcamp.com). Cet endroit très curieux vous transportera dans un petit village conçu spécialement pour faire ressentir aux Coréen·ne·s l'ambiance de la Provence et du *Petit Prince*. Vous pouvez également visiter le **Golden Monkey Water Park** (₩₩₩), qui réjouira petits et grands avec ses structures gonflables et son ski nautique. Enfin, arrêtez-vous sur **l'île Nami** pour faire du vélo, vous balader, et profiter d'activités variées comme la découverte du site du *drama* "Winter Sonata" ! Pour vous rendre sur l'île, deux options : le ferry ou la tyrolienne... Prêt·e·s pour l'aventure ?

Le petit + : vous pouvez également utiliser le Gapyeong Tour Bus (depuis Gapyeong) pour visiter plusieurs sites : Petite France, île Nami et bien d'autres (depuis le Gapyeong Terminal, 6000 wons la journée).

Ensuite, poursuivez à l'Est vers Sokcho, et profitez de l'itinéraire détaillé par Ida Daussy. Pêche au saumon, assiettes de poisson sur le port, randonnées en montagne… Nous vous garantissons que vous en prendrez plein les yeux - et les papilles !

Poursuivez votre escapade en longeant la côte et arrêtez-vous à Samcheok au **Parc du pénis**.

La légende du Parc du pénis de Haesindang aurait plus de 500 ans. Suite à la disparition en mer d'une jeune fille vierge, les filets des pêcheurs du village remontaient systématiquement vides. Or, un jour, l'un d'entre eux, las de ne rien pêcher, a uriné dans la mer depuis son bateau. Le fantôme de la jeune vierge s'en trouva-t-il satisfait ? Personne ne peut le dire, mais on affirme que la pêche a toujours été bonne ensuite ! Depuis ce jour, les habitants du village ont créé ce parc à la mémoire de cette jeune fille... pour réaliser de bonnes prises !

Vous pourrez ensuite terminer votre journée par des sensations fortes sur la route du retour vers Séoul, avec un saut en parapente au **Pyeongchang Parapente Riding** (평창 패러글라이딩 체험)

IDA DAUSSY

@coree_a_coeur

Ida Daussy 이다도시 L'Officiel

La vie coréenne d'Ida Daussy a commencé il y a 30 ans. Et elle a connu de nombreux rebondissements ! Après avoir eu un premier contact avec la Corée lors d'un stage à Busan, elle est revenue s'installer à Séoul pour étudier et travailler. Elle est rapidement repérée par la chaîne de télévision EBS qui la contacte pour qu'elle dispense des cours de français sur la chaîne. Suite à son mariage avec un Coréen, elle est également contactée par la chaîne KBS pour participer à une émission sur les couples bi-nationaux.

La curiosité des Coréen·ne·s, ainsi que leur envie d'en savoir plus sur sa situation, l'ont amenée à réaliser d'autres émissions et à se créer un personnage médiatique très populaire en Corée. Aujourd'hui encore, sa vie est très suivie par la population et elle apparaît régulièrement sur les plateaux de télévision. Grande amoureuse de la Corée, elle a acquis une expertise de la société coréenne qu'elle raconte dans son livre *Corée à cœur*, paru en 2019, mis à jour en 2021 et en cours de traduction en coréen.

Ida est également une référence dans la communauté française en Corée. Elle propose désormais des prestations de conseil aux entreprises qui souhaitent s'implanter en Corée, et collabore avec la Chambre de commerce et d'industrie franco-coréenne (FKCCI) en parallèle des cours qu'elle dispense à l'université Sookmyung.

Ida Daussy vous propose de la suivre pour le Festival du saumon à Yangyang ! Cette fête est pour elle un vrai plaisir. Elle convie régulièrement ses amis pour cette grande pêche à l'automne. Cette région de Corée est également connue pour ses bains d'eau gazeuse et pour ses randonnées dans des paysages magnifiques, qui changent considérablement selon les saisons.

L'ESCAPADE D'IDA DAUSSY

Habituée de la région, Ida Daussy vous propose quelques lieux incontournables pour une visite d'un weekend ou de plusieurs jours sur la côte est de la Corée du Sud.

Avertissement : si vous ne souhaitez pas louer de voiture, des *shuttle bus* sont proposés par certains centres d'activité. Si vous avez un·e ami·e coréen·ne, n'hésitez pas à lui demander de vous aider à en trouver !

1. Bains publics de l'hôtel Osaek Green Yard
오색 그린야드 호텔

₩₩

34 Daecheongbong-gil, Seo-myeon, Yangyang-gun, Gangwon-do

+82 33-670-1000

Tlj. 24h/24

« Expérience unique du bain à la coréenne (en tenue d'Eve et d'Adam, mais non mixte). Le centre est énorme et magnifique. Les bains et soins sont variés, mais le *must* reste le bain d'eau froide et gazeuse (ambiance Badoit plutôt que Perrier pour les bulles...) ! J'adore ! Vous pouvez profiter des bains sans être client de l'hôtel. »

2. Parc national des monts Seorak
설악산 공원

₩ ou gratuit

http://english.knps.or.kr

Plusieurs points d'accès, référez-vous à la carte présente sur le site officiel en fonction des promenades et randonnées que vous souhaitez effectuer.

+82 33-636-7700 (Seorakdong visitor Center)

Tlj. 24h/24

« Si vous aimez la nature et la randonnée, ce gigantesque parc est incontournable. Le printemps et l'automne sont les meilleures saisons pour s'y rendre et les paysages sauvages y sont magnifiques ! Juste pour une petite balade ou plutôt de grandes randonnées, tout est réalisable et bien balisé. De nombreuses petites pensions ou hôtels sont accessibles dans le secteur pour des tarifs assez raisonnables hors saison. »

Le petit + : si vous souhaitez dormir sur place, pensez à réserver une place en refuge. La réservation peut s'effectuer en anglais et nous vous conseillons de réserver à l'avance lors des pics saisonniers. Peu chère même en saison, elle est accessible depuis le site de Seoraksan. Vous dormirez sur le sol, à la coréenne, mais la plupart des refuges sont neufs, propres, chauffés et proposent des couvertures et tapis de sol. Idéal !

3. Hanwha resort Seorak Waterpia
한화리조트설악워터피아

₩₩₩

111 Misiryeong-ro 2983beon-gil, Jangsa-dong, Sokcho-si, Gangwon-do

+ 82 033-630-5800

Tlj. 6h-21h

« Juste à la sortie du parc des monts Seorak, la montagne descend vers la côte de la ville de Sokcho. Le parc aquatique est situé sur ce versant, pour le plus grand plaisir des petits et des grands. Possibilités de loger sur place ou dans les environs. Le parc est aussi un spa géant alimenté par les eaux de la montagne. Y passer au moins la journée ! »

Itinéraire IDA DAUSSY

3
Sokcho
4
MONASTÈRE NAKSANSA
7
6
Yangyang

4. Port de Daepo
대포항

₩

Daepo-dong, Sokcho-si, Gangwon-do
+82 33-633-3171
Tlj.

« Cet ancien petit port typique, très actif depuis les années 1930, a été complétement rénové il y a quelques années. Autour de la zone portuaire, se trouve une myriade de restaurants et de petites échoppes où l'on vend la pêche locale. Crus, cuits, sautés, frits, le poisson et les fruits de mer sont cuisinés à toutes les sauces et sont très peu chers ! Le marché circulaire est, lui aussi, un régal pour les yeux. »

5. Monastère Naksan
낙산사

₩

100 Naksansa-ro, Ganghyeon-myeon, Yangyang-gun, Gangwon-do
+82 33-672-2448
Tlj. 4h30-19h

« Superbe monastère bouddhiste placé sur les hauteurs de la côte est. La statue de la déesse Gwanseum-Bosal (Bodhisattva de la compassion) domine l'endroit de ses 15 mètres de granit blanc. Du haut du temple, la vue sur la côte et la plage de Naksan est magnifique. Incendié et reconstruit maintes fois, ce temple est pour moi l'un des plus beaux de Corée. Il est possible d'y passer la nuit pour s'y recueillir. »

Pour plus d'informations sur les *Temple Stay* et les réservations, voir. p. 243.

6. Festival du saumon de Yangyang
양양연어 축제

₩

226-2 Benji, Nammun-ri, Yangyang-gun, Gangwon-do
+82 2-1330-6480
Un weekend d'octobre, variable selon les années

« Festival de pêche annuel à ne pas manquer ! À cet endroit, remontent des saumons sauvages, et ce festival autorise leur pêche à la main, seulement à cette période.

Tout est organisé, encadré et ludique. Il faut s'inscrire à l'avance et les groupes descendent encadrés dans la rivière. La pêche est aussi drôle qu'impressionnante. Il est ensuite possible de découper son saumon sur place et de le conditionner pour le remporter à la maison. Le parc du festival est animé toute la journée et il est possible de déjeuner sur place... de grillades de saumon ! »

Réservation obligatoire :
https://tour.yangyang.go.kr/en/festival/festival_salmon

7. Centre d'études des truites et saumons
내수면생명자원센터

Gratuit

119 Dongmyeong-ro, Sonyang-myeon, Yangyang-gun, Gangwon-do

+82 33-670-1611

« Centre d'études et de recherches sur les poissons des eaux de la région et notamment les saumons sauvages de Yangyang. Leur origine, leur naissance, leur périple et leur retour sur ces côtes, tout est expliqué de manière ludique, et compréhensible pour les non-coréanophones. On peut même y voir l'échelle à saumons où remontent ceux de Yangyang pour venir pondre. »

Jeju-do

POURQUOI ? Jeju-do est la plus grande île de Corée du Sud. Son économie est progressivement passée d'une économie agricole vers une économie touristique. Le climat y est doux, et les mandariniers de Jeju sont réputés pour donner de très bons fruits (les *gyul*), de même que les fameux yuzu (*yuja* en coréen). Fruits de mers, chemins de randonnée, plages, musées, décors de *drama*… Tout le monde y trouvera son compte !

Y ALLER : vous pouvez vous rendre sur l'île en bateau ou en avion. Certaines compagnies low cost proposent des vols intérieurs peu chers, comme Jeju Air (vérifier les promos du moment sur un site comme Opodo).
Sur place, vous pouvez louer une voiture, un vélo, un scooter (dans la ville de Jeju, à côté de l'aéroport), ou vous déplacer en taxi et bus (moins pratique). Les hôtels proposent souvent des navettes vers l'aéroport ou vers des lieux touristiques… Renseignez-vous sur place !

À VOIR : l'île de Jeju est connue pour sa nature et ses fronts de mer. Pour profiter au maximum de ses paysages, nous vous conseillons de faire le tour de l'île à pied (ou juste un bout des 400 km tout de même), grâce au **chemin de randonnée Olle**. Vous progresserez sur des chemins vraiment bien balisés (parfois même un peu trop…), très ludiques, et accessibles pour tous !

Sur votre route, ne manquez pas **Yongduam**, le **rocher du dragon** et **le village folklorique Seongeup**.

Enfin, en vous promenant sur les fronts de mer, vous aurez peut-être la chance d'apercevoir des ***haenyo,*** des femmes plongeant en apnée pour pêcher coquillages et crustacés. Cette vieille tradition coréenne a rendu les femmes de l'île indépendantes financièrement, et a bouleversé l'ordre patriarcal confucéen en faveur des femmes qui, dit-on, craignant pour la vie de leurs marins de maris quand ils partaient en mer, préféraient ainsi les garder chez eux en sécurité. On appelle aussi l'île Samda : l'île aux trois éléments en nombre, le vent, les pierres (volcaniques, comme l'île issue du volcan **Hallasan**) et les femmes !

Vous croiserez régulièrement des statues en roche volcanique, les ***dolharubang***, divinités protectrices des communautés.

De nombreux itinéraires sont possibles à Jeju-do. Pour préparer votre voyage, vous pourrez vous inspirer des suggestions d'itinéraires de l'office du tourisme coréen ou suivre celui de Mélusine.

MÉLUSINE

@Meyluzine

Mélusine

@meyluzinee

@guidecoreemelusine

Une fois n'est pas coutume, Mélusine est arrivée en Corée par hasard… Il y a huit ans, elle y est venue en voyage avec une amie et a décidé de s'installer à Séoul grâce à un visa vacances-travail. Elle vit depuis 2012 dans la capitale sud-coréenne.

Mélusine travaille dans le tourisme depuis son arrivée en Corée. Elle a ainsi rencontré Amélie Nari et est tombée amoureuse des cafés coréens. En effet, le pays offre une grande variété de cafés avec des ambiances différentes, des *rooftops* aux panoramas épatants ou des recettes toujours renouvelées.

La jeune femme a longtemps tenu une chaîne YouTube, où elle racontait ses aventures coréennes, aujourd'hui remplacée par son compte Instagram et son compte Twitter. Vous y apprendrez notamment qu'elle a tourné dans des *drama* coréens, comme le très célèbre *The Gobelin*…

Mais sa vie professionnelle est aujourd'hui tournée vers le tourisme, avec l'agence de voyage **Cap Corée**. Elle accompagne tous les ans des groupes de francophones qui souhaitent découvrir la Corée grâce à des parcours personnalisés. Mélusine vous emmènera donc loin des sentiers battus, dans un itinéraire mêlant lieux touristiques et coups de cœur personnels !

L'ESCAPADE À JEJU AVEC MELUSINE

Mélusine vous entraîne dans ses endroits favoris à Jeju ! Tous les lieux qu'elle vous recommande sont accessibles avec le bus limousine n°600 à votre descente de l'avion à l'aéroport international de Jeju, sauf le café, que vous pourrez atteindre à pied ou en taxi. En route pour Jeju !

1. Centre de convention de Jeju
제주 ICC

🏠 224 Jungmungwangwang-ro, Seogwipo-si, Jeju-do
📱 +82 64-735-1000
🕓 Tlj. 9h-20h (21h l'été)
« Du restaurant au buffet délicieux avec vue au petit restaurant coréen en passant par des burgers, l'ICC propose plusieurs restaurants, des boutiques *Duty Free*, et surtout une petite boutique de souvenirs en partenariat avec le gouvernement dans laquelle vous pourrez acheter les chocolats de Jeju ou de la marmelade de yuzu (*yuja*) avec 10 % de réduction comparé aux autres boutiques de l'île ! »

2. Chutes de Cheonjeyeon
천제연 폭포

₩

🏠 132 Cheonjeyeon-ro, Seogwipo-si, Jeju-do
📱 +82 2-1330 (hotline touristique en Corée, en anglais)
🕓 Tlj. 9h-19h
« Le pont et le bassin aux nymphes sont encore plus beaux que les chutes en elles-mêmes. Faites attention de ne pas rater ce fameux bassin et ses couleurs féeriques, bordé de rochers découpés en formes géométriques. »

3. Falaises de Jusangjeolli
주상절리대

₩

🏠 36-30 Ieodo-ro, Seogwipo-si, Jeju-do
📱 +82 64-738-1521 (centre d'information)
🕓 Tlj. 9h-19h
« Les falaises de Jusangjeolli sont des formations rocheuses façonnées il y a des millions d'années par la lave en fusion du volcan Hallasan et le contact avec la fraîcheur de l'eau de mer. Leur aspect "coupé au couteau" lui donne un aspect exceptionnellement rare et beau. »

4. Temple Yakcheon
약천사

🏠 293-28 Ieodo-ro, Seogwipo-si, Jeju-do
📱 +82 64-738-5000
🕓 Tlj. 24h/24
« Le temple Yakcheonsa est le plus beau de Jeju et l'un des plus impressionnants de Corée car possédant des étages. Sur ses murs se trouvent des centaines de représentations et histoires du bouddhisme, une manière d'appréhender un peu plus la culture coréenne. »

Cheonjeyeon-ro
Jungmungwangwang-ro
Jungmungwangwang-ro
Daepojungang-ro
1
2
3
4
FALAISES DE JUSANGJEOLLI
5
Itinéraire
Restaurant
Café / Salon de thé
Lieux à voir
Hôtel / Guesthouse

Itinéraire MÉLUSINE

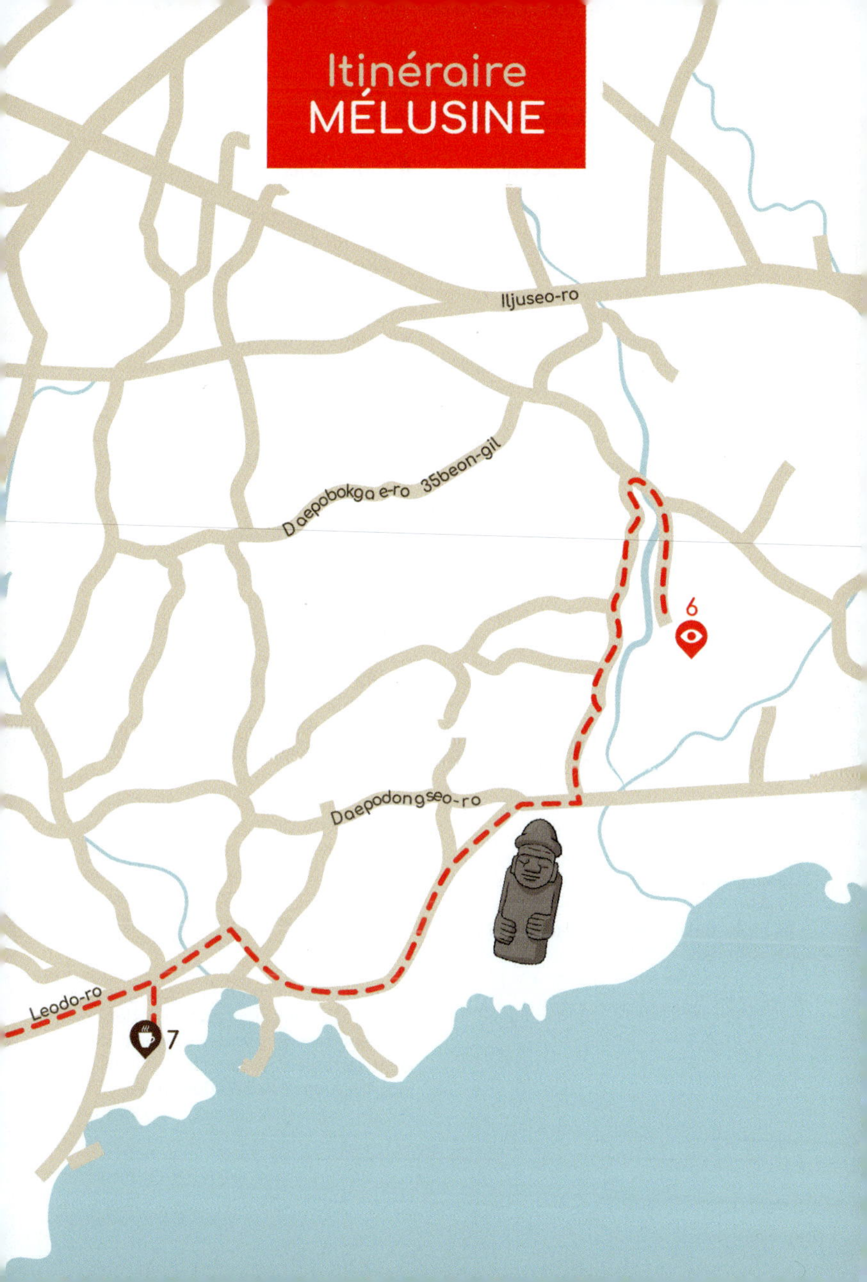

5. The Seaes Hotel & Resort Jeju
씨에스호텔

₩₩₩ (la chambre)

🏠 198 Jungmungwangwang-ro, Seogwipo-si, Jeju-do
📱 +82 64-735-3000
🕓 Tlj. 24h/24

« Encore traversé par un Jeju Olle (les chemins de randonnée qui font le tour de l'île), cet hôtel de luxe sous forme de villas vaut le détour. En empruntant le petit chemin de randonnée, vous le traverserez gratuitement ainsi que son fabuleux jardin où a été tourné le *drama* "Secret Garden". »

6. The Shore
더쇼어호텔

₩₩₩ (la chambre)

🏠 114 Jungmungwangwang-ro, 72beon-gil, Seogwipo-si, Jeju-do
📱 +82 64-733-1234
🕓 Tlj. 24h/24

« Pas besoin d'y prendre une chambre pour profiter du lieu et notamment du jardin, qui donne accès directement à la plage de Jungmun par un petit escalier. En Asie, les grands hôtels donnent accès librement aux non-clients afin que ceux-ci puissent profiter de certaines installations payantes telles que le spa, le restaurant ou le casino. Pour les petits budgets, une simple balade dans l'hôtel avec son bassin aux carpes et son ascenseur panoramique avant d'aller à la plage, c'est une jolie opportunité ! »

7. Vadada
바다다

₩₩

🏠 148-15 Daepo-ro, Seogwipo-si, Jeju-do
📱 +82 64-738-2882
🕓 Tlj. 10h-1h

« Perché sur une falaise face à la mer, avec ses fauteuils dans la pelouse et sa musique *lounge*, le café Vadada est l'endroit qu'il vous faut ! Pour manger (leurs burgers sont délicieux !), boire un coup (leurs cocktails aussi !), ou prendre un café (tout pareil !), c'est un endroit relaxant la journée et branché la nuit, parfait pour finir une jolie journée. »

8. Tropical Hideway
트로피컬 하이드어웨이

Coup de cœur de la rédaction

🏠 284 Hyeongjehaean-ro, Daejeong-eup, Seogwipo-si, Jeju-do
📱 +82 64-792-1462
🕓 Restaurant tlj 11-21h
🔗 www.tropicalhideaway.co.kr

Super hôtel en face de la mer dans un endroit calme de l'île avec plein de jolies balades, il propose une piscine chauffée intérieure/extérieure ouverte toute l'année et des chambres adorables dans l'esprit tropical-chic. Il y a aussi un bon restaurant/pub au rez-de-chaussée qui fait boulangerie-pâtisserie, super pour le brunch. Il y a une autre aile du resort à proximité, non loin du mont Sangbang, tout aussi jolie avec une piscine à débordement face à l'océan et restaurant avec terrasse (voir leur site). Chambre double à environ 270 000 wons.

Ma petite Corée.com
La Box
En direct de Seoul
La Box 100% Kbeauty
est de retour !
sur mapetitecoree.com
Cosmetiques - Kpop - Fashion - Kfood

DANS LA MÊME COLLECTION

Christophe Duvert
Les Voies de la justice en Corée du Sud

Marianne Weller
Idoles

Ida Daussy
Corée à cœur

Élisabeth Chabanol
(sous la direction de)
Souvenirs de Séoul

Élisabeth Chabanol
(sous la direction de)
La Forteresse de Kaesong

Valérie Gelézeau et Benjamin Joinau
(sous la direction de)
Urbanités coréennes
Un « spectateur » des villes sud-coréennes

Élodie Dornand de Rouville et Benjamin Joinau
Croquis de Corée
Guide illustré de la culture coréenne

Achevé d'imprimer en Bulgarie
sur les presses de l'imprimerie Pulsio
3, rue Ilia Beshkov, 1592 Sofia
en mai 2022 (2nd tirage)
(Tél. : 01 82 83 04 60)

Dépôt légal : décembre 2021

PEFC
10-31-1238

Édité par l'Atelier des Cahiers
(15, Bd Saint-Germain 75005 Paris)
www.atelierdescahiers.com
Diffusion CEDIF – Distribution Pollen

ISBN : 979-10-91555-69-2

17,90 euros /18 000 wons